강연의 시대

프 로 들 도 모 르 는 강 사 세 계 이 야 기

The Age of Speeches

강연의 시대

| 오상익 지음 |

책비

강연의 시대,
무엇을 어떻게 준비할 것인가

이제는 누구나 강사가 될 수 있는 시대입니다. 미국의 TED를 필두로 국내에서도 여러 강연 프로그램들이 생겨나면서 전문 강사뿐 아니라 CEO, 공무원, 기자, 대학교수, 직장인, 은퇴자, 주부, 학생 등 누구나 자신만의 전문성과 콘텐츠가 있다면 대중 앞에 설 수 있는 기회가 늘고 있습니다. 이 책은 그런 광범위한 예비 강사들을 위한 지침서라 할 수 있습니다.

처음 이 책을 쓰게 된 계기는 MBC 〈손에 잡히는 경제〉 이진우 기자님의 "당신의 업무(강연 분야)에 관한 내용이라면 돈을 지불해서라도 듣고 싶다"는 말에 자극을 받아 썼던 것이 그 시작이었습니다. 그때부터 썼던 원고들이 카카오 '제3회 브런치북 프로젝트'에서 대상까지 받게 된 것을 보면 최근 강사와 강연에 대한 관심이 얼마나 뜨거워졌는지를 새삼 실감하게 됩니다.

지금껏 '프로 강사 되는 법'을 다룬 강사들의 책은 많았습니다. 하지만 교육 담당자와 강사 사이에서 객관적인 제삼자의 시각으로 쓰인 책은 거의 보지 못했습니다. 그래서 이 책에 강연 에이전시 대표로서 체험한 7년여의 실무 경험을 바탕으로 실전 지식 노하우를 담으려 노력했습니다. 내용적인 면에서 다른 책에 나오지 않는 실제 사례들이 상당히 풍부하다고 자부합니다.

각 장의 끝에는 5명의 프로 강사와 세계적 미국 기업의 인재개발 그룹장의 인터뷰를 담았고, 각 꼭지 끝에는 Tip(조언), Insignt(생각거리), Summary(요약) 섹션을 추가하여 강사 세계에 첫발을 내딛으려는 분들에게 길잡이가 되도록 구성해보았습니다. 다만 강연료 부분은 일부 제한된 사례를 다룬 것이기 때문에 실전에서는 달라질 수 있으니 참고하시기를 바랍니다.

'누구나 강사가 될 수 있다'는 말이 '누구나 성공할 수 있다'는 뜻은 아닙니다. 최소한의 준비 없이 강사 세계에 뛰어들었다가 포기한 사례들은 너무나 많습니다. 때문에 저는 이 책을 접한 독자들이 강사에 대한 막연한 환상을 갖는 것을 경계합니다. 앞으로는 자신만의 콘텐츠를 가진 전문가들만이 살아남을 것이라는 점을 기억하시기 바랍니다. 롱런하는 프로 강사의 길은 멀고도 험합니다. 그러한 과정에서 외롭고, 힘들고, 지칠 때마다 이 책이 도움이 되길 바라는 마음으로 썼습니다. 부디 저자가 아닌 독자를 위한 책이 되기를 바랄 뿐입니다.

이 책이 세상에 나오도록 독려해주신 책비의 조윤지 대표님과 카카오 관계자 분들께 감사드립니다. 인생의 나침반 엑스와이 희망스터디 기부자 님, 한국조폐공사 박경택 수석위원님, UN지원 SDGs 한국협회 김정

훈 사무대표님, 희극인 박지선 님, 이상석 교수님 감사합니다. 사랑하는 가족과 아내 소영 그리고 아들 하준, 이 모든 것을 허락하신 하나님께 감사를 드립니다.

끝으로, 경험이 부족했던 제게 많은 가르침을 주신 故 이영권 박사님께 이 책을 바칩니다.

오상익

제3장. 실전 무대 서기 편

제4장. 프로 강사, 실전 지식 편 Ⅰ

제1장

강사 세계의
이해 편

강사,
이래서 좋다

    요즘 들어 강사를 꿈꾸는 사람들을 정말 많이 본다. 그런데 강사 지망생들은 과연 어떤 점에 이끌려 강사를 꿈꾸는 것일까? 저마다 이유는 다르겠지만 《내 얘기를 들어줄 단 한 사람이 있다면》이라는 책 제목처럼, 누군가에게 나의 이야기를 들려줄 수 있다는 것이 강사의 가장 큰 매력이 아닐까? 내가 전문 강사는 아니지만, 지금부터 이 분야에서 수년간 일하며 느낀 강사의 장단점에 대해 적어보도록 하겠다.

    먼저, 강사는 '종자돈 없이 돈을 벌 수 있는 직업'이다. 어떤 장사나 사업이든 자본금이 필요하기 마련인데 강사는 종자돈이 필요 없다. 강사 스스로가 걸어 다니는 1인 기업이자 지식 기업이기 때문이다. 또한 강사는 강연료가 수입의 전부라고 생각하면 오산이다. 책을 출판하거나 칼럼을 기고하면 인세나 고료를 받게 되며, 능력에 따라 방송 출연료나 컨설팅비도 챙길 수 있다. 뿐만 아니라 자체 아카데미를 운영하며 부가적인 수익도 창출할 수 있다.

최근에는 강연 동영상을 촬영하고 클릭 수에 따라 저작권료를 받는 수익 모델도 등장했는데, 저작권료는 사후 70년까지 지급된다고 하니 강사, 참 좋은 직업이다. (물론 저작권료의 액수가 크다고 말할 정도는 못 되지만 예상치 않은 수익이 통장에 찍히면 흐뭇해진다) 당신이 스타 강사까지는 바라지 않는다 하더라도, 종자돈 없이 비즈니스 구조를 만들 수 있다는 것 자체만으로도 강사는 충분히 매력적이지 않나 싶다.

두 번째 장점은 '놀고 싶을 때 놀고, 일하고 싶을 때 일할 수 있다'는 것이다. 당신이 강사가 되면 누구의 눈치도 보지 않는 자기 주도적인 삶을 살게 된다. (전문 강사에 한한다) 24시간을 자유롭게 쓰며 개인적 여유를 찾고, 가족과의 시간을 늘릴 수도 있다. 어떤 강사들은 지방 강연을 갈 때 배우자와 동행하는데 무척 좋아 보인다. 권태로운 조직에서 벗어나 하고 싶은 일을 자유롭게 하는 삶은 모든 직장인들의 로망이 아닐까? 물론, 당신이 그러한 생활을 지속적으로 영위하기 위해서는 프로 강사의 궤도에 올라야 하겠지만 말이다.

아래는 우리나라 자기계발 분야의 대가 중 한 명인 故 구본형 변화경영연구소 소장이 생전에 기고한 글(〈혁신경영 6월호〉)로, 자유로운 삶을 사는 1인 기업가(강사)를 흑표범에 절묘하게 비유한 글이다.

한 마리의 흑표범이 먹이를 잡았다. 목덜미를 물고 나무 위로 오른다. 커다란 가지에 걸어 두고 천천히 서두르지 않고 먹이를 즐긴다. 나무 밑동에는 여러 마리의 하이에나들이 쭈그리고 앉아 있거나 서성인다.

식사를 마친 검은 표범은 가장 안락한 나뭇가지를 골라 늘어지게 잠을 잔다. 배가 고프면 나뭇가지에 걸어 둔 먹이로 가서 다시 서두름 없이 우아하게 식사를 한다. 나무 밑 하이에나들이 먹이를 탐내지만 표범은 개의치 않는다. 표범이 잡은 먹이를 다 먹어치울 때까지 포식의 시간은 며칠이고 지속된다. 세렝게티의 검은 표범만이 즐기는 삶의 방식이다. 표범은 짝짓기를 할 때를 제외하고는 혼자다. 자유롭다. 표범의 삶은 빛나는 벨벳 같은 제 몸을 닮았다. 나는 1인 기업가는 표범 같은 존재라는 상상을 하곤 한다.

마지막으로, 강사의 장점은 '강사에게 은퇴란 없다'는 것이다. 강사는 정년이 없다. 즉, 죽을 때까지 경제활동을 할 수 있다는 뜻이다. 내가 몇 차례 강연을 주선하였던 국내 철학계의 선구자 연세대 김형석 명예교수는 현재 98세임에도 불구하고 왕성한 강연과 집필 활동을 하고 있다. 더군다나 사례금을 받으며 감사 인사까지 받는 영예로운 직업이 어디 흔한가? (명절 때 장관이나 지자체장으로부터 선물과 감사카드, 우수 강사 표창장 등을 받기도 한다)

강사의 단점? 물론 있다. 수입이 일정치 않고 불경기 때는 교육 예산을 가장 먼저 줄인다는 것, 강사에 따라 소득 격차가 심하다는 것, (프로 강사들은 시간당 몇 백까지도 받지만, 신인 강사들은 십만 원도 못 받는 경우가 허다하다) 강사 세계도 누구누구 라인이 있다는 것, 강연 당일 갑자기 취소를 통보하는 무례한 담당자들이 의외로 많다는 것 등등이다.

한편, 스타 강사들도 극심한 피로감을 호소하며 강연 횟수를 대폭 줄이기도 한다. 이른바 '소진증후군(Burnout Syndrome: 삶의 에너지가 떨어져 의욕이 줄어드는 것)'을 겪고 있는 것인데, 전자기기의 배터리처럼 사람의 몸도 너무 혹사하면 방전되고 만다. 뿐만 아니라 강사는 감정노동자다. 겉은 웃고 있지만 속으로는 그렇지 않은 경우가 많은데, 한때 희망전도사로 활동하였던 故 최윤희 씨, 그리고 많은 이들에게 꿈과 희망을 안겨주었던 배우 故 로빈 윌리엄스의 자살도 이러한 관점에서 보면 어느 정도는 이해가 되기도 한다.

INSIGHT　**나는 어떠한 강사가 되고 싶은가?**

아래의 질문에 O, X로 답해보자.

O가 6개 이상이면 강사의 기본 자질은 갖춘 것으로 볼 수 있다.

1. 주변 사람들이 내가 하는 이야기를 좋아한다.　　　　　　　O X

2. 프로 강사를 보면 '나도 저렇게 할 수 있지 않을까?' 하는
   생각을 자주 한다.　　　　　　　　　　　　　　　　　　O X

3. 평소 나는 강연에 대한 관심이 많다.　　　　　　　　　　O X

4. 많은 사람들 앞에서 스피치 하는 것에 큰 부담을 느끼지
   않는다.　　　　　　　　　　　　　　　　　　　　　　O X

5. 누군가에게 꼭 이야기하고 싶은 나만의 스토리가 있다. O X

6. 내 이야기는 청중에게 분명한 가치를 줄 수 있다. O X

7. 나만의 확실한 전문 분야가 있다. O X

8. 나는 평소에 독서를 많이 한다. O X

9. 나는 책을 출간한 적이 있다. O X

10. 다시 직업을 선택해야 한다면 강사를 선택할 것이다. O X

내성적인 사람은
강연을 하지 못할까?

세상을 살다 보면 많은 청중 앞에서 말을 해야 하는 순간이 반드시 찾아온다. 과제 발표가 되었든, 직장 내 프레젠테이션이 되었든, 송년회 건배사가 되었든 말이다. 그런데 외향적인 사람이 있는 반면 남 앞에 서는 것을 끔찍이 싫어하는 내성적인 사람도 있기 마련인데, 그렇다면 내성적인 성격의 사람은 절대로 강사가 되지 못할까?

결론부터 말하자면, 내성적인 사람도 본인 노력에 따라 얼마든지 명강사가 될 수 있다. 좋은 강사란 결국 훈련으로 탄생되는 것이기 때문이다.

몇 년 전 있었던 일이다. 내성적 성격의 한 40대 강사는 어느 프로 강사의 연구소에서 일을 배우며 종종 무대에 섰는데, 그때마다 아주 혹독한 데뷔전의 연속이었다. 청중 앞에 서면 왠지 작아지는 그의 내성적 성격과 자신감이 결여된 강연 스타일은 좀처럼 개선되지 않았다.

결국, 프로 강사는 특단의 조치를 내렸다. 100일간 출근길 지하철에서 자기소개를 하며 그 모습을 녹화해 오라는 것이었는데, 외향적인 사람도 끔찍했을 그 일을 그는 100일간 꼬박꼬박 감행하였다. (나는 실제로 그 영상을 보았다)

그로부터 몇 달 후, 나는 경기도 안산의 CEO 아카데미에 그를 강사로 세우게 되었다. 물론 처음엔 그를 강사로 섭외할 생각이 없었다. 그런데 훈련을 지시한 프로 강사를 섭외하는 과정에서 "이 친구에게도 강연 기회를 주면 수락하겠다"라고 역으로 제안을 받는 바람에 어쩔 수 없었다. 예상대로 담당자도 청중도 별 기대를 하지 않는 눈치였고, 강연이 엉망으로 끝나면 강연 주선자인 내 처지만 아주 곤란해지는 상황이었다.

그런데 웬걸, 막상 강연이 시작되었는데 평소 그의 소심한 모습은 온데간데없이 아주 자신감 넘치는 모습이 90분 내내 강연장을 꽉 채웠다. 그날의 강연이 얼마나 성공적이었냐면, 강연이 끝나고 여러 명의 CEO들이 우르르 그에게 명함을 달라 하고, 사진을 함께 찍자고 할 정도였다. (참고로, 가장 강연하기 어려운 청중 중 하나가 CEO들이다) 연습을 얼마나 했는지 그는 강연 때 단 한마디도 허투루 한 말이 없었는데, 그날 돌아가는 차 안에서 나는 이렇게 말할 수밖에 없었다.

"제가 이제까지 들은 강사님 강연 중 최고였어요. 프로 강사님 때보다 반응 면에서는 오히려 더 좋았던 것 같습니다."

강연도 자꾸 하면 늘 듯, 남 앞에 서는 두려움도 훈련을 통해 얼마든지 나아질 수 있다고 나는 믿는다. 극복을 위해 필요한 것은 '철저한 준비'와 '당당한 마음가짐' 그리고 '호되게 당하기밖에 더하겠느냐' 하는 배짱이면 충분하지 않을까? 이제 본인이 내성적인 성격이라는 이유로 강연을 너무 두려워하지는 말자.

TIP 자신감을 갖기 위한 트레이닝 방법

1. 스피치의 자신감은 전문성과 확신에서 나온다. 자신의 분야에 통달할 정도로 공부가 되어 있어야 비로소 자신감이 생긴다는 것이다. 물론, 나보다 고도의 지식을 가진 사람도 많을 것이다. 하지만 그런 청중 앞에서 주눅이 들면 자기 할 말을 못하게 된다. 이럴 때는 '나보다 많이 아는 사람은 많다. 하지만 나처럼 알기 쉽게 설명할 수 있는 사람은 없지 않은가'라는 자신감을 가지고 당당하게 무대에 서라.

2. 대중 스피치는 자신감을 얻는 가장 이상적인 훈련이다. 따라서 기회가 있을 때마다 마이크를 잡자. 처음에는 물론 실수도 할 것이다. 하지만 자꾸 남 앞에 서다 보면 자주 쓰는 멘트나 상황에 따른 순발력이 생겨 스피치가 훨씬 수월해진다.

3. 스피치가 두렵다는 것은 청중의 시선이 두렵다는 것이다. 특히 내성적인 강사들은 청중과 눈을 거의 마주치지 않고 원고를 그대로 읽는 경우가 많아 상호 교감이 이루어지기 어렵다. 때문에 당신이 모든 청중을 쳐다보기 정 부담스럽다면, 일단 앞자리에 앉아 나에게 좋은 신호를 보내는 몇몇에게 집중하며 아이컨택을 시도해보라. 마음이 편안해지면 그때 전체 청중을 바라보면서 강연하면 된다. '두려워할 것은 두려움 그

자체다'라는 말처럼 너무 청중을 두려워하지는 말자.

4. 데일 카네기는 '준비한 연사만이 자신감을 가질 수 있다'고 하였다. 2018 평창 동계올림픽 유치를 위해 남아프리카공화국 더반에서 PT를 하였던 조직위원들은 머리가 아닌 몸이 기억할 정도로 혹독하게 훈련을 하였다고 한다. 마찬가지로, 자신감을 갖기 위해 철저한 준비는 필수다. 철저히 강연을 준비하고, 홀가분한 마음으로 무대에 서자. 이미 당신의 몸이 기억하고 있을 것이다.

5. 자기암시를 해보는 것도 좋은 방법이다. 축구 선수 마라도나는 경기 날이 다가오면 텅 빈 관중석을 향해 골 세리머니를 하는 버릇이 있었는데, 그 이유를 묻는 기자에게 이렇게 답했다. "골을 넣고 좋아하는 모습을 머릿속으로 자꾸 그려봐야 실제 경기에서도 도움이 된다." 당신도 프로 강사가 된 듯, 멋지게 강연하는 당신의 모습을 떠올려보면 어떨까? '나는 충분히 준비되었고, 오늘 컨디션은 최고다'라고 말이다. 어찌 보면 대중 강연은 청중과의 심리전이다. 자기암시를 무시할 수 없는 이유다.

강사가 되는
3가지 유형

강연 에이전시를 운영하다 보니, 강사가 되고 싶은데 어디서부터 어떻게 시작해야 할지 모르겠다는 질문을 많이 받는다. 질문자들을 살펴보면 전문 강사를 꿈꾸는 사람들도 있지만, 자기계발 혹은 부업을 목적으로 강연을 하려는 직장인들도 적지 않은 듯하다. 자, 그렇다면 강사로 첫발을 내딛는 길에는 어떠한 것들이 있을까? 나는 강사가 되는 길을 크게 3가지 유형으로 나눈다. 첫째, 직업인으로서의 강사, 둘째, 은퇴 후 커리어를 살린 강사, 셋째, 부업으로 강연을 하는 직장인 강사이다.

1. 직업인으로서의 강사

스타 강사 A는 전업 강사로 시작한 경우다. 성악을 전공했기에 목소리가 남달랐던 그는 목소리와 관련된 책을 내며 본격적인 직업 강사의 길로 들어서게 된다. 타고난 입담과 재치 있는 유머 덕분에 강연이 재미

있다는 소문은 금세 퍼졌고, 자연스레 방송 기회도 생기면서 여러 기관의 강연 요청이 쇄도하게 되었다. 지금도 여전히 높은 강연료를 받으며 기복 없이 강연을 하는 그를 볼 때면 조직 사회 경험이 없더라도 자신만의 확고한 콘텐츠와 강의력만 갖추었다면 전문 강사로서 충분히 성공할 수 있음을 새삼 느낀다.

한편, 전문 강사를 꿈꾸는 강사 지망생들은 거의 십중팔구 '스피치'나 '이미지', 'CS(고객만족)' 분야에 뛰어든다. 왜 그럴까? 상대적으로 접근하기 쉬워 보이기 때문이 아닐까 싶다. 그러나 위 분야들은 내부 경쟁이 워낙 치열해 웬만해서는 차별화를 꾀하기가 쉽지 않고, 어설픈 실력으로는 자리 잡기가 정말 어렵다.

나는 전문 강사에 도전하였다가 포기하고 이전 직장으로 돌아가거나 다른 일자리를 찾는 사람들을 정말 많이 보았는데, 한편으로는 그들의 심정이 이해가 된다. 입장을 바꿔 생각해보자. 매달 받는 월급도 없고, 강연 요청도 거의 들어오지 않고, 미래에 대한 불안감을 머릿속에서 떨칠 수가 없는데 당신이라면 계속해서 프리랜서 강사에 도전할 수 있겠는가?

때문에 나는 직업인으로서의 강사를 별로 추천하는 편은 아니다. 왜냐하면 강사를 반드시 직업으로 삼지 않아도 얼마든지 강연을 할 수 있는 길은 존재하기 때문이다. 따라서 내가 권하는 방법은 일단 당신의 본업을 유지하면서 천천히 강사를 준비하라는 것이다. 자신의 분야에 대한 전문성도 쌓아가면서 말이다.

2. 은퇴 후 커리어를 살린 강사

대기업 임원에서 대중 강사로 변신한 B 강사는 은퇴 후 자신의 커리어를 살려 일류 강사가 된 경우다. 그는 국내 대기업의 최연소 임원 출신으로 전 세계 170개국을 다니면서 느낀 경험을 바탕으로 퇴직 후 '세계 경제의 흐름과 한국의 미래'라는 주제로 대중 강연을 하였다. 약 20여 년의 조직 생활 덕분에 실전 노하우가 담긴 강연이 가능한 것이 그의 큰 강점이다.

그는 대기업 재직 당시에도 사내 방송이나 신입사원 교육을 맡을 정도로 달변가였고, 재직 중 이미 몇 권의 저서도 쓴 바가 있었다. 하지만 그런 그조차 강사 세계에 입문하고 한동안은 일감이 없던 시절이 있었다. 정성껏 만든 이력서를 부지런히 보내봤지만 연락이 없던 이유는 단순했다. 검증 안 된 강사를 쓰는 것을 교육 담당자들이 가장 두려워하기 때문이었다.

그러다 수원에 있는 모 기관에서 드디어 첫 강연 기회가 주어졌는데, 자신을 부른 이유가 너무도 궁금하여 담당자에게 묻자 돌아온 대답.

"이력서를 보니까 제 고등학교 선배시더라고요."

나중에 '강사들이 영업하는 법(p.239)' 항목에서 설명하겠지만, 이런 것 정말 무시할 수 없다. 어쨌든 당신이 은퇴 후 강사가 되고자 한다면 우선 당신의 주변 인맥을 철저히 활용하는 것이 현명하다.

한편, 대조직에서 나온 은퇴자들의 가장 큰 문제점은, 사회적 체면 혹은 실패의 두려움 때문에 여간해서는 다른 일에 도전하려고 하지 않는다는 것이다. B 강사 역시 처음에는 조직 내 파워게임에 희생되면서 체념

한 적이 있었다고 한다. 그러나 화려한 왕년을 잊고 밑바닥에서부터 다시 시작한 결과, 그는 기업 및 전국의 지자체 등에서 연간 300회 이상 강연을 하는 일류 강사가 되었다.

3. 부업으로 강연을 하는 직장인 강사

부업으로 강연을 하는 직장인 강사들도 있다. 외국계 기업에 다니면서 틈틈이 강연을 하고 있는 C 강사는 대학 시절부터 타 대학에 강연을 다녔을 정도로 강연 경험이 많은 베테랑 강사다. 앞서 언급한 일류 강사들과 함께 방송 프로그램에도 출연한 바 있고, 기업 임원에서 청소년에 이르기까지 폭넓은 대상 층에게 강의를 하고 있는 인기 강사 중 한 명인데, 그가 한 해 강연으로 벌어들이는 수익은 같은 직장인들이 알면 허무해질지도 모른다. 그러다 보니 그는 가끔 청중에게 이런 질문을 받는다.

"외부 강연을 하다 보면 회사 일에 소홀해질 수도 있지 않나요?"

그러한 질문에 대한 그의 답변은 이렇다.

"일반적으로 사람들은 저에게 100이라는 에너지가 있다면 80 정도 일에 쏟고 나머지 20을 개인 활동에 쓴다고 생각하시지만, 저는 기본치를 200으로 설정해두고 120 이상 일에 온전히 쏟고 있습니다. 그리고 남는 에너지로 자기계발도 게을리 하지 않습니다."

물론 직장 생활을 하면서 강연을 한다는 것이 말처럼 쉽지는 않다. 그러나 내 주변에는 주말 시간을 몽땅 투자해 책을 쓰고 강연을 하는 직장인들이 결코 적지 않다. 정치인 안철수도 과거 의사 시절 새벽 시간을 쪼개 V3 백신을 만들었다고 하지 않았는가? 시간이 없어서 혹은 피곤해서 못한다는 것은 어쩌면 당신의 핑계이자 게으름일지도 모른다. 어쨌든 강사를 꿈꾸는 사람들에게 가장 일반적이고 안정적인 길은 C 강사의 길이 아닐까 싶다.

> **INSIGHT** **나는 어떠한 강사가 되고 싶은가?**

1. 무엇에 대해 강연하고 싶은가?

2. 강연하고 싶은 주제에 대해 얼마나 잘 아는가?

3. 나의 강연을 들을 청중은 한마디로 어떤 사람들인가?

4. 그들의 현재 관심사나 당면한 문제는 어떤 것들이 있나?

5. 그들에게 나의 강연은 어떤 면에서 효과적인가?

6. 특정 분야에 대해 전문적인 지식을 가졌는가?

7. 그 분야와 관련하여 보유한 경험이나 에피소드는?

8. 다른 사람들과는 어떻게 차별화되는가?

9. 남들이 미처 해보지 못한 나만의 독특한 경험은?

_____

10. 앞으로 좀 더 배워보고 싶은 분야가 있다면 무엇인가?

_____

TIP 　강사를 목표하지 않아도 강연을 할 수 있다

— 유명 강사가 되고 싶다는 어느 대학생과의 Q&A

Q 제 꿈은 시집이나 책을 출간하여 베스트셀러 저자로 유명해지면, 초청 강의를 다니며 누군가의 멘토가 되는 것입니다. 저는 학교에서도 팀플과 교양 발표를 무척 좋아할 정도로 활동적인 일이 적성에 무척 잘 맞습니다. 아직은 제가 그리 대단히 내세울 것이 없지만, 날이 갈수록 미래엔 누군가의 멘토가 될 만큼 성장하고 싶다는 생각이 절박해집니다.

대표님께서는 강연을 어떻게 진행하시는지, 외주 강연은 어떻게 의뢰받으시는지, 강연을 하시면서 경험한 독특한 에피소드들은 무엇이 있는지 등 궁금합니다. 혹시 실례가 되지 않는다면 자문을 구해도 될까요?

A 휴학을 하고 시(詩)에 전념하는 용기에 대해서는 칭찬하고 싶지만 별로 추천하는 방식은 아닙니다. 어디까지나 제 생각이지만, 강연이나 습작은 열정만 있다면 얼마든지 부차적으로 할 수 있다고 믿기 때문입니다. 또한 유명해져서 강사가 되고 싶다는 대학생들을 종종 보는데, 그들에게 제가 늘 하는 말은 이렇습니다.

"강사를 목표하지 않아도 얼마든지 강연을 할 수 있다."

이게 무슨 말이냐 하면, 강연을 하려고 억지로 애를 쓰지 않아도 한 분야에 열정을 쏟다 보면 저절로 강연 기회가 주어진다는 뜻입니다.

트렌드 전문가인 '날카로운상상력연구소'의 김용섭 소장님이 언젠가 제게 이런 말을 해주신 적이 있습니다.

"전문가가 된다는 것은 자기만의 영역을 구축하는 것이고, 상위급 전문가로 가면 갈수록 글 쓸 일과 말할 일은 점점 늘어납니다. 그게 저술과 강연의 기회가 되는데, 이건 전문가가 가질 특권이기도 합니다. 그런 점에서 유능한 강사가 되려면 전문가가 먼저 되는 게 가장 좋습니다. 그런 것 없이 자신의 경험을 팔거나, 강연 스킬만으로 버티는 건 한계가 있겠지요."

저도 그 의견에 전적으로 공감합니다.

말이 길어졌는데 핵심은, 휴학을 한 이상 시(詩) 습작에 최선을 다하자. 하지만 전공 공부에 대해서도 결코 소홀하지는 말자. 강연을 하려고 애를 쓰기보다는 내가 관심 있는 분야를 찾고 그곳에 열정을 쏟자. 그러면 강연 기회는 저절로 주어질 것이고, 그 메시지에 청중은 더욱 귀를 기울일 것이다.

부족한 답변이었습니다. 행운을 빕니다.

강연 아이템,
어떻게 찾아야 하는가

강연을 처음 시작하려는 사람이 가장 먼저 부딪치는 문제는 '무엇을 나의 주력 아이템으로 삼을 것인가'이다. 이때 크게 'A: 자신의 인생 스토리를 들려줄 것인가', 'B: 자신의 전문성을 살려 강연할 것인가', 'C: 자신의 관심사에 대한 정보를 전달할 것인가' 중에 선택을 해야 하는데, 그것은 순전히 당신 스스로 결정하기 나름이다. 물론, 세 가지를 넘나들며 강연하는 사람도 있다. 자, 그렇다면 먼저 위 세 가지 길의 특징에 대하여 살펴보자.

첫째, 자신의 인생 스토리를 들려주는 길이다. 8천미터 16좌 완등을 한 엄홍길 휴먼재단 상임이사, 가발공장 직공에서 하버드 박사가 된 서진규 박사, 오지 여행과 재난 현장을 다닌 경험을 책으로 펴낸 한비야 교장 등이 좋은 예이다. 이러한 특별한 경험은 청중에게 놀라움 또는 감동으로 다가오는데, 누구도 콘텐츠를 모방할 수 없다는 것이 가장 큰 장점이다. 또한 일반인 302명을 대상으로 강연 만족도를 분석한 논문(서강대 언론대학원 장진주 씀)에 따르면, 청중은 '강연자의 경험과 인생 이야기(62.8%)', '자기계발(60.8%)', '인문학(26.2%)' 순으로 '강연자의 경험과 인생 이야기'를 가장 선호한다고 조사되기도 하였다.

하지만 이러한 유형의 강연은 대개 성공 스토리에 치우쳐 있고 강사의 유명세에 크게 좌우되기 때문에 신인 강사들이 섣불리 도전하기 어렵다는 단점이 있다. 또한 아주 특별한 경험이 있지 않은 이상 젊은 강사의 인생 이야기를 청중이 잘 귀담아듣지 않는다는 점도 결코 무시할 수 없다. (경험적으로 볼 때, 강사가 마흔 중반은 넘어야 청중이 귀를 기울이는 듯하다)

둘째, 자신의 전문성을 살려 강연하는 길이다. 요즘 최고로 인기 있는 한국사 전문가 설민석을 예로 들어보자. 그는 앳되어 보이는 외모와 달리 올해로 22년 차인 베테랑 역사 강사다. 보습학원 아르바이트를 시작으로 분당의 대형학원과 인강을 통해 한국사 강사로 이름을 알리다가 최근 여러 TV 프로그램에서 역사 선생님으로 불리며 최고의 전성기를 누리고 있다. 결혼정보업체 듀오의 이명길 강사 역시 국내 1호 연애코치로 활동하며 십여 권의 저서도 내고, 다수의 연애 강연을 하고 있다. 마찬가지로, 당신이 마케팅 분야에 오랫동안 종사한 실무자라면 마케팅 강연을 하고, 홍보 분야에 몸담았던 사람이라면 홍보와 관련된 저서를 내는 것이 몸값을 높이는 올바른 방법이다. 설령 책이 팔리지 않더라도 말이다.

미래에셋 은퇴연구소의 이상건 상무는 경제 주간지 〈이코노미스트〉 기자 시절 다양한 부자들을 직접 만나고 취재하는 과정에서 『돈 버는 사람은 분명 따로 있다』라는 저서를 출간하며 강연을 시작했다. 이후 자신의 경력과 포지션을 이용해 수많은 재테크 서적을 연달아 출간하여 전문성을 확보하였고, 꾸준한 강연 활동으로 강사로서의 가치도 높일 수 있었다.

내가 강사들에게 주저 없이 권하는 길도 바로 이 두 번째 길이다. 몸값을 올리는 가장 확실한 방법이기 때문이다. 단점은 없을까? 별로 없다고 여기지만, 직장인이라면 회사 눈치를 봐야 한다는 것, 특정 분야의 전문가로 너무 부각되면 계속 그 분야 강연만 하게 될 확률이 높다는 것 정도가 아닐까 싶다. 내가 아는 IT 전문가는 이제는 좀 인생 강연을 하고 싶은데 본래의 이미지 때문에 좀처럼 강연 기회가 주어지지 않는다고 말하기도 했다.

마지막으로 세 번째 길은, 자신의 관심사에 대한 정보를 전달하는 것이다. 김경준 딜로이트 안진 경영연구원장은 전문 분야가 경영 컨설팅임에도 『지성과 실천력을 길러주는 인문학 이야기』, 『지금 마흔이라면 군주론』 등의 책을 펴내고 강연할 정도로 인문학적 통찰이 깊다. 신경정신과 의사인 건국대 하지현 교수는 정신의학을 기반으로 한 다양한 주제(소통, 자녀교육, 예능, 전래동화 등)로 저술한 책만 십수 권에 달하는데, '통쾌한 비즈니스 심리학'이란 주제로 기업 출강도 하는 인기 강연자이기도 하다.

이러한 강사들의 특징은 자신의 관심 분야에 대한 연구를 하다가 보통 수준을 넘는 지식을 갖게 되어 강연까지 하게 된 것인데, 이때 주의할 점은 어설픈 지식이나 실력으로 이런 사람들을 흉내 내면 절대 안 된다는 것이다. 좋아하는 분야에 대해 책을 쓰고 강연하겠다며 함부로 회사에 사표를 쓰지는 말라는 것이다. 다만, 은퇴 후 자신의 경험이나 관심사를 나누는 일은 매우 바람직한 생각인데, 김경회 전 서울랜드 사장은 해외 시니어의 인생 2막 사례를 다룬 『브라보! 시니어 라이프』를 출간하고 현역 때보다 더 바쁜 나날을 보내고 있다고 하는데, 정말 존경스럽다.

한편, 위 세 가지 길 어디에도 해당되지 않는 경우도 있는데 전문 강사로 출발하는 사람들이 그렇다. 이러한 경우에는 비교적 입문하기 쉬운 스피치나 이미지, CS(고객만족), 성희롱 예방교육 등으로 시작하는 것이 현실이다. 그러나 진입 장벽이 낮은 만큼 내부 경쟁이 워낙 치열해 웬만해서는 차별화를 꾀하기가 쉽지 않고, 어설픈 실력으로는 자리 잡기가 정말 어렵다. 그렇다면 사회 경력이 없는 전문 강사 지망생들은 어떻게 해야 할까?

자신의 강점으로 시작하라

프로 강사 김미경 아트스피치 원장의 첫 저서는 1998년 발간된 『나는 IMF가 좋다』이다. 조금 의외이지 않은가? 그는 여성의 꿈과 사회 진출에 대한 강연 아이템으로 강사 활동을 시작했지만 자신의 가장 강력한 무기는 스피치라는 것을 곧 깨닫고 스피치 전문 아카데미인 '아트스피치'를 설립하여 관련 저서를 내며 스피치 전문가로 자신을 브랜딩 하였다. 그 결과 현재 그는 전 연령대를 아우르며 거의 모든 영역의 강연이 가능한 최고의 강사가 되었다.

〈세상을 바꾸는 시간, 15분〉에서 유튜브 수백만 조회를 돌파한 프로 강사 김창옥 휴먼컴퍼니 대표 역시 첫 강연 아이템은 '소통'이 아닌 '보이스(목소리)'였다. 대학에서 성악을 전공했기에 발성이 남달랐던 그는 '국내 1호 보이스 컨설턴트'로 자신을 소개하며 첫 저서인『목소리가 인생을 바꾼다』를 펴냈지만, 결정적으로 그를 스타 강사로 만든 것은 청각장애인 아버지와 불통을 겪는 과정에서 소통의 중요성을 깨달으며 시작한 강연 '유쾌한 소통의 법칙'이었다.

두 프로 강사의 공통점은 무엇일까? 바로 자신의 강점을 주력 아이템으로 소화하였다는 것이다. 진부한 말이지만, 결국 강연 아이템은 자신의 삶 속에서 찾아야 한다. 아무리 좋은 강의안과 콘텐츠도 나에게 맞지 않으면 몸에 맞지 않는 옷처럼 어색할 뿐이다. 따라서 당신과 적합도가 가장 높은 아이템을 찾아 그 분야를 집요하게 파고들기를 권한다. 가장 이상적인 단계는, 처음에는 한 분야를 전문적으로 파고들다가 시간이 지나면서 저절로 여러 분야에 대한 강연까지 아우를 수 있는 능력을 갖추는 것이다.

또한 두 강사의 공통점은, 처음부터 자신만의 확고한 킬러 콘텐츠 (killer contents)를 찾은 것은 아니라는 점이다. 사실 신인 강사가 처음부터 고유의 색깔을 갖는다는 것은 거의 불가능에 가깝다. 따라서 당신이 아직 강연 아이템을 찾지 못했다면 닮고 싶은 롤모델을 한 명 정해놓고 그의 지나온 이력을 철저히 벤치마킹하라. 이때 주의할 점이 있다. 당신이 관심 있는 분야라고 해서 무작정 뛰어들지는 말라는 것이다. 왜냐하면 당신이 강연하려는 분야가 너무 비인기 분야라면 시장 수요가 적어 좀처럼 강연 기회가 주어지지 않을 수도 있기 때문이다.

끝으로, 강연+공연을 모두 소화할 수 있는 '에듀테인먼트(Edutainment)' 강사들의 전망도 밝다고 본다. 예를 들어 조용갑, 황영택 성악가 등이 그 좋은 예인데, 이전에는 주로 국악인들이 많이 활동하였지만 보다 신선한 젊은 강사들을 찾는 기관들이 늘고 있기 때문이다.

TIP 강연 시장의 주제, 분야, 아이템 분포도

주제	분야 및 아이템
동기부여 (마인드 관리 교육)	변화 관리, 변화 혁신, 전략적 사고, 위기관리, 갈등 관리, 스트레스 관리, 미래 설계, 동기부여, 창의적 사고, 혁신, 도전, 열정, 자신감, 성공학 등
리더십 교육	경영혁신 전반, 비전 경영, 창조 경영, FUN 경영, 현장 경영, 리더의 전략, 팀 리더십, 셀프 리더십, 세일즈 리더십, 여성 리더십, 주인의식 함양 등
직무 교육	사내 교육(계층별·직능별), 팀 빌딩, 기업(조직) 문화, 조직 활성화 교육, 액션러닝 과정, 컴퓨터활용능력, 자기관리 및 직업의식, 직장 예절 등
자기계발	소통 및 커뮤니케이션, 스피치&프레젠테이션, 보이스 트레이닝, 글쓰기, 기획력, 문서 작성, 외국어, 시간 및 일정 관리, 퍼스널 브랜딩, 멘토링 등
CS 교육	고객만족(CS) 경영, 고객심리 감성서비스, 컴플레인 응대 스킬, DiSC를 활용한 고객응대스킬, 고객접점(MOT) 분석, 직장 예절과 서비스, 전화 응대 예절, 비즈니스 매너, 글로벌 매너, 병원 친절 모니터링, 경청 방법 등

이미지 교육	성공하는 사람들의 이미지 메이킹, 퍼스널 컬러 컨설팅, PI(Personal Identity), CI(CEO Identity) 강화 교육, Image Management Fashion Styling 등
취업 · 청소년 교육	취업캠프/면접, 진로 적성, 초중고 학교폭력예방교육, 취업 및 진로 컨설팅, 취업역량강화 교육, 입사지원서 작성 및 면접 전략, 면접 이미지 메이킹, 대학 생활 관리 및 커리어 로드맵, 자기주도학습 등
시니어 · 창업 교육	Second Life 성공 전략, 아름다운 노후 장수 인생, 인생 이모작, 은퇴 설계, 재테크 및 금융경제, 창업 컨설팅, 시니어 창업, 청년 창업 실무, 기업가 정신 등
의무 교육 및 기타	직장 내 성희롱, 성폭력 예방교육, 개인정보보호 교육, 응급처치 교육, 생명존중자살예방 강의, 어린이집 아동학대, 폭력, 안전관리 교육 등
특강	교양(역사, 예술, 인문, 문화 등), 자녀교육, 학부모 교육, 부부 행복, 행복한 가정, 웃음 치료, 심리 상담, 여행 이야기, 연애의 기술, 교회 간증, 강사 양성, 자신의 관심사를 활용한 특강(생활 풍수, 여행 이야기, 동화 구연, 패션 코디, 건강 관리) 등

강사 세계에서
학력은 얼마나 중요할까?

강사 세계에서 학력은 중요할까? 결론부터 말하자면, 강사들에게 학력과 학벌은 중요하다. 기본적으로 우리나라는 학력 사회이기 때문이다. 물론 가방끈이 짧다고 프로 강사가 될 수 없는 것은 아니다. 하지만 대체로 공부 열심히 한 강사에게 들을 거리도 많지 않겠느냐 하는 것이 담당자의 논리다. 만약 당신이 교육 담당자라면 생전 들어보지 못한 대학 출신의 강사에게 직원 교육을 맡기고 싶을까? 또한 실무자 입장에서 보면, 강사가 빛나는 학력의 소유자일 경우 의사 결정권자인 상사에게 구색을 맞추어 보고하기도 좋다.

물론 프로 강사가 되는 길에 왕도는 없다. 그러나 수많은 강사들이 대학원에서 석·박사 학위를 따고, 겸임교수직을 받으려 그렇게 애쓰는 이유는 학력 사회에서 지식근로자로 활동하는 데 학력과 학벌이 그만큼 중요하다고 믿기 때문이 아닐까? 물론, 아무런 아카데믹 백그라운드

(Academic background) 없이 프로가 된 강사들도 많지만, 나중에는 대학이나 대학원을 찾는 강사들을 나는 수없이 보았다. 어쨌든 강연을 정말 잘한다면 학력이고 뭐고 다 필요 없다.

하지만 강연 시장도 변해간다. 2016년 9월 28일 청탁금지법(김영란 법) 시행으로 겸임교수 역시 강연료에 제한을 받게 되어 겸임교수 타이틀에 대한 메리트가 현저히 떨어졌다. 내가 아는 어느 프로 강사는 강연료 때문에 13년이나 겸임교수로 근무한 대학에 사표를 제출하기도 하였고, 어느 여성 강사는 모 대학과 겸임교수 이야기가 진지하게 오고 갔지만 결국 포기하였다. 그래도 여전히 겸임교수 타이틀은 학력 사회에서 강력한 무기임에는 틀림없는 사실이다.

대학원에 들어가라. 단, 경제적 여유가 된다면

당신의 강연이 탁월함에도 불구하고 빈약한 학벌로 억울함을 겪는다면 나는 대학원에 진학할 것을 권하고 싶다. 우선 대학원을 통해 얻은 학위는 당신의 자존심을 세워줄 수 있다. 나아가 당신의 가치를 훨씬 더 부풀려 보이게 하는 후광 효과도 얻을 수 있다.

그렇다면 전공 선택은 어떻게 해야 할까? 너무나 당연한 소리지만 향후 당신이 강연하려는 분야를 택하면 된다. 평생교육학, 식품영양학, 패션학, 사회복지학 등 어떤 전공이 되었든 당신의 전문성을 잘 드러내면서 미래 가치가 높은 전공을 선택하라. 참고로 말하자면, '소통'이나 '공감' 키워드로 강연하는 여자 강사들은 '가족상담학'이나 '상담심리'를 주로 선택했고, 남자 강사들은 '경영학(마케팅, 인사조직 등)'과 '경제학'을 전공으로 많이 선택했다.

또한 석·박사 학위가 생기면 강연을 할 수 있는 운신의 폭이 넓어진다. 무슨 말인가 하면, 당신이 강연할 수 있는 청중의 폭이 넓어져 저변이 확대된다는 뜻이다. 예컨대 학벌이 별로인 강사의 이야기를 고학력자들은 잘 귀담아듣지 않는다. 마찬가지로 석사의 강연을 박사들은 팔짱을 끼고 듣는 척만 한다. 석사까지만 한 강사가 알면 얼마나 알겠느냐 하는 식이다.

그러나 당신이 박사가 되면 상황은 달라진다. 당신을 아주 호되게 지도하던 지도 교수와 동등한 박사의 지위를 갖게 된다는 말이다. 결과적으로 모든 박사들을 대상으로 강연이 가능해지기 때문에 누구 앞에서나 주눅 들지 않고 권위를 세우며 강연을 할 수 있다.

그런데 박사 과정은 꽤 까다롭고 빡빡하지 않느냐고? 물론이다. 특히 요즘에는 더욱 그렇다. 많은 교수들이 박사 과정을 학자를 키우는 코스로 생각하기 때문에 학위만 노리는 학생들을 아주 안 좋게 생각하고, 공부로 괴롭혀서 쫓아내기도 한다. 최근 SKY는 박사에 전념할 사람만 뽑는 추세고, 다른 대학들도 직장인들을 뽑기는 하지만 상당히 빡빡하게 굴린다고 한다. 그래서 그런지 요즘 인기 강사들도 석사에 만족하고 박사까지는 잘 안 하려는 듯도 하다. 어쨌든, 학위만 취득할 생각이라면 여전히 박사 학위를 받을 대학은 많다.

일류 대학원에 목매지 말자

실력만 된다면 일류 대학원에서 학위를 받는 것이 좋을 것이다. 하지만 그렇다고 해서 너무 일류 대학원에만 목을 매지는 말자. 시장에서 원하는 것은 일단 학위 자체일 뿐이니 말이다. 그래도 일류 대학원을 꼭 가고 싶다고?

한 가지 일화가 있다. 수년 전 명문 A대학원의 박사 과정 진학을 고민 중인 강사가 있었다. 어느 날 그는 멘토에게 조언을 구했는데, 멘토는 A대학원보다 B대학원이 강사와 병행하면서 박사 받기기 유리하다고 충고하였다. 하지만 A대학원의 간판이 더 탐났던 강사는 결국 자기 뜻대로 A대학원에 진학하였다.

그런데 막상 A대학원에 들어와 보니 도저히 강사 생활과 병행할 수 있는 수준이 아니었는데, 논문은 고사하고 논문 제출 자격시험에 통과하기까지 시간이 너무 많이 소요되고 말았던 것이다. 결국, 따라가지 못할 수준의 대학원을 다닌 그는 강연도 학업도 무엇 하나 제대로 집중하지 못했고, 결과적으로 돈과 시간을 낭비하고, 무엇보다 마음고생을 엄청 하였다고 한다.

내가 여기서 들려주고자 하는 교훈은 당신에게 필요한 것이 일단 학위 그 자체라면 어느 대학에서 박사를 받았는지에 너무 집착하지 말라는 것이다. 사람들은 누구누구 박사라고 하지, 어느 대학에서 박사를 마친 누구라고 하지 않는다. 투여한 시간과 노력에 비해 수월하게 학위를 받을 수 있다면 그 길을 택하는 것도 좋은 방법이다. 명문대 출신의 프로 강사들이 네임 밸류가 조금 떨어지는 대학에서 박사 학위를 받는 것에는 다 그만한 이유가 있다.

지금까지 쓴 글을 보면 마치 학력 사회를 더욱 조장하는 것 같아 조금

떨떠름하긴 하다. 그러나 내가 이야기하고자 하는 것은 무엇이 옳은가 하는 문제가 아니라 '어떻게 하면 당신이 강사로서 좀 더 가치를 높일 수 있는가' 하는 문제임을 기억해주기 바란다.

마지막으로 강조하고 싶은 것은 석·박사 학위가 당신을 조금 앞선 출발선에 서게 할 수는 있지만, 궁극적으로 당신을 일류로 만드는 것은 순전히 강연 실력이라는 것을 절대 잊지 마라. 시장의 눈은 냉정할 정도로 정확해 스펙만 화려하고 실력은 떨어지는 강사는 금세 퇴출당하고 만다.

한편, 지금 당장 대학원을 갈 수 있는 처지가 아니라고 너무 낙심하지는 말자. 석사 학위에 맞먹는 위력을 지닌 다른 방법이 있다. 그것은 바로 자신의 저서를 출판하는 것이다. 다른 글에서 다루겠지만, 책 한 권의 위력은 석사 학위에 못지않을 만큼 그 힘이 세다.

TIP 　허위 경력은 금물!

학위나 경력에 대한 허위 기재로 사회적으로 비난을 받는 강사들을 종종 보게 된다. 어쩌면 나와는 상관없는 일로 치부해버릴지 모르지만 당신에게도 충분히 일어날 수 있는 일이다. 예를 들어보자. 당신이 모 대학의 평생교육원(혹은 사회교육원)에서 강연을 한다고 치자. 교육생들은 당신을 '교수'라 부를 것이다. (대학 내 평생교육원 등은 수강비만 납부하면 학생부터 인근 주민까지 누구나 들을 수 있는데 보통은 강사를 '교수'라고 부른다)

그런데 교수라는 직함이 당신이 듣기에 썩 나쁜 것은 아니기 때문에

'이 정도는 괜찮겠지'라는 생각에 교수라 적힌 명함을 만들고, 책도 쓰고, 강연도 하게 된다. 덕분에 방송까지 나가게 됐지만 (요즘에는 채널이 워낙 많아 방송 출연이 대단한 일은 아니다) 어느 날 갑자기 '교수 사칭'이라는 언론의 집중 포화를 맞게 될 수도 있다. 참고로, 지금까지 이야기한 것은 모두 실화다. (이 이야기에 나오는 강사는 이 일을 겪은 후 약 4년간 강연을 못했다고 한다)

이런 경우를 당하지 않으려면 '교수'라고 하지 말고, "OO대학교 평생교육원에서 강의를 하고 있습니다"라고 정확히 말해야 오해가 없다. "OO대학 교수입니다"라고 하면 잘 모르는 사람들은 교수로 오인할 수 있기 때문에 문제가 된다. 특히 요즘같이 인터넷이 발달된 시대에는 더더욱 조심해야 한다. 한 가지 실화를 덧붙이자면, 몇 년 전 실업계 고교 출신으로 대기업에 입사하였다는 책을 낸 저자가 있었는데, 책을 발간한 지 보름 만에 회사 측이 거짓 이력을 직접 밝혀내기도 했다.

스타 강사,
얼마나 벌까?

    스타 강사들은 얼마나 벌까? 강사에 따라 천차만별이지만, 한 회 강연료가 500만~1000만 원에 달하는 특급 연사부터 200만~300만 원의 A급 강사, 150만~200만 원 정도의 프로 강사까지, 실제로 인기 강사들은 돈을 많이 번다. 한 시간에 웬만한 직장인의 월급을 벌기도 하는데, 어떤 유명 인사는 강연료 세금으로만 3억 원을 냈다고 한다. 내가 아는 한 강사는 한창때 자신이 월 얼마까지 벌 수 있는지 궁금하여 최대한 모든 일정을 소화해보았는데, 순이익으로 5천~6천만 원까지 번 적이 있다고 나에게 귀띔해주기도 하였다. 물론 그때 한 번뿐이었고 계속 그렇게 하지는 못했다고 한다. 몸이 버텨내지 못하기 때문이다.

    〈아시아경제신문〉 2014년 4월 13일 자에는 "스타 강사라더니 자기 자랑만… 강연비가 아깝다"라는 기사가 실리기도 했는데, 그 내용을 요약하면 아래와 같다.

최근 자기계발 열풍을 타고 '스타 강사'들이 등장했다. 스타 강사들은 자신의 경험을 바탕으로 책을 출간하기도 하고, TV 프로그램을 진행하며 세간의 인기를 얻고 있다. 최근에는 기업, 공공기관을 대상으로 한 교육 시장이 확대되면서 고소득을 누리는 스타 강사도 여럿 등장하는 추세다. 그러나 이 같은 강연 시장이 확대되는 와중에 과도한 상업화, 부실한 콘텐츠 등의 문제점도 노출되고 있다. 기업, 공공기관, 지역 사회 등의 교육 시장이 활성화되면서 강연료도 높아지고 스타 강사의 공급과 수요가 늘어나는 등 시장이 커졌지만, 교육의 질이나 콘텐츠가 뒷받침해주지 못하고 있는 것이다. 상황이 이렇다 보니 강연료를 올리기 위해 무리수를 두는 강사들도 있다. 비즈니스 관련 강연 활동을 벌이고 있는 A 씨는 "강연에 단가가 정해져 있는 것이 아니다 보니 돈벌이로 강의를 하려는 이들이 많다"면서 "회당 500만 원 강사처럼 강연료를 자기 브랜드로 쓰는 거품 강사들도 적지 않다"고 말했다. 심지어 일부러 높은 강연료를 불러 몸값을 높이는 경우도 있다는 것이 A 씨의 후문이다.

당신은 이런 기사를 보면 무슨 생각이 드는가? 직장인이라면 순간 허탈해질 수도 있다. 그러나 강연 에이전트로서 변호(?)를 하자면, 찾는 곳은 많은데 몸은 하나뿐이니 강사의 강연료가 천정부지로 치솟는 것은 당연한 시장 원리 아닌가 하는 것이다.

시각을 다른 데로 돌려보자. 강연 비즈니스가 우리보다 번창한 미국은 어떨까? 자기계발의 대가 브라이언 트레이시는 한 회 강연에 한화로 무려 8억 원을 받는다. 경제 규모를 감안하더라도 충격적이지 않은가? 벤 버냉키 전 미국 연방준비제도 이사회(FRB) 의장은 20만 달러(약 2억 원), 힐러리 클린턴 전 미국 국무장관은 한 회 강연료가 22만 5000달러(약 2억 3000만 원)로 밝혀지기도 하였다. 얼마 전 퇴임한 오바마 前 대통령도 고액 강연료 때문에 언론의 뭇매를 맞기도 했는데, 자본주의 종주국인 미국조차도 공직자에 대해서는 엄격한 것 같다.

세계적 투자가 워런 버핏과의 점심 식사를 수십억 원을 주고 사는 사람들은 또 어떤가. 그만한 돈을 한 번의 만남에 지불하는 사람들의 심리를 나는 도무지 알 길이 없지만, 그들에게는 워런 버핏과의 만남이 그만큼 가치가 크기에 그 값을 치르는 것이 아닐까? 삼성 이건희 회장 역시 "아무리 책을 많이 읽어도 그 분야 전문가들을 불러 직접 강의를 듣는 것만큼 효과적인 것은 없다"고 평소 강조하며 2010년부터 매주 수요일 50명의 사장단회의에 외부 강사를 초빙하여 고액의 강연료를 지급한 바 있다. 즉, 누군가에게 '사치'라고 느껴지는 고액의 강연료가 다른 누군가에게는 투자할 만한 '가치'로 여겨질 수도 있다는 것이다.

참고로, 현재는 청탁금지법(김영란 법)과 미래전략실 해체로 인해 삼성도 상황이 많이 바뀌었다. 이전까지 삼성 수요사장단회의에는 서울대, KAIST 교수들이 강사로 초빙되었는데, 이 법이 시행되면서 국립대 교수의 경우 시간당 강연료가 30만 원으로, 사립대 교수는 시간당 100만 원으로 낮아졌고 사장단회의는 아예 폐지되었다. 이러한 이유 때문인지 대중 강연 시장을 떠나는 교수들도 늘었는데, 이에 대해 KAIST 김대식 교수는 "연예인의 시시콜콜한 이야기는 들어도 되지만 사회 · 정치 · 경제 · 과학 전문가의 지식은 더 이상 대한민국 국민에게 알리지 말라는 말일까?"라고 꼬집기도 하였다.

청탁금지법에 대한 나의 생각 하나. 청탁금지법 이후 어느 대기업 임원 교육을 준비한 적이 있다. 그때 나는 국립대 교수 한 명과 사립대 교수 한 명을 섭외하였는데, 이 법 때문에 국립대 교수에게는 30만 원을, 사립대 교수에게는 150만 원을 지급하였다. 강연을 마치고 사립대 교수와 식사하는 자리에서 그가 내게 이렇게 말했다.

"아까 그 국립대 교수 안타까워서 어쩌죠?"

그 교육을 위해 훨씬 정성을 기울였던 국립대 교수(서울대)보다 사립대 교수가 5배 많은 강연료를 받는 것이 납득이 가는가? 소속 기관에 따라 최저 임금도 아닌 최고 임금을 차등 제한하는 시장경제를 여태껏 나는 들어본 적이 없다.

아무리 그래도 고작 한 시간 강연료가 너무 비싸다고? 실무자 입장에서 나는 또 다른 관점을 제시하고 싶다. 결국 강연료란, Insight가 담긴 강사의 시간을 사는 것이다. 그리고 그러한 강사의 시간은 당연히 비싸다. 만약 강연을 듣는 사람이 100명이라면 100명의 시간, 200명이라면 200명의 200시간을 상대로 자신의 경험과 지식을 전달하는 셈이 아닌가. (물론 다소 억지스럽기는 하다) 그렇다면 한 시간 강연료치고 너무 적은 것 아닌가, 라고 오히려 강사가 항변할 수 있지 않겠는가? 어느 프로 강사는 300명 이상일 경우 평소보다 높은 강연료를 요구하는데, 강사 입장에서는 일정 인원수를 넘기면 기(氣)가 빠지기도 하고, 많은 청중이 운집한 규모 있는 행사라면 그에 응당한 보상을 받아야 한다는 것이 그의 논리다.

한편, 초보 강사들의 월 평균 수익은 어느 정도가 적당할까? 별도의 수익원이 없다면 한 달에 몇 번 강연하는 수준으로는 버티기가 정말 어렵다. 어디까지나 나의 생각이지만, 일주일에 2~3회 정도는 강연을 할 수 있어야 하지 않나 싶다. 1회 30만 원 기준, 주 3회 강연을 한다면 한 주에 90만 원, 한 달이면 360만 원이다. 각자 주머니 사정은 다르겠지만, 시간을 스스로 통제한다는 점에서 월급 생활자들보다 낫다고 볼 수 있지 않을까?

이쯤에서 재미있는 사실 하나. 강연을 함께 자주 하며 겉으로는 아주 친해 보이는 동료 강사들조차도 서로가 얼마를 받는지는 잘 모른다. 실제로 어느 강사는 자신과 친분이 두터운 다른 강사의 강연료를 나에게 노골적으로 묻기도 하였는데, 나는 입을 꼭 다물었지만 그때 속으로 '아무리 친해도 서로 강연료는 오픈 안 하는구나!'라고 생각했다.

그렇다면 왜 이런 현상이 벌어질까? 프로 강사들에게 강연료란 돈 이전에 강사로서의 자존심이다. 따라서 아무리 가까운 사이라도 서로 공개하지 않으며, 그래서 묻는 것도 실례다. 당연히 프로 강사들은 자신보다 덜 노력한 아마추어 강사들과 차별화된 액수를 원한다. 그런 맥락에서 본다면, 높은 강연료의 섭외가 들어온다 해도 다른 강사가 더 대우 받는다고 느껴서 혹은 주최 측의 무례함 때문에 고액 강연을 고사하는 강사의 심리를 이해할 수 있다.

이제까지 너무 스타 강사들 편만 드는 글을 쓴 것 같은 느낌이 든다. 위 기사처럼 몸값은 높지만 교육의 질이나 콘텐츠가 엉망인 강사들도 물론 있다. 이런 상황에서 우리 강연 에이전트들의 역할은 내실 있는 교육 콘텐츠를 만드는 데 주력함과 동시에, 실력이 신통치 않으면서 몸값을 올리는 데에만 혈안이 되어 있는 강사들을 잘 선별하는 것이 아닐까 하는 생각이 든다.

마지막으로, 스타 강사의 강연을 듣고 너무 자신의 기준으로만 판단하지는 말자. 당신에게는 좋은 강연이 다른 사람에게는 최악의 강연이 될 수 있듯, 당신에게는 그저 그런 자기 자랑으로만 들리는 강연이 다른 누군가에게는 삶의 터닝 포인트가 될 수도 있으니까 말이다.

몇 년 전 모르는 번호로 한밤중에 문자가 한 통 왔다. 자신이 오늘 자살하려다가 A 강사의 강연 영상을 보고 다시 살려는 희망을 얻었는데, 그 강사의 연락처를 찾아보다가 우연히 내 블로그까지 왔다며 나에게 다짜고짜 고맙다고 하는 것이었다. 나는 당황했지만 한편으론 반성했다. 왜냐하면 나는 영상 속의 강사를 실체가 없는 뜬구름 같은 말만 늘어놓으며 아주 비싼 강연료를 받는다고 평소 좋지 않게 생각하고 있었기 때문이다. 그때, 누군가의 뜬구름 같은 한마디가 목숨을 내던지려던 사람의 생명을 살리는 강연이 될 수도 있음을 깨달았다.

TIP   강연 아이템도 유행이 있는가?

몇 년 전부터 인문학 열풍이 대단하다. 왜 그럴까? 인문학은 사람의 패턴에 대한 연구다. 인문학은 언어, 문학, 역사, 철학이 다 담겨 있다. 건물로 비유하자면 '반석'과 같이 모든 기초를 다룬 영역이라 할 수 있다. 즉, 인문학은 우리 삶에서 떼려야 뗄 수 없고, 주변의 모든 현상이 곧

         • 강연의 시대

인문학이기 때문에 강연할 수 있는 스펙트럼도 상당히 넓다. 이와 유사한 분야로는 미국의 '성공학'이 있다. 성공학이라는 큰 틀 안에서 자기 탐색, 목표 설정, 시간 관리, 인맥 관리, 재정 관리, 동기부여 등 강연할 분야가 많다. 이처럼 기본(basic)을 건드리는 아이템을 선택하는 것이 길게 보면 유리하다.

2016년 한 해는 MBC 〈무한도전〉에 출연한 설민석 강사나 EBS 강사 최태성 교사를 필두로 한국사 강연 열풍이 불었다. 왜 그랬을까? 두 사람이 워낙 명강사이기도 하지만 2016년부터 수능에 한국사가 포함되었고, 대기업과 공기업의 직무적성 시험에 한국사 출제 비중이 늘었기 때문이라고 생각한다. 그렇다면 앞으로의 유행은 무엇일까? 1인 가구의 급증으로 혼술족, 혼밥족의 취향을 반영한 강좌가 많이 생겨나지 않을까? 일본이 그러했다. 어떤 아이템을 정할지는 매년 출간되는 트렌드 서적을 정독하며 고민해보기 바란다.

한편, 실질적으로 기업 강연의 트렌드를 주도하는 곳은 삼성이다. 프로 강사들에게 기업 강연을 어떻게 시작하였냐고 물으면 대개는 삼성에서 처음 강연을 하고 다른 곳으로 소문이 났다고 답하였다. 특히 삼성 수요사장단 강연에 누가 참여했는지를 교육 담당자들이 주목하였는데, 2017년 3월 미래전략실이 해체되면서 사장단회의도 폐지되고 말았다. 또한 전경련의 여러 비리들이 터져 나오면서 전경련 조찬모임 회원들이 세리 조찬 등 다른 모임으로 많이 유입되고 있다고 한다. 예전 같지는 않지만 세리CEO(www.sericeo.org) 유료 강연도 교육 담당자들이 많이 본다는 것을 참고하기 바란다.

강사 세계,
비전은 있는가

당신이 논농사를 짓는 농사꾼이라고 하자. 그런데 저수지를 유심히 살펴보지 않고 내 농사만 잘 짓겠다는 배짱으로 농사를 잘 지을 수 있을까? 만약 저수지에 물이 부족하다면 그곳의 농사를 포기하고 다른 곳을 찾아야 할 것 아닌가. 마찬가지로 당신이 아직 강사 세계에 대해 무지하다면 과연 이 분야가 비전이 있는가를 먼저 살핀 후에 뛰어드는 것이 현명할 것이다. 그러기 위해서는 우리나라 교육 시장에 대해 살펴보아야 한다.

전 세계 230여 개의 국가 중 선진 20개국(G20) 안에 드는 국가를 살펴보면 크게 지하자원이 풍부한 국가와 인적자원이 풍부한 국가로 나눌 수 있다. 이를테면 중동의 산유국이나 남미의 농업국은 지하자원이 풍부한 국가이고, 일본이나 EU 등은 인적자원의 경쟁력으로 선진국에 들어간 국가다. 미국은? 지하자원과 인적자원이 모두 풍부한 국가다.

그렇다면 한국은 어디에 해당될까? 잘 알다시피 우리나라는 지하자원이 부족한 국가다. 따라서 일본과 EU처럼 인적자원의 경쟁력으로 승부해야 하는데, 희망적인 사실은 지하자원보다 인적자원으로 성공한 국가의 수가 상대적으로 많다는 것이다. 즉, 우리가 선진국이 되기 위해서는, 또 된 후에도 끊임없이 '사람의 경쟁력'을 키워야 한다는 것이며, 이러한 이유 때문에 사람을 키우는 강사들의 미래 또한 밝을 것이라고 나는 믿는 쪽이다.

한편, 우리나라의 교육은 크게 공교육과 산업·사회교육 두 가지로 나뉘는데, 전자는 정부가 주도하는 학교 교육을 뜻하는 것이고 후자는 기업과 민간단체, 관공서 등에서 운영하는 교육을 의미한다. 전자나 후자 모두 똑같이 중요하지만 당신에게 돈을 벌어주는 시장은 후자인 '산업·사회교육' 시장이다. 자, 그럼 먼저 산업교육 시장에 대해 알아보자.

교육학 용어사전에 따르면 '기업이나 산업체에서 피고용자에게 실시하는 모든 연수, 개발, 교육'을 산업교육이라 정의한다. 기업 입장에서 볼 때 제아무리 명문대를 졸업해도 실전 지식을 갖춘 것은 아니기 때문에 입사 후 높은 강도의 교육을 시키는데, 이때 외부 강사들을 많이 찾는다. 뿐만 아니라 계층별 교육, 직능 교육, 월례 강좌 등 다양한 교육을 실시하는데, 전국의 기업 연수원은 휴일을 제외하곤 매일 불이 켜져 있다는 우스갯소리가 결코 농담이 아니다. 이처럼 HRD(Human Resource Development: 인적자원개발) 산업교육 시장이야말로 강사들에게 가장 큰 수익을 안겨주는 시장이다.

그렇다면 사회교육은 무엇을 의미할까? 사전에 따르면 '일반 사회인 또는 국민 대중을 대상으로 하는 교육'이라고 정의한다. 지자체에서 하는 특강에 참여해본 적 있는가? 아니면 백화점 문화센터의 강좌 홍보물 정도는 본 적이 있을 것이다. 전국 230여 개의 지자체에서는 시민아카데미, 평생교육대학이라는 아카데미를 대부분 운영하고 있고 백화점 문화센터에서도 갖가지 강좌들을 들을 수 있는데, 이러한 모든 강좌가 사회교육의 일환이며 프로 강사를 꿈꾸는 당신의 주무대인 셈이다.

한편, 온라인 교육시장은 어떨까? 삼성인력개발원에서 분사한 이러닝 (e-Learning) 전문기업 멀티캠퍼스(구 크레듀)의 2015년 매출액은 1,356억 원을 기록하였는데 휴넷, 메가HRD, 한국HRD협회 인재개발원 등의 기업도 양질의 교육 콘텐츠를 서비스하며 높은 매출을 올리고 있다. 또한 〈세상을 바꾸는 시간, 15분〉이란 TV 채널은 신인 강사들의 등용문으로 인식되며 양질의 콘텐츠를 제작하고 있고, 교육 회사가 아님에도 불구하고 고객 서비스를 위하여 강사들의 짧은 동영상을 제공하는 '넷향기'와 같은 회사들도 점차 늘고 있다.

강사의 미래, 밝기만 한가?

하지만 나는 당신에게 강사에 대한 환상을 심어주려는 사람이 결코 아니다. 분명히 말한다. 앞으로 자기만의 독보적인 콘텐츠를 가진 강사만이 살아남게 될 것이다. 트렌드 분석가 김용섭 날카로운상상력연구소장은 강연 산업의 미래에 대해 이러한 조언을 하였다.

"정보 전달자로서의 강사는 앞으로 점점 사라질 것입니다. 남는 건 자기만의 콘텐츠를 가진 전문가들일 겁니다. 이런 전문가가 아니라면 굳이 돈과 시간을 들여 강의를 들어야 할 필요를 못 느낄 것입니다. 이미 대학교육도 무료로 온라인으로 공유되는 시대다 보니 [하버드, MIT, 스탠퍼드 등 미국 명문대들은 온라인 대중 공개 강의 '무크(MOOC: Massive Open On-line Course)'를 무료로 개방하고 있다] 정보와 지식 전달자로서의 강사와 교수는 역할이 줄어들 수밖에 없습니다. 정보 전달자는 이미 많은 대학교수로도 충분합니다. 대학이 많이 사라지게 되면서 점점 많은 교수가 강사 시장에 들어올 텐데, 기업의 강연 시장도 많이 바뀔 것이라 기존 교수나 정보 전달자로서의 강사는 역할이 줄어들 수밖에 없습니다. 교수도 정보 전달자로서의 역할만 할 경우 가치가 떨어집니다."

그러나 지레 겁먹을 필요는 없다. 당신의 전문 분야를 찾고 오랫동안 일하면서 전문가로 인정받으면 된다. 어떤 분야가 미래에 유망할 것이냐고? 그건 나도 모른다. 다만 모두가 덤벼드는 쪽은 피하라. 인구학자 조영태 교수는 31세에 서울대 보건대학원 교수가 됐는데 희소한 영역인 인구학으로 박사를 받았기 때문이라고 한다. 같은 이유로 중2 딸에게 농고 진학을 권하고 있는데 남들 안 쳐다보는 분야에서 실력을 기르는 게 낫다는 판단에서란다. 그러면서 그가 덧붙이는 말.

"지금 유망한 직업(분야)이 미래에도 유망한 것은 아닐 것이다."

어쨌든 나는 강사 세계의 미래는 밝다고 자신한다. 혹자는 디지털 시대에는 인터넷에 모든 정보가 공개되어 있어서 지식 근로자인 강사의 미래가 부정적이지 않느냐고 반문할지도 모르겠다. 그러나 아무리 방대한 빅 데이터(Big Data)도 그것을 창의적으로 응용하고, 혁신적인 아이디어로 재창조하는 것은 결국 사람이 해야 하는 일이다. 디지털 시대에서 강사의 역할이란 세상의 흐름과 변화에 대해 예리하게 통찰하며, 쏟아지는 수많은 정보 속에서 필요한 정보를 재빨리 골라내는 안목을 키우고, 관련 지식들을 꿰매고 정보화하여 대중에게 선물하는 것이 아닐까? 아무리 시대가 변해도 인간의 지적 욕구와 교육의 중요성은 불변할 것이라고 나는 믿는다.

TIP 강사들의 성수기와 비수기

강사 세계에도 성수기와 비수기는 존재한다. 물론 인기 강사들은 시기와 상관없이 바쁘지만, 비수기에는 교육 횟수 자체가 적기 때문에 어느 정도는 강연이 줄어든다. 때문에 생활의 여유가 있는 강사들은 이때를 이용해 해외여행을 떠나기도 하고 저서 집필을 하는 등 자기계발에 몰두하는 시간을 갖는다.

먼저, 강사들의 성수기에 대해 알아보자. 기본적으로 3월~6월, 9월~12월에는 교육이 꾸준히 있는 편이다. 즉, 1년 중 3분의 2가 성수기인 셈인데 그중 5월이 가장 바쁘다. 대학 축제를 비롯한 이런저런 행사가 많다 보니 강연회도 많이 개최되기 때문이다. 9월~12월까지는 기업체의 전사 활동(체육대회, 워크숍 등)이나 남은 예산을 소진하기 위한 정부 부처의 박람회 등이 많이 개최되기 때문에 그만큼 강연 기회도 많다.

그렇다면 강사들의 비수기는 언제일까? 일반적으로 1, 2월은 연간 교육 계획을 세우는 시기인지라 교육이 별로 없다. (연휴 탓도 있는데 임원 교육의 수요는 조금 있다) 7, 8월은 휴가 및 방학 시즌인 동시에 상반기 실적 검토 및 하반기 계획을 점검하느라 교육이 줄어든다. 때문에 생계형(?) 강사들은 이때 강연이 뚝 끊겨 부업을 찾기도 한다.

장마를 대비해 미리 우산을 준비하라

경기가 불황이면 기업체들은 교육과 홍보 예산을 가장 먼저 줄인다. 특히 천재지변 때는 가히 최악이라 할 수 있다. 2014년에는 세월호 참사로 국가적 추도 분위기 속에서 시끌벅적한 공연이나 강연들이 대거 취소되며 많은 강사들이 곤란을 겪었고, 2015년에는 메르스 사태로 인해 많은 사람들이 모이는 강연들이 연거푸 취소되는 사태가 벌어지기도 했다. 올해 3월에는 조류인플루엔자 외에 구제역 바이러스 확산 방지를 위해 다중이 운집하는 행사를 전면 취소하라는 공문이 와서 진행에 차질을 빚기도 하였다.

이처럼 강사란 겉으로는 화려해 보이지만 상당히 불안정한 직업이다. 따라서 성수기든 비수기든 장마가 올 것을 대비하여 미리 우산을 준비해두어야 한다. 특히 강연이 별로 없을 때는 자신의 몸값을 높이려는 투자(학위, 저서, 자격증, 자료 업데이트 등)를 게을리 하지 말라. 막상 일이 없어지면 심신이 무기력해지고 매너리즘에 빠지게 되는데, 이때를 잘 견뎌내야 비로소 프로가 될 수 있다. 무엇보다 가장 확실한 투자는 강연 실력을 향상시켜 많은 사람들이 불경기에도 나를 찾게 만드는 것임을 명심하라.

장애를 딛고 프로 강사가 된
- 백금기 실천경영연구소장

실천경영연구소 백금기 소장은 스무 살에 22,900V의 전기 감전 사고를 당해 장애 1급으로 살아왔지만 현재는 동기부여 강연을 하는 프로 강사이다. 경기대에서 석사 학위를 받고, 협성대에서 박사 학위를 준비하고 있는 그와의 인터뷰에는 어떻게 장애의 몸으로 프로 강사가 되었는지에 대한 실질적인 조언이 담겨 있다.

1. 장애가 있으면 숨고 싶은 생각도 들 텐데, 대중 앞에 서는 강사가 된 계기는?

강사가 되기 12년 전부터 장애를 안고 살아왔다. 숨고 싶은 마음은 모든 장애인들의 공통점일 것이다. 특히 나는 절단장애를 가졌다 보니 남들 눈에 띄는 것이 너무나 싫었다. 그러던 중 우연히 한 분의 강의를 들었는데 그때 이후 내 인생에 변화가 일어났다. 그분이 나에게 희망적인 얘기를 해준 유일한 사람이었다. 이런 장애를 안고도 얼마든지 인생을 바꿀 수 있다고 했다. 그래서 1년 반 동안 인생의 목표를 찾다가 강사를 선택하게 되었다. 그러면서 느낀 것은, 죽어도 좋을 만큼의 간절한 목표라면 주변 사람들의 시선 따위는 눈에 들어오지 않는다는 것이다. '이 길(강사)을 가다가 죽어도 후회는 없다'라는 마음을 먹으니 모든 것이 공부거리였다. 절단장애 1급에게는 살아가는 모든 것이 도전의 연속이었다.

2. 프로 강사가 되기까지 멘토의 도움이 컸나?

멘토(故 이영권 박사)를 만나고 대중 앞에 서기까지 8년이 걸렸다. 나는 최종 학력이 고졸이었기 때문에 대학부터 들어갔다. 그러한 과정에서 '이게 정말 내 길일까?', '정말 동기부여 강사가 될 수 있을까?' 하는 불안과 의구심이 수없이 들었다. 아마 대부분의 신인 강사들이 겪는 감정일 것이다. 그때 나는 멘토가 있었다. 멘토는 내가 흔들릴 때마다 한마디씩 해주었다.

"지금 이대로만 계속한다면 얼마든지 너도 강사가 될 수 있다."

그렇게 멘토와 매일같이 소통했기 때문에 부정적인 생각을 떨칠 수 있었다. 아침마다 멘토의 홈페이지에 글을 올리면서 내 마음을 다잡았다. 그 덕에 8년이란 시간을 참고 버텨내는 게 가능했다. 남녀노소를 막론하고 내가 가고자 하는 방향에 먼저 가 있는 사람이 있다면 수단과 방법을 가리지 않고 인간적인 관계를 맺어놓아야 한다. 인내할 때 가장 큰 힘이 되기 때문이다.

3. 멘토를 만나고 8년 동안 학교만 다녔나? 강사 세계에서 학력의 의미는?

아직까지 대한민국에서 학력의 영향력은 크다. 나를 내세울 수 있으려면 무언가가 뒷받침되어야 하는데 나는 그것이 학력이라고 보았다. 내가 아무리 실력이 뛰어나다 한들 담당자가 나를 평가하는 기준은 학력과 경력밖에 없다. 그래서 뒤늦게 6년 정도 학교(학·석사)만 다녔다. 장애를 가진 나의 이야기는 10~20분이면 끝난다. 장애의 몸으로 어떻게 살아갈 것인지가 중요하다. 나는 학력을 먼저 갖추고, 그것을 토대로 인생을 바꾼 이야기를 하면 청중을 흔들 수 있다고 보았다. 특히 나처럼 자기계발, 동기부여 강사라면 가장 먼저 본인부터 바뀌어야 하지 않겠는가. 누가 보더라도 인생을 잘 살고 있다고 여겨질 때 강사다운 강사가 될 수 있는 것이다. 적어도 내 기준으로 볼 때 젊을수록 학력을 더 갖추어야 한다. 왜냐하면 살아온 경험 자체가 적기 때문에 지식과 학식으로 승부해야 하기 때문이다.

4. 강연 기회는 주로 어떻게 연결되는가?

많은 분들이 가장 어려워하는 부분이 아닐까 싶다. 어떤 분야든 마찬가지겠지만, 강연 시장도 진입 장벽이 너무 높다. 이러한 상황에서 내가 선택한 방법은 다음과 같았다.

첫째, 나를 팔았다. 먼저 나라는 강사를 알리기 위해 다른 사람의 강의를 많이 들으러 다녔다. 거기에 가서 주고받은 명함을 나는 조금 다르게 관리했다. 상대가 나를 기억하게 만들기 위해 다음 날 문자를 보냈다. 그리고 잊어버릴 때쯤 다시 이메일을 보냈다. 한 달 정도 지나면 명함의 주소로 자필 편지를 보냈다. 이 정도 정성을 들이면 한 번 정도는 기회를 준다. 그 한 번의 기회를 나는 절대 놓치지 않았다. 처음이자 마지막이라는 생각으로 정말 최선을 다했다. 나 같은 신인 강사를 섭외하는 것 자체가 업체로선 큰 모험 아닌가. 그럼에도 불구하고 기회를 주었다면 정말 최선을 다해야만 하는 것이다.

많은 강사들이 잘하지 못하는 것 중 하나가 강의를 마치고 다음 날 담당자와 통화하는 일이다. 하지만 나는 깨질 마음으로 전화를 걸었다. 정확하게 들어보아야 내 장단점을 파악할 것 아닌가. 그래서 어느 부분이 좋았고, 어느 부분에서 청중과의 교감에 실패했는지를 냉정하게 물어보았다. 정말 용기가 필요한 일이다. 이때는 알량한 자존심을 버려야 한다. 자존심을 버리면 용기가 싹튼다.

내가 들었던 가장 심한 피드백은 강사 양성 기관에서 해준 것이었는데, 1시간 넘게 피드백을 해주더라. 내 모든 자존심이 그때 무너졌다. 그래도 꼼짝 않고, 메모하며 들었다. 들어보니 그분 얘기가 틀린 것이 아니었다. 5년이 지난 지금도 그때를 생각하며 내 강의를 뜯어고친다. 그런 것을 외면하고 독불장군 식으로 하면 결코 성장하지 못한다.

5. 장애가 있는 몸으로 강연하는 것이 힘들지 않은가?

강의에 자신이 없을 때는 의족을 끼우고 90분 강의하는 것이 지옥이다. 다리가 너무 아프단 얘기다. (웃음) 내가 준비가 덜 되어 있으면 괜히 내 몸까지 불편해져서 부동자세로 강의를 하게 된다. 반면, 자신 있게 강의를 할 때면 청중 한 분, 한 분과 아이 컨택을 하면서 무대를 즐기게 된다. 의족, 의수가 하나도 안 아프게 느껴진다. 요즘에는 강의에 자신감이 붙어 청중을 들었다 놨다 할 수 있으니 90분이고 2시간이고 강의해도 다리가 아프지 않다.

6. 신인 강사들은 수입이 없지 않은가? 버티는 게 말처럼 쉽지 않을 텐데?

가장 중요한 부분이다. 그래서 이런 조언을 하고 싶다. 1년 반 정도는 버틸 자금을 확보하고 뛰어들어야 한다. 그때 배고픔, 좌절감도 많이 느낄 것이다. 많은 강사들이 여기서 무너진다. 생활이 안 되어버리니까. 그래서 바로 시장에 뛰어들 것이 아니라 알바라든지 투잡으로 일정 금액을 모아놓고 실력을 키우는 쪽으로 가야 한다. 개인적인 생각이지만, 배고픔도 어느 정도는 경험해볼 필요가 있다고 본다. 실제로 나는 비용을 아끼기 위하여 1개월 이상을 미숫가루와 감자 두세 개로 아침, 저녁을 때운 적이 있었다. 뭐, 그렇게까지 할 필요가 있겠느냐만, 어쨌든 내가 하는 강력한 조언은 가계부를 반드시 쓰라는 것이다. 그래야 본인이 얼마만큼 성장했는지 알 수 있다. 제아무리 열심히 하더라도 성장을 증명할 수 있는 것은 오로지 수입이다. 그렇기 때문에 반드시 가계부 쓰길 권한다.

7. 프로 강사가 되기 위한 가장 핵심적인 조언은?

머릿속에 있는 강연 내용을 책으로 쓰는 게 가장 중요하다. 물론 좋은 출판사를 만나 내 돈 안 들이고 출판을 하는 것이 최고다. 하지만 나는 돈이 조금 들더라도 출판을 해야 한다고 보는 쪽이다. 내가 강연 시장에 조금 쉽게 접근할 수 있었던 것도 책이 있었기 때문이다. 나는 2010년부터 매년 꼭 책을 내고 있다. 나는 전문 작가도 아니고 글쓰기를 따로 배운 적도 없다. 하루에 A4 한 페이지 혹은 반 페이지 정도 분량의 글을 썼는데, 일 년이 지나니 책 한 권 분량이 되었다. 컨설팅 업체나 교육 담당자들이 항상 나에게 강의 주제에 따른 저서가 있느냐고 물었는데 나는 책이 있으니까 당당하게 예스라고 답했다.

일단은 무조건 써라. 내 돈으로 출판하겠다면 받아줄 곳은 많다. 브랜드도 없는데 내 돈을 안 들이고 책을 내려니까 책 내줄 출판사가 없는 것이다. 부수도 많이 찍을 필요 없다. 나를 알릴 수 있을 정도로 1,000권 정도만 있어도 되는데, 비용은 200~300만 원이면 된다. 어떤 사업이든 홍보 비용은 필요하다. 책을 통해서 나를 홍보하려는데 그 정도 투자는 해야 하지 않을까? 당신은 자비 출간이 싫다고? 정 하기 싫다면 어쩔 수 없는 일이다.

8. 동기부여 강사로서 가장 상대하기 어려운 청중은?

동기부여나 자기계발 강사가 가장 상대하기 어려운 청중은 이미 어느 정도 객관적인 성취를 이룬 사람들이다. 누구보다 열심히 뛰어서 임원이 되었는데 새삼 동기부여가 필요하겠는가. 또한 내가 상대하기 어려웠던 대상은 고위 공무원들이었다. 그들도 누구보다 열심히 노력해서 그 자리에 오른 분들이라 동기부여 강연이 맞지 않았다. 담당자가 강연 후에 하는 말이 "당신은 셀프 리더십 강사다. 오늘 교육에는 조직 리더십을 들려주었어야 했다"였다. 청중이 모두 한 부서의 장들인데 팀장 리더십에 맞는 강의를 했어야 한다는 것이다. 지금은 내가 갈 곳과 가지 않을 곳을 구분한다. 멀리 봐서는 그게 이익이다. 이제 시작하는 강사들은 이것도 하고 싶고 저것도 하고 싶어 하는데, 그래서는 절대 전문가가 될 수 없다.

9. 주변 강사 및 동료들과의 협업 정도는?

동료들과의 협업? 쉽지 않다. 왜냐하면 모든 강사들이 강연에 대한 욕심이 있기 때문이다. 무슨 말인가 하면, 강연 요청이 들어오면 전문 분야가 아니더라도 일단 자신이 하고 싶어 한다. 예를 들어 본인은 커뮤니케이션 강사인데 동기부여 강의도 하고 싶어 한다는 것이다. 적어도 내가 보기에는 강사들끼리의 협업은 쉽지 않은 것 같다. 나는 다른 강사들의 분야에 욕심을 부리기보다는 그때그때 내 나이대에 맞게끔 주제를 넓혀가려고 한다. 40대 중후반에 주로 공략해야 할 것, 50대에는 좀 더 범위를 넓혀 어떤 주제까지 포섭할지 등, 이게 나는 더 중요하다고 본다.

10. 최고의 동기부여 강사가 꿈인 것으로 안다. 강사 지망생들에게 해주고 싶은 조언은?

나는 강사에게 가장 중요한 것이 언행일치라고 생각한다. 언행일치가 안 되는 강사는 오래 못 간다. 그리고 대중 앞에 서기 위해서는 세 가지가 필요한데, 첫째는 '외모'다. 언제, 어디서든 강사다운 모습을 갖춰야 한다. 머리부터 발끝까지 '강사답다'고 느껴질 만하게 깔끔한 외모를 가꾸는 것이 중요하다. 둘째는 '목소리'다. 강사다운 목소리를 가지고 강약 조절을 잘해야 한다. 강사가 목소리에 강약 조절을 잘해 강연을 하면 청중은 마음에 벼락을 맞는다고 한다. 잔잔하기만 하면 절대 벼락을 맞지 않는다. 그만큼 목소리에 강약 조절을 잘하는 것이 중요하다. 셋째는 '콘텐츠'다. 강연 콘텐츠가 좋으면 청중은 하나도 놓치지 않으려고 강사의 말에 귀를 기울인다. 처음 시작하는 분들이 이 세 가지를 염두에 둔다면 강의의 완성도와 청중의 만족도 또한 높아질 것이다.

제2장

실전
무대
준비하기 편

실전 프로필,
강연 계획서 만들기

강연을 본격적으로 준비하려는 당신이 가장 먼저 해야 할 것은 무엇일까? 우선적으로 다음의 세 가지를 준비해야 한다. 첫째, 당신의 경력을 담은 '강사 프로필'. 둘째, 당신의 콘텐츠를 녹인 '강연 계획서와 원고'. 마지막으로, 현장에서 사용할 '강연 자료'이다. 그럼 지금부터 이 세 가지를 어떻게 준비해야 하는지 순차적으로 알아보도록 하자.

강사 프로필

일반적으로 학교나 관공서는 규격화된 프로필 양식이 마련되어 있는 경우가 많지만 대개는 강사 자신이 자유롭게 만들면 된다. 최근 젊은 강사들은 슬라이드 한 장짜리의 심플한 프로필이나 개성을 한껏 살린 화려한 프로필을 많이 사용하는데, 일부 보수적인 교육 담당자들을 고려한다면 무난한 프로필을 하나쯤 만들어두는 것이 좋다. 참고로, 기업의 경우에는 워드 프로세서만 호환이 되는 경우도 있고, 학교나 관공서는 여전히 아래아 한글을 고집한다. 때문에 강사 프로필을 만들 때는 워드와 한글 두 가지 버전으로 모두 만들어놓는 것이 좋다. (파워포인트는 어디든 설치되어 있을 것이니 PPT 파일로 보내는 것도 방법이다)

한편, 강사 프로필을 작성할 때 유의할 점은 일관성 없는 경력을 줄줄이 나열하지 말라는 것이다. 산만한 경력과 불필요한 자격증은 오히려 담당자로 하여금 강사의 전문성을 의심케 한다. 따라서 프로필을 작성할 때는 당신의 전문성을 강조할 수 있는 경력 위주로 작성하라. 만약 학벌이 빈약하다면 이를 보완하기 위한 무기가 무엇인지를 재빨리 파악하고 그것을 기술하는 것이 좋은데, 다행히 당신이 빛나는 학벌의 소유자라면 학벌을 최대한 부각하되 아카데믹 백그라운드뿐 아니라 실무 지식까지 갖추었음을 적극 어필하는 게 좋다.

당신이 아직 신인이라서 도무지 프로필에 쓸 게 없다고? 결국 어떤 무대든 부지런히 서보는 수밖에 없다. 일반적으로는 동료 강사의 강연에 파트너 강사로 참여하면서 경력을 쌓기 마련인데, 시군구의 평생교육원 등에서 재능 기부 강사로 활동하며 경력을 쌓는 방법도 있다. 나는 신인 강사들에게 처음에는 강연료를 크게 생각하지 말고 무조건 실전 경험을 쌓는 데에만 집중하라고 조언하는 편이다. 그렇게 강연 경력을 쌓다 보면 당신을 눈여겨본 누군가에 의해 또 다른 강연 기회가 주어질 수도 있으니 말이다.

강 사 카 드

성명	소속	직위(급)	주민등록번호
장진주	장진주드림디자인연구소	대표	******_*******

연락처	주소(사무실)	서울시 서초구		
	전화번호	(자택) 070-***-0486 / (직장) 070-***-0486		
	E-mail	jjjn***@naver.com	휴대폰	010-****-0486
과정명	건강보험심사평가원 신규 임용자과정		교과목	프로를 향한 열정
계좌번호	한국은행 111-222-3333			

학력	학교	학위	전공과목
	서강대학교 언론대학원	석사	미디어교육

주요 경력	기간	근무처	직책
	2000. 08 - 2012. 12	SBS, 울산MBC, 심평원 등	아나운서, 기상캐스터
	2009. 03 - 2015. 현재	한국영상대학교	겸임교수
	2007. 05 - 2015. 현재	장진주드림디자인연구소	대표

연구 실적 (활동 실적)	교실을 뒤흔든 발표의 달인 [국일미디어, 2008] 눈부신 당신의 꿈을 디자인하라 [북리슨, 2010, CD] KBS라디오/ 경인방송/ CJB/ TBS/ 중앙일보/ 국방일보/ 삼성 HR 전문가 인터뷰 울산MBC 공로상/ 문화예술대상 MC 대상/ 전국 연극제 신인연기상 〈2013 명시선〉, 〈마음에 평안을 주는 시〉 / 2013 평화홍보사절 Miss
강의 내역 (최근 5년간)	한국철도기술연구원 / 건강보험심사평가원 / 해군기지사령부 / 인천시교육청 지식경제진흥원/ 교육과학기술부/ 한국산업단지공단 / 서귀포시교육청 서울대 / 카이스트/ 포항공대/ 연세대/ 고려대/ 한양대/ 경희대/ 동국대 삼성전자 / LG산전 / 롯데 / 유한양행 / 애경 / SK / 한샘 등 다수

※ 이 정도면 담당자가 궁금해하는 사항이 웬만큼은 다 들어가 있는 셈인데, 추가적으로 자신을 어필할 수 있는 강연 영상이나 보도자료, 프로필 사진 등을 함께 첨부하면 좋다.

강연 계획서

두 번째로 준비해야 할 것은 '강연 계획서'를 만드는 것이다. 강연 계획서는 말 그대로 당신이 어떠한 식으로 강연을 진행하겠다는 세부 내용을 담은 것인데, 딱히 정해진 양식은 없다. 강연 계획서에는 강연 목적, 강연 소개(핵심 주제, 소주제 등), 기대 효과 등의 내용을 자유 형식으로 담으면 되는데, 이때 강연 요청 기관의 최근 기사를 인용하거나 회사 홈페이지 등을 조사하여 내용에 포함시키면 '아, 강사가 우리 회사에 대해 공부를 했구나'라는 좋은 인상을 심어줄 수 있고, 맞춤형으로 강연을 한다는 신뢰감도 줄 수 있어 제안 단계에서 채택되기에 유리하다.

다음은 IT 창업 전문가 염기원 강사의 자료인데, 강연 계획서를 만드는 데 참고가 될 것이다.

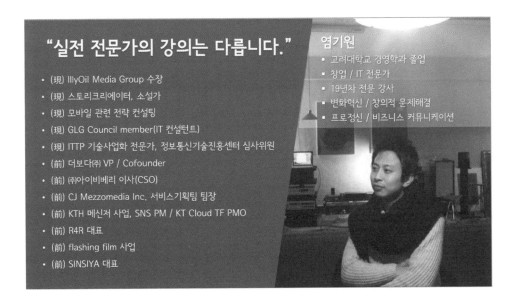

"실전 전문가의 강의는 다릅니다."

- (現) IllyOil Media Group 수장
- (現) 스토리크리에이터, 소설가
- (現) 모바일 관련 전략 컨설팅
- (現) GLG Council member(IT 컨설턴트)
- (現) ITTP 기술사업화 전문가, 정보통신기술진흥센터 심사위원
- (前) 더보다㈜ VP / Cofounder
- (前) ㈜아이비베리 이사(CSO)
- (前) CJ Mezzomedia Inc. 서비스기획팀 팀장
- (前) KTH 메신저 사업, SNS PM / KT Cloud TF PMO
- (前) R4R 대표
- (前) flashing film 사업
- (前) SINSIYA 대표

염기원
- 고려대학교 경영학과 졸업
- 창업 / IT 전문가
- 19년차 전문 강사
- 변화혁신 / 창의적 문제해결
- 프로정신 / 비즈니스 커뮤니케이션

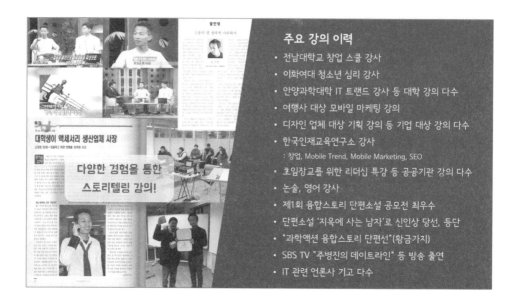

주요 강의 이력

- 전남대학교 창업 스쿨 강사
- 이화여대 청소년 심리 강사
- 안양과학대학 IT 트랜드 강사 등 대학 강의 다수
- 여행사 대상 모바일 마케팅 강의
- 디자인 업체 대상 기획 강의 등 기업 대상 강의 다수
- 한국인재교육연구소 강사
  : 창업, Mobile Trend, Mobile Marketing, SEO
- 초임장교를 위한 리더십 특강 등 공공기관 강의 다수
- 논술, 영어 강사
- 제1회 융합스토리 단편소설 공모전 최우수
- 단편소설 '지옥에 사는 남자'로 신인상 당선, 등단
- "과학액션 융합스토리 단편선"(황금가지)
- SBS TV "주병진의 데이트라인" 등 방송 출연
- IT 관련 언론사 기고 다수

"IT를 알아야 비즈니스가 보인다."

강의 목적
IT는 이제 어떤 산업에서도 필수적인 요소입니다.
IT에 대한 이해를 높여 조직과 개인의 경쟁력을 강화할 수 있게 합니다.

주요 대상
IT 역량 강화가 필요한 기업, 단체, 협회, 학교

기대효과

■ **어떤 산업에도 필수적인 IT에 대한 이해도가 높아집니다.**
 - IT는 기존의 모든 산업과 융합되고 있으며, 소상공인에게도 필수적인 요소입니다.
 - 이 강의는 오프라인 기업과 대학생이 더 선호하고 있으며 교육 효과가 높습니다.

■ **최신 IT 트랜드를 이해하고 미래를 예측할 수 있습니다.**
 - 대기업이 왜 플랫폼 사업에 투자하는지, 플랫폼은 대체 무엇인지 이 강의를 통해
   확실히 알게 되며 미래를 예측할 수 있습니다.

■ **IT를 비즈니스에 어떻게 활용할 수 있는지 알게 됩니다.**
 - 무작정 SNS, 블로그를 하기 전, SEO를 알아야 마케팅 예산을 낭비하지 않습니다.

■ **단순한 지식 습득이 아니라 '인사이트'를 쌓을 수 있습니다.**

■ IT 관련 강의는 1H ~ 4H까지 요청에 따라 진행하고 있습니다.
■ 교육생의 구성, 연령에 맞게 사례와 전문성을 조정하는 맞춤식 강의입니다.

"실전 창업 강의"

강의 목적　예비창업자, 초보창업자들에게 창업의 기초를 소개하며 실전 창업의 다양한
사례의 케이스분석을 통해 성공의 가능성을 높일 수 있도록 합니다.

주요 대상　예비창업자, 초보 CEO(혹은 C-level, Co-founder), 대학생 등

기대효과
- **창업에 대한 막연한 물음표들이 느낌표로 바뀌게 됩니다.**
  - 강사가 영업, 기술특허, 유통, IT 등 다양한 회사를 만든 창업 전문가입니다.
  - 서로 다른 분야의 창업 사례를 구체적으로 듣고 함께 분석하며 배웁니다.

- **케이스스터디를 통해 창업가가 만나게 되는 수많은 시행착오 시뮬레이션**
  - 창업은 실패할 확률이 훨씬 높은데도 준비가 부족한 창업자들이 많습니다.
  - 실제 창업 하기 전, 위험요소를 최소화시키는 것이 무엇보다 중요합니다.

> - 해당 주제에 대해서는 1998년부터 학교, 기관, 단체를 대상으로 강의를 이어오고 있습니다.
> - 실전 창업 강의는 1H~8H까지 요청에 따라 진행하고 있습니다.
> - 교육생에 맞게 사례와 전문성을 조정하는 맞춤식 강의입니다.

"걸어야 갈림길이 나오고, 문제를 알아야 풀 수 있다."

강의 목적　변화와 혁신의 대상이 아닌 주체가 되도록 동기를 부여합니다.
문제에 정면으로 맞서 해결할 수 있는 개인, 조직이 되도록 합니다.

주요 대상　변화가 필요한 개인: 이직, 취직, 창업, 승진을 준비하는 분들
문제해결 능력을 강화하고 싶은 개인과 조직, 학생

기대효과
- **변화에 대한 막연한 두려움을 덜 수 있습니다.**
  - 케이스스터디를 통해 자기혁신의 필요성을 느끼게 됩니다.
  - 변화 속에 기회가 있음을 알고 혁신의 주체가 될 용기를 드립니다.

- **문제 해결 능력을 향상시킬 수 있습니다.**
  - 문제를 정의하고 해결방안을 고민하는 실습을 함께 합니다.
  - 의외로 해결방안은 단순한 곳에 있다는 체험을 할 수 있습니다.

- **성공한 사람들의 비결을 보며 자신감을 높일 수 있습니다.**
  - 성공 사례를 통해 시작은 아주 작은 용기였다는 것을 알게 됩니다.
  - 동시에 지금의 위기와 고민을 벗고 자신감을 회복할 수 있습니다.

"프로에겐 뭔가 특별한 것이 있다!"

강의 목적
자신의 분야에서 한 단계 도약하고 싶은 이들이 진정한 '프로'가 될 수 있도록
구체적인 노하우를 전달합니다.

주요 대상
신입사원, 사회초년생, 대학생

기대효과

■ 막연하게 느껴졌던 변화와 혁신, 이제 주도할 수 있습니다.
  - 바로 실천할 수 있는 미션을 스스로 제시할 수 있게 됩니다.
  - 케이스스터디를 통해 변화의 필요성을 느끼게 됩니다.

■ 다양한 사례를 통해 문제해결 능력을 향상시킬 수 있습니다.
  - 문제를 정의하고 해결방안을 고민하는 실습을 함께 합니다.
  - 의외로 해결방안은 단순한 곳에 있다는 체험을 할 수 있습니다.

■ 인맥관리에 대한 스트레스, 불필요한 비용을 줄일 수 있습니다.
  - 타인에 대한 의존성을 줄이고 스스로 길을 개척할 수 있게 합니다.

"살아있는 내용, 진심을 담아 전합니다."

포털 및 광고회사, 직접 창업한 회사에서
클라우드, 배달의 민족 등 다양한 사업과
서비스를 개발한 경험을 통해 말합니다.

■ 1998년부터 창업 강의 시작, IT, SNS, 모바일 분야에 대해 2009년부터 강의를 해오고 있습니다.
■ 한국인재교육연구소에서 IT, 문제해결, 변화와 혁신에 대해 전문 교수로 활동했습니다.
■ 국내외 기업과 단체에 컨설팅을 제공하고 있으며, IT 분야에 기고 활동을 하고 있습니다.
■ 소설가로 등단하여 11권의 장편 소설을 출간했고, 팟캐스트 방송을 진행하고 있습니다.
■ 기술사업화 전문가로 사업전략, 비즈니스모델, 시장성, R&D 분야 심사를 하고 있습니다.

텅 비었던 강의실이 열정으로 채워질 때가 가장 행복한 강사, 염기원입니다.

• 강연의 시대

강사 이력 사항

	강의 분야	
	성 명	
	생년월일	
	주 소	
	경력 사항	

◎ 주요 약력 및 경력

년 도	

◎ 주요 저서

◎ 강의 제목

◎ 강의 경력

원고,
처음에는 이렇게 쓰라

원고 작성하기

지금부터 원고 작성에 대해서 알아보자. 원고는 어렵게 생각할 것 없이 강연할 내용을 도입, 본론, 결론으로 나누고 자연스럽게 구어체로 옮기면 된다. 이때 현장에서 강연할 내용과 반드시 일치할 필요는 없다. 기본적으로 관공서나 학교는 제출해야 하는 원고 매수가 정해져 있는 편인데 수고스럽더라도 맞춰주어야 한다. 왜냐하면 원고 매수(통상적으로 6매 이상)에 따라 강연료가 책정되기 때문이다.

아래 글은 2015년에 안양 평생교육원에서 내가 지도하였던 어느 시니어 강사의 15분 스피치 원고이다. 처음부터 긴 원고를 쓰기 버겁다면 15분 분량의 원고부터 작성해보라.

주제. 행복 교실 15분 스피치

(도입. 30초)

- 안녕하세요.
- 꿈을 행동으로 실천하고 계시는 선생님들을 만나 뵙게 되어 반갑습니다.
- 저는 OO대학교에서 사회복지와 심리를 전공하고, 대학원에서 아동상담을 전공하고 있는 임상심리사 OOO입니다. (그리고), 아동발달센터와 정신과 부설 치료실에서 10년 넘게 인지학습치료를 진행하고 있습니다.
- 사회복지사이자, 임상심리사이자, 인지학습치료사입니다.
- 저를 이렇게 장황하게 설명한 이유는, 오늘 제가 이야기하려는 내용을 들으시면 아마 이해가 되실 겁니다.
- 저는 오늘 여기 계신 선생님들께 강사로서 강의가 아닌
  장애 아들을 키우던 평범한 아줌마가 전문가가 된 이야기,
  '평생교육을 통한 도전이 변화시킨 나의 삶'에 대한 이야기를 하려고 합니다.

(주제 내용. 14분)

1. 힐링의 시간을 갖고 싶어 여가로 접하게 된 평생교육

- 제가 평생교육과 처음 만나게 된 때는 약 20년 전입니다.
- 저에게는 장애를 가진 아들이 있습니다.
- 아이가 장애를 가지고 있다는 것을 알고부터 특수교육을 시작했어요.

안양에서 서울에 있는 장애인복지관 유치원을 3년 동안 다녔습니다.

- 3년 동안 다닌 유치원 과정을 졸업하고 나서 수원에 있는 특수학교 초 등부에 입학했습니다.

- 아이가 유치원에 다닐 때는 아침에 도시락을 싸가지고 가서 점심을 부 모 휴게실에서 먹고, 저녁 5시가 넘어 집에 도착을 했습니다.

- 그런데 학교에 입학을 시키고 2~3학년쯤 되니까 시간적 여유가 조금 생기기 시작했습니다.

- 그때 마침 작은아이도 유치원에 다니게 되니까 일주일에 한 번이라도 여가로 할 수 있는 것이 없을까 찾다 동안여성회관에서 컴퓨터 교육을 한다는 정보를 듣게 되었습니다.

- 그 강좌를 들으려고 전날 밤 11시부터 나가 줄을 서 기다렸는데, 아침 에 아이 학교 셔틀버스 태우러 잠깐 집에 들른 사이 직원이 일찍 나와 번호표를 나누어 주고 가버렸습니다.

- 컴퓨터 강좌는 컴퓨터 개수에 따라 인원을 뽑으니까 어찌해볼 수가 없 이 날밤을 샌 것이 헛수고로 날아가 버렸습니다.

- 나중에 직원이 결석생들 자리에 앉아서 배우라고 하는데, 한 번 마음이 날아가 버렸으니 싫다고 하고 문예창작반에 들어가 시 창작 강좌를 듣 게 되었습니다.

- 여성회관에서 시 창작 강좌를 시작으로 청소년수련관에서 볼링을 배우 고, (뉴코아)백화점 문화센터에서 주부 연극 강좌를 듣고, 안양수영장에 서 수영을 배우는 등,

- 한 가지가 끝나면 다른 것을 배우고, 그것이 끝나면 또 다른 것을 배우

며 다양한 것들을 여가로 배우게 되었습니다.

2. 여가를 넘어 나와 내 아이의 미래를 위해 도움이 되는 강좌는 없을까?

- 여가로 일주일에 한 번이지만 이것저것 배우다 보니까 어느 날 욕심이 생기기 시작했습니다.

- 그 당시 백화점 문화센터에서는 강의 첫 시간을 오픈 강좌라고 하여서 누구나 들을 수 있게 했거든요.

- 오픈 강좌에 가서 듣다 보면 수강생으로 시작하여 강사가 된 선생님들의 이야기를 많이 해주었습니다.

- 그것도 수강생을 늘리기 위한 방법이었지만

- 저는 그들의 이야기를 들으며 '나와 내 아이에게 도움이 되는 강좌가 없을까?' 하는 생각을 하게 되었습니다.

- 그래서 신문을 뒤지고 잡지를 살피다 CBS(기독교방송국) 부설 사회교육원에서 진행하는 '장애아동 보육사' 과정과 한국 치료레크리에이션협회에서 진행한 '치료레크리에이션 전문가' 과정을 듣게 되었습니다.

- 저는 이 강의를 '장애아 부모'라는 자격으로 들었습니다.

- 사실 저는 낮에는 방직공장에서 일을 하고, 밤에 공부를 하는 산업체 특별고등학교를 다녔습니다.

- 배우는 것에 호기심이 많고 좋아했지만 16주나 되는 전문가 과정은 듣는 내내 맨땅에 헤딩하는 기분이었습니다.

- 졸업 논문을 쓰고, 실습도 하고, 프로그램을 직접 만들어 그 프로그램을 진행하고, 졸업을 하면서

- 이런 어중간한 전문가 말고 진짜 전문가가 되어야 실질적인 도움이 되겠다는 생각을 하게 되었습니다.

3. 전문적인 지식과 자격을 갖춘 전문가가 되기 위해 대학을 가다

- 전문적인 지식을 배우기 위해서는 대학을 가야겠다고 마음을 먹었습니다.
- 원하는 지식을 깊이 있고 폭넓게 배우려면 그 지식을 가르치는 기반이 잘되어 있는 대학을 선택해야 한다고 생각했습니다.
- 등하교를 하는 데 너무 시간이 많이 걸리지 않고, 사회복지와 더 나아가 아이가 컸을 때 도움이 되는 학과가 있는 가톨릭대학교를 가기로 마음먹고 준비를 시작했습니다.
- 가톨릭대학교에 만 35세가 넘은 지원자를 위한 '고령자 특별 전형'이라는 제도가 있고, 논술 시험과 심층 면접을 통해 합격자를 뽑는다는 것을 알게 되었습니다.
- 먼저, 대학에 들어가 내가 취득할 수 있는 전문 자격증은 어떤 것들이 있고, 그 자격증을 취득하기 위해 들어야 하는 교과목은 무엇인지를
- 학교 홈페이지에 들어가 조사하며 사전 계획을 짰습니다.
- 그러고 나서 논술 시험 대비를 위해 1000자 원고지를 사다가 일정한 주제로 글을 써보는 연습을 했습니다.
- 그런데 논술 시험을 며칠 앞두고 미국에서 9.11 테러가 일어났습니다.
- 그 사건을 보고 종교와 테러에 관한 생각을 써본 것이 적중하여 논술 시험에 합격하게 되었고,

- 미리 커리큘럼을 보고 학습 계획을 세워본 것이 심층 면접에 도움이 되어 마침내 대학에 입학하게 되었습니다.
- 원래는 사회복지사가 되려고 했는데, 2학년 때 심리를 복수 전공으로 선택하면서 약간 진로를 변경하게 됩니다.
- 심리를 복수 전공하며 임상심리사 자격증과 청소년 상담사 자격증 취득을 위한 계획을 세웠습니다.
- 졸업 후 바로 시험을 보고 합격하여 각각의 자격증을 취득해 실질적인 전문가의 길로 접어들게 되었습니다.
- 여가로 시작한 배움의 길이 점점 체계적이고 심화된 전문적 배움의 길로 이어졌습니다.
- 평범한 아줌마가 사회복지사, 임상심리사, 인지학습치료사가 된 것입니다.

4. 미래를 위한 또 한 번의 도전, 이젠 강연자다!

- 21세기는 100세 시대이고, 평생 학습 시대입니다.
- 학습 방법도 다양화되었지요.
- 1 대 1 또는 1 대 100(200) 강의 형식에서
- 여러 분야의 전문가들이 한 가지의 주제를 놓고 토론을 하며 방청객들과 이야기를 나누는 (일종의 통섭 수업) 형식으로,
- 일방향에서 쌍방향으로,
- 시간적 · 공간적 한계도 없어져 학습자가 마음만 먹으면 무엇인가를 배울 수 있는 기회는 정말 많아졌습니다.

- 저에게 강연은 또 한 번의 도전입니다.
- 저는 말도 재미있게 하지 못합니다.
- 무대 울렁증도 있어 저의 긴장감 때문에 보시는 분들이 더 불편할 수도 있습니다.
- 원래 저는 초등학교 다닐 때 반장을 했고 중학교 때까지는 발표도 곧잘 했는데 고등학교에 다니면서 선생님들께 부정적 피드백을 많이 받아 주눅이 들었습니다.
- 대학 다닐 때 준비를 못해 발표를 엉망으로 몇 번 하다 보니 점점 더 불안감이 높아졌습니다.
- 하지만 사람이 다시 배우지 못할 것이 없고, 불가능한 도전은 없다고 생각합니다.
- 제가 새로운 도전을 꿈꾸며 평생교육원을 생각해낸 것은 아마도 고향 같은 느낌,
- 기쁘고 즐겁게 도전을 시도했던 옛 기억이 있어서인 것 같습니다.
- 이곳은 기본적인 것들을 아주 친절하고 너그럽게 가르치는 곳이니까요.
- 또한 함께 눈을 맞추며 응원해주는 학습 동반자들이 있어 큰 힘을 얻을 수 있습니다.

(결론. 30초)

- 여기 모이신 선생님들은 새로운 도전을 위해 행동하고 계시는 분들입니다.
- 도전에 나이는 걸림돌이 되지 않습니다.

- 오히려 삶의 지혜와 성숙한 인내가 일상적인 삶을 최고의 순간으로 이끄는 기반이 되리라 생각합니다.
- 오랜 시간 하고 싶었던 일, 인생에서 한 번은 도전해보고 싶은 것!
- 그 앞에 우리가 지금 서 있습니다.
- 학습, 배움을 통한 도전이 오늘 저의 삶을 만든 것처럼, 지금 이 시간이 또 다른 나를 만들고 성장시킬 것입니다.
- 여기 계신 선생님들께서도 멋진 강연자로 성공하시고 행복하시길 기원합니다.
- 따뜻한 미소로 눈 맞추며 용기를 주신 강사님(오상익 선생님)께 감사드립니다.
- 저의 이야기를 들어주셔서 감사합니다.

주제:

(도입)

_____

_____

_____

_____

_____

(주제 내용)

1.

_____

_____

_____

_____

_____

2.

_____

_____

3.

(결론)

청중을 사로잡는 콘텐츠, 에피소드 찾기

콘텐츠, 에피소드 찾기

초보 강사들은 아직 독자적인 콘텐츠가 없기 때문에 강연 요청에 따라 매번 주제를 달리하여 콘텐츠를 만드는 것이 일반적이다. 강연 기회가 절실한 그들의 심정을 모르는 바는 아니지만, 길게 보았을 때 전문성이 떨어지는 강연은 거절하는 것이 현명하다. 전문성 없는 것으로 강연을 해보았자 좋은 콘텐츠가 나올 리 없고, 당연히 평가도 좋을 리 없기 때문이다.

언젠가 A라는 강사에게 외제차 딜러 대상의 강연을 부탁하였는데 그의 대답은 이러했다.

"오 대표님, 제가 그 회사 업무에 관해 전혀 모르다 보니 딜러 사와의 관계 불만에 대해 다룰 방법이 없습니다. 그래서 저 말고 자동차 쪽 영업 관련 강사 분께 의뢰하시는 게 어떨까 해요."

이처럼 자신에게 벅찬 주제의 강연 의뢰가 들어올 경우 신중하게 검토하는 것이 현명하다. 하지만 당신은 이렇게 반박하고 싶을지도 모르겠다. 그래도 실전에서 다양한 경험을 쌓아봐야 하지 않겠느냐고. KBS 이영표 해설위원은 '월드컵은 경험하는 자리가 아닌 증명하는 자리'라고 하였다. 마찬가지로 당신도 강연료를 받고 강연을 한다면 철저히 준비가 된 상태로 무대에 올라야 한다. 만약 아직 마땅히 할 말이 없거나 특정 시장에 진입하기까지 좀 더 시간이 필요하다면 섣불리 강연 요청을 수락하지 마라. 어차피 평생 강연할 것 아닌가? 조급해하지 않는 것이 중요하다.

자, 이제부터 구체적으로 강연 콘텐츠 만드는 법에 대해 살펴보자. 가장 먼저 할 것은 청중의 관심사에 맞는 강연 주제를 정하고, 파트별로 핵심 주제와 소주제 그리고 에피소드를 만드는 것이다.

다음은 '독서경영(창조성의 기본이 되는 개인의 독서 학습이 조직에 확산되고 공유되어 조직에 혁신을 가져오는 경영관리방식. 2005, 교보문고 독서경영연구소)' 강연을 하는 이지리더 독서경영연구소 이원종 대표의 강연 콘텐츠 구성안이다. 콘텐츠 작성에 참고하기 바란다.

※ 강연 주제: 책만이 살 길이다(이지리더 독서경영연구소 이원종 대표)

구분	강연 주제: 책만이 살 길이다(이지리더 독서경영연구소 이원종 대표)		
	핵심 주제	**소주제**	**에피소드**
도입	성공자는 예외 없이 독서광이었다	미래가 원하는 리더는? 다양한 지식을 갖춘 통섭형 인간	- 복싱선수 김수희 - 미야모토 무사시 - 삼국지 여몽 - 수불석권
파트 1	쉽게 읽어라	1-1. 책장을 덮어라	- 어려운 책은 과감히 덮어라(예: 성공하는 사람들의 7가지 습관 등)
		1-2. 독서의 의미 찾기	- 어느 유태인 수용소 이야기 (사람은 무의미한 일을 계속 해나갈 수 없다)
			- 인생의 목표를 찾는다 (인생 수업, 위대한 나의 발견, 강점 혁명)
			- 한 분야에 관한 책 50권을 읽으면 전문가가 된다 (독서의 신, 다치바나 다카시)
			- 간접경험을 통한 지혜를 쌓는다(김혜자, 스님의 주례사, 미생의 윤태호)
			- 살아갈 용기와 희망을 얻는다(니체, 보왕삼매론)

		1-3.
		목적과 수단을 구분하라
			- 목적으로서의 독서(속독
			  불가능), 수단으로서의 독
			  서(속독 가능)
			- 미리 내용 예상하기
			  (머릿말, 목차 등)
			- 최고의 속독 방법은 집중

		1-4. 자투리 시간을 활용하라	- 자동차는 최고의 도서관 - TV 시청 시간 - 식사를 기다릴 때 - 잠들기 전
		1-5. 출력을 전제로 읽는다	- 기록은 또 다른 독서 과정 이다 - 독서 감상문 - 나만의 색인
		1-6. 여러 번 읽기 (독서백편의자현)	- 어떤 글이든 백 번 읽으면 그 뜻이 자연히 드러난다 - 김득신, 세종대왕, 송시열
파트 2	다양한 분야의 책을 읽어라	2-1. 자기계발서를 읽어라	- 진종오, 1만 시간의 법칙, 왓칭
		2-2. 고전을 읽어라 (변하지 않는 가치)	- 열국지, 삼국지 - 고전안내서, 고전해설서
		2-3. 자서전, 평전을 읽어라 (그들의 삶을 통해 성공자의 마 인드로 변화하기)	- 제갈량 평전 - 손정의, 미래를 말하다 - 김주희 자서전
		2-4. 책 읽기에 관한 책을 읽어라 (독서의 의지를 불태우는)	- 성공한 사람들의 독서 습관 - 나는 이런 책을 읽어왔다 - 책, 열 권을 동시에 읽어라

		2-5. 읽고 싶은 책 읽기 (책 읽기의 즐거움)	– 미생, 카이지, 셜록 홈즈 등 만화
파트 3	생각과 경험을 공유하라	3-1. 책을 읽고 공유하여 성과로 연결시키는 것	– 지식산업의 위력 (대장금 vs 현대자동차) – 스토리를 만드는 힘 (타이타닉, 아바타) – 독서경영 기업(이랜드, 포 스코, 삼성SDS, 안랩, 주노헤 어 등)
결론	책만이 살 길이다	비약적인 성장, 독서를 통해서 할 수 있다	– 권율 장군 이야기

※ 도입부는 다소 가벼운 내용으로 시작하고, 각각의 파트마다 핵심 주제와 소주제 그리고 이를 뒷받침하는 에피소드들을 추가한다. 결론에는 전체 내용을 간략히 정리하면 된다.

에피소드, 어떻게 찾을까?

일방적으로 자신의 논리를 앞세워 주장하는 강사를 당신은 어떻게 생각하는가? 아마 학술연구가 아닌 이상 공감하기도 어렵고, 웃음도 나오지 않을 것이다. 하지만 이때 누구나 공감할 만한 에피소드를 곁들여 강사가 주장한다면 어떨까? 청중은 강사의 말에 고개를 끄덕이며 이야기에 빠져들게 될 것이다. 이처럼 에피소드는 청중을 설득하는 힘이 있는데, 이러한 에피소드는 어디서, 어떻게 찾을 수 있을까?

첫째, 주변 사물에 대한 관찰로부터 찾아라.

故 김수환 추기경이 '삶은 무엇인가'를 주제로 강연을 준비했을 때의 일화다. '삶이란 뭘까?' 하고 골똘히 생각하고 있었는데 기차 안에서 판매원이 "삶은 계란, 삶은 계란~"이라고 외쳤다. 김 추기경은 '옳거니!'

하고 무릎을 탁 쳤고, 2003년 11월 서울대 초청 강연에서 이렇게 강연했다.

"삶은 거창하지도, 멀리 있지도 않다. 계란처럼 작고 가까이에 있다. 그러니 즐기고, 행복하고, 사랑하라."

나의 경험담 하나. 한번은 A라는 강사와 식사를 한 적이 있었다. 그때 내 손등의 상처를 보고 강사가 이유를 물었는데 나는 강아지가 할퀴었다고 답했다. 그러자 강사는 수저를 내려놓고 내 손등을 여러 장 촬영하였는데, 몇 달 후 그때의 일이 떠올라 이유를 묻자 그가 답했다.

"상처를 말할 때는 대개 인상을 찡그릴 텐데, 오 대표는 강아지가 그랬다며 환하게 웃더라. 강아지를 사랑하는 마음이 그대로 느껴졌다. '내가 좋아하는 것이라면 그로 인한 상처도 웃으며 말할 수 있다'라는 메시지가 떠올라 강연 소재로 삼으려고 촬영했다."

이렇게 주변을 유심히 관찰하면 현장감이 묻어나는 에피소드는 넘쳐난다.

둘째, 다양한 사람들과의 대화에서 찾아라.

14년간 택시 운전을 하며 경험한 내용을 모아 『어느 지독한 택시기사의 이야기』라는 책을 펴낸 이창우 씨는 모 언론과의 인터뷰에서 "책 쓰기 전에는 택시 안에 구토하는 손님은 진상일 뿐이었다. 하지만 책을 쓰면서는 같은 일이 생겨도 '책을 위한 에피소드가 생겼다'고 생각하게 되었다"라고 말했다.

마찬가지로, 프로 강사들도 에피소드를 먼 곳에서 찾지 않는다. 식당에서 밥을 먹으면서, 구두를 닦으면서, 세탁소를 가면서 등등, 어느 자리에서 누구를 만나든 상대의 이야기를 허투루 듣지 않고 대화 속에서 에피소드를 포착하여 새로운 콘텐츠로 재생산한다.

언젠가 TV를 보다가 방송인 강호동이 뉴욕의 엠파이어스테이트 빌딩 꼭대기에서 눈물을 흘렸다고 말하는 것을 들은 적이 있었다. 어느 날 나는 밥을 먹다가 아는 강사에게 그 말을 하였는데 그는 바로 다음 날 강연에서 내가 한 이야기를 에피소드로 사용하였다.

"제가 처음 미국 가서 대평야를 봤는데 눈물이 나더라구요. 강호동이 엠파이어스테이트에 올라가서 야경을 보다 울었다고 하는데, 저는 그 마음을 이해할 수 있어요. 그건 기뻐서 운 게 아니라 뭐 이런 어마어마하게 큰 나라가 있나 하는, 상대적으로 왜소한 우리나라에 느껴지는 서러움 때문이에요."

셋째, 자신만의 시각을 가져라.

구글코리아 김태원 상무는 '벼는 익을수록 고개를 숙인다'는 익숙한 속담으로 차별화된 관점을 제시한다. 그의 강연을 들어보자.

"여러분, 벼를 보면 어떤 속담이 떠오르시나요? 아마 '벼는 익을수록 고개를 숙인다'는 속담이 떠오르실 겁니다. 이제까지 우리는 벼가 겸손을 의미한다고 배웠습니다. 하지만 저는 조금 남다른 관점을 제시하고 싶습니다. 벼가 고개를 숙이는 건 1년간 농사짓느라 땀 흘려 수고하신 농부들께 미안해서 때문이 아닐까요? 즉, 벼가 아래로 향한 것은 '겸손'을 의미할 뿐 아니라 농부에 대한 '미안함, 고마움'을 의미할 수도 있습니다."

이렇듯, 일상생활 속에서 관점을 조금만 달리하면 얼마든지 참신한 에피소드를 찾을 수 있다.

마지막으로, 가장 중요한 것은 아무리 작은 것이라도 나만의 콘텐츠나 에피소드로 말하라는 것이다.

진짜 좋은 콘텐츠는 그 사람의 경험에서 나온다. 따라서 당신이 직접 체험하였던 경험을 바탕으로 책과 강연 등에서 배운 간접경험을 적절히 배합하여 콘텐츠를 만들라. 이때 신문도 반드시 읽어라. 특히 사회 면과 인물 면은 최근의 이슈와 특별한 경험을 하였던 사람들의 살아 있는 에피소드를 얻을 수 있어 콘텐츠를 구성할 때 소중한 자산이 된다.

INSIGHT　나만의 강연 콘텐츠를 구성해보자

구분	강연 주제 :		
	핵심 주제	소주제	에피소드
도입			
파트 1			

파트 1			
파트 2			
파트 3			
결론			

강연 자료,
최대한 심플하게 만들라

강연 자료 만들기

퀴즈를 하나 내보겠다. 다음 세 부류 중 어떤 강사가 가장 고수에 속할까?

① 마이크 하나만 들고 강연하는 강사

② 슬라이드를 띄워놓고 이야기를 풀어나가는 강사

③ 슬라이드 안의 빽빽한 글자를 읽기만 하는 강사

정답을 알겠는가? 왠지 대다수는 ②번을 택했을 것 같다. 이견이 있겠지만 나의 기준으로 세 부류의 강사 중 가장 고수는 ①번, 마이크만 들고 강연하는 강사다.

②번을 선택한 사람들은 자신이 알고 있는 스타 강사들을 한번 떠올

려 보라. 웬만한 프로 강사들은 보조 도구를 쓰지 않는다는 것을 깨달을 것이다. 방송인 김제동이 그렇고, 아트스피치 김미경 원장도 그렇고, 휴먼컴퍼니 김창옥 대표도 파워포인트 같은 건 일절 사용하지 않는다. 한스컨설팅의 한근태 대표는 어느 칼럼에 "학습의 최대 장애물은 파워포인트이다. 파워포인트는 필요할 때 한두 장 쓰면 충분하다. 근데 어느 순간 모든 강의실의 주인공은 교수와 학생 대신 파워포인트가 되고 말았다. 가르치는 사람도 이걸 보고, 듣는 사람도 이걸 본다. 마치 결혼식장에서 아무것도 아닌 주례가 주인공이 되는 것과 비슷하다"라고 쓰기도 했다.

언젠가 SBS 〈힐링 캠프〉에서 개그맨 김제동이 "마이크는 내게 여의봉 같은 물건이다. 들면 뭐든지 할 수 있을 것 같은 기분이 든다"라고 말하는 걸 본 적이 있다. 당시 방송에서는 게스트인 여러가지문제연구소 김정운 소장이 그 원인을 분석하여 웃음바다가 되었지만, 어쨌든 나는 이 대목에서 무대에서만큼은 어떤 사람이라도 압도할 수 있다는 김제동의 자신감을 보았다.

다시 본론으로 돌아와서, 그렇다면 그들은 왜 파워포인트를 사용하지 않는 걸까? 이유는 간단하다. 슬라이드가 앞에 있으면 청중의 시선이 분산되어 몰입에 방해되기 때문이다. 이러한 이유 때문에 강연장에 스크린이 여러 개 설치되어 있는 경우, 몰입도를 위하여 주최 측에 양해를 구하고 보조 스크린을 끄도록 조치하거나 중간 중간 화면을 스스로 OFF 해버리는 강사들도 있다.

또 다른 이유도 있다. 프로 강사들은 현장 분위기에 맞도록 유연하게 대처하며 이야기를 풀어나가야 하는데, 이미 완성된 슬라이드가 있으면 상황에 적절한 대응이 어려워진다는 것이다. 때문에 어떤 강사들은 강연장에 도착해서 현장 분위기에 맞게 슬라이드를 뚝딱 수정하기도 한다. 프로 강사들은 이런 임기응변에 탁월하다.

파워포인트, 어떻게 만들까?

신인 강사들의 강연을 보면 파워포인트에 글씨를 빡빡하게 채워 넣거나, 그것을 그냥 줄줄 읽는 식으로 강연하는 것을 볼 때가 있다. 결과적으로, 슬라이드에만 시선을 고정하게 되어 마치 슬라이드가 강연을 하고 강사는 보조 도구로 전락하는 듯한 느낌을 받게 된다. 당신이 명심해야 할 것은, 슬라이드는 청중의 이해를 돕기 위한 도구일 뿐 청중과 호흡하며 강연을 이끌어가는 것은 전적으로 강사 당신의 몫이라는 사실이다. 어쨌든 파워포인트를 활용하지 않는 것은 청중을 쥐락펴락할 수 있는 베테랑 강사들이나 가능하기 때문에 당신이 아직 내공이 부족하다고 느낀다면 시청각 자료를 적절히 활용하는 게 좋다.

그렇다면 잘 만든 파워포인트는 어떤 특성이 있을까? 내 나름대로 파워포인트를 잘 만들기 위한 요점을 정의하면 다음과 같다.

첫째, 짧은 텍스트나 이미지 중심으로 단순하게 만든다.

프로 강사들은 짧은 키워드나 사진 한두 장만으로도 이미지가 머릿속에 생생히 그려지도록 말하는 능력이 아주 탁월하다. 거듭 강조하지만 파워포인트에 글씨를 빡빡하게 채워 넣으면 청중의 몰입도가 떨어진다. 한편, 프로 강사들은 맥북 키노트를 많이 활용한다는 것도 참고로 알아두기 바란다.

둘째, 불필요한 슬라이드는 과감히 삭제한다.

모든 슬라이드는 목적이 분명해야 한다. 주제와 상관없는 엉뚱한 슬라이드를 중간에 배치하면 스토리 라인이 산만해진다. 또한 하나라도 더 알려주려는 욕심에 너무 많은 슬라이드를 준비하면 청중의 혼란만 초래할 뿐이다. 따라서 모든 슬라이드는 유기적으로 자연스럽게 연결되도록 구성하라.

셋째, 디자인에 신경 쓴다.

아무리 좋은 강연이라도 슬라이드가 촌스러우면 청중은 강사의 수준을 의심한다. 어떤 강사는 십수 년 전 만들었던 파워포인트나 음향 효과, 동영상 등을 그대로 사용하기도 하는데 내가 다 민망할 정도다. 또 다른 강사는 아예 외주를 주기도 하고, 나이가 많은 강사들은 자녀나 젊은 직원들의 도움을 받기도 하는데(p.271 〈미니 인터뷰 5. 아이디어 닥터 이장우 박사〉 편 참고), 당신이 평생 강연을 할 것이라면 언제까지나 타인의 도움을 받을 수는 없지 않은가? 파워포인트에 대한 책들을 많이 읽어보고 인터넷의 여러 사이트를 접속하며 직접 공부하기 바란다. 〈참고. 파워포인트 전문가 클럽 (cafe.naver.com/powerpoint), 무료 슬라이드 제공(www.slideshare.net)〉

한편, 폰트같이 디테일한 부분에도 신경을 쓰자. 전문 강사는 아니지만 〈무한도전〉의 김태호 피디 역시 파워포인트를 보낼 때 글꼴도 함께 설치해줄 것을 요청하는데, 그만큼 슬라이드 디자인에 신경을 쓴다는 뜻이다. 폰트가 깨지면 엉뚱한 부분에 글씨가 위치하거나 아예 글씨가 안 보이는 경우도 있기 때문에 이런 문제를 방지하고자 폰트를 그림 파일로 저장하여 슬라이드에 삽입하는 강사도 있다. (파워포인트: 파일→옵션→저장에서

이기적인 여자 1

맛있는 건 내거다!

갱년기

更年期

고칠
바꿀

이기적인 여자 2
내 몸의 에너지, 이기적으로 쓰자

유명 연예인의 밋밋한 강의
안을 대기업 교육 담당자가
세련되게 수정한 자료

마지막으로, 시간 조절에 실패해 준비된 슬라이드를 후다닥 넘기는 초보적인 실수는 하지 않기를 바란다. 그야말로 아마추어로 보인다. A 강사의 강연을 준비할 때였는데 담당자가 이러한 메일을 나에게 보냈다.

"지난번 강사님께서 강의 진행하실 때 한 시간으로는 다소 부족해서 장표 몇 개를 넘기셨던 기억이 나는데요, 혹시 이번에도 지난번과 비슷하게 진행되어 몇 개 장표는 스킵하실 예정이신지 아니면 모두 다 소화 가능하신지 확인 부탁드립니다."

무엇이든지 처음이 어렵다. 강연 자료도 한 번 만들기가 어렵지 일단 초안이라도 작성해두고 점진적으로 수정·보완해가다 보면 어느덧 완성도 높은 강의안의 면모를 갖추게 될 것이다. 언젠가 이러한 명언을 본 적이 있다.

"우리는 말만 하는 사람을 우습게 생각한다.
하지만 행동하는 사람은 두렵다."

그러니 당신도 일단 시도해보라. 강연 준비? 처음만 어렵다.

바쁜 스타 강사들은 강연이 뜸해지는 1, 2월이나 7, 8월에 주로 콘텐츠를 업데이트한다. 하지만 요즘처럼 변화가 빠른 시대에는 최신 정보를 발견하는 즉시 업데이트하는 것이 최선이다. 특히 과거의 수치나 통계 등을 그대로 사용하면 청중은 강사의 전문성을 의심하기 때문에 유의해야 한다. 내가 아는 A라는 강사는 이전의 내용을 그대로 하여도 무방한 강연에서도 매번 다른 내용으로 연습하고 검증할 만큼 새로운 콘텐츠를 만드는 속도가 빠르다.

콘텐츠를 정리할 때 좋은 팁 하나는, 파워포인트 파일 한 군데에 모든 강연 슬라이드를 모아놓고, 강연 대상에 따라 자료를 선별하여 꺼내 쓰는 방법이다. 파워포인트 하단 두 번째 버튼의 '여러 슬라이드'를 클릭하면 모든 슬라이드가 한눈에 들어오도록 정렬되는데, 강연 주제에 맞게 스토리 라인을 자연스럽게 붙여 넣으면서 하나의 완결된 콘텐츠로 만들면 된다.

내가 사용하는 방법은 '다음'에 비공개 카페를 하나 개설해두고 관심 있는 분야의 자료를 발견할 때마다 카페 내에 목록별로 분류해놓는 것이다. 자료가 필요할 때마다 검색 기능을 활용해 찾아 쓰면 되기 때문에 나만의 보물창고가 생기는 셈이 된다. (클라우드 서비스를 사용하는 것도 좋다)

www.pixabay.com

www.gratisography.com

www.picjumbo.com

www.getrefe.tumblr.com

www.unsplash.com

www.splitshire.com

www.nos.twnsnd.co

www.wefunction.com/category/free-photos

www.jaymantri.com

www.splashbase.co

www.designerspics.com

www.travelcoffeebook.tumblr.com

www.pexels.com

www.publicdomainarchive.com

www.lifeofpix.com

스피치, 이렇게 하라 (1)
- 언어적 요소

국내 1호 스피치 커뮤니케이션 박사이자 KBS 1TV 〈뉴스 광장〉 앵커인 김은성 아나운서는 스피치란 '내가 가진 콘텐츠를 잘 표현해서 다른 사람을 설득하는 작업'이라 정의한다. 청중과 교감해야 하는 강사에게 이보다 더 적확한 표현이 있을까? 어쨌든 스피치 잘하는 법은 시중에 많은 책자들이 나와 있으므로 여기서는 목소리의 마술사라 불리는 성우의 화술에 초점을 맞추고자 한다. 외화 〈가제트〉, 〈아마데우스〉, 〈맥가이버〉 등 다수의 작품에 참여한 국내 최고의 성우 배한성 서울예대 초빙 교수를 인터뷰한 내용을 요약하면 다음과 같다.

첫째, 키워드를 찾아라.

여기서 말하는 키워드란, 내가 강조하고 싶은 핵심 단어이다. 예컨대 '배우에게 배우다'라는 문장이 있다고 하자. 명사인 '배우'를 강조하고 싶다면 '**배우**에게 배우다'라고 굵은 글씨로 표시된 키워드를 힘주어 말해야 한다. 반면 동사인 '배우다'를 강조하고 싶다면 '배우에게 **배우다**', 이렇게 키워드를 달리하여야 느낌이 달라진다.

긴 문장일 때는 키워드가 여러 개일 수 있다. 오늘 오후 5시에 중요한 회의가 있음을 당신이 공지한다고 하자. 이때 굵은 글씨로 표시된 키워드를 강조하여 말한다면 의사 전달 효과가 훨씬 높아질 것이다.

'오늘 회의는 아주 **중요한** 회의이기 때문에 **오후 5시**까지 **전 사원**이 참석하길 바랍니다.'

이때 무엇을 키워드로 삼을지는 전적으로 화자에게 달렸다.

둘째, 톤을 변화시켜라.

스피치 할 때 톤의 높낮이, 즉 리듬이 없으면 단조롭게 들린다. 노래도 한 가지 음으로만 부르면 지루하지 않겠는가? 마찬가지로, 스피치 할 때도 높낮이의 리듬을 살려야 스피치가 맛있고 매력적으로 들린다. 성우들은 어떤 문장이든 일정한 톤으로 말하지 않고 감정을 섞어 톤에 변화를 준다. 이때 반드시 톤을 높여야 하는 것은 아니다. 때로는 말꼬리를 낮춰 말하는 것이 효과적일 수 있다. 예를 들어 사랑한다는 말을 할 때도 "난 정말/**(쉬고)** 너를 **사랑해**(↘)", 이렇게 톤을 낮추어 작게 말하면 더욱 진실하고 호소력 있게 들린다.

셋째, 스피드에 변화를 주어라.

스피치 할 때 스피드가 일정하면 생동감이 없다. 오바마 前 대통령은 청중에 따라 말의 스피드를 달리한다. 노년층을 대상으로 연설할 때는 알아듣기 쉽게 천천히 말하고, 젊은 층에게 연설할 때는 빠르고 리드미

컬하게 한다. 청중에 맞게 속도를 달리하는 오바마의 스킬은 성우 못지 않다. 마찬가지로, 전체적 분위기와 청중의 특성에 따라 스피드에 변화를 준다면 훨씬 생동감 있게 들릴 수 있다.

강조할 부분이나 혼동하기 쉬운 단어, 통계 수치 등은 천천히 말하고, 누구나 다 아는 사실이나 중요하지 않은 부분, 생동감 있게 표현해야 하는 부분 등은 빠르게 말하는 것이 보다 효과적이다.

지금까지 설명한 내용들은 대중 스피치를 하거나 장시간 말을 해야 하는 상황이 발생하면 그 중요성이 더욱 높아진다. 따라서 위 세 가지 개념들을 잘 이해하고 스피치를 한다면 세련된 화술을 갖추는 데 도움이 될 것이다.

INSIGHT   **키워드, 톤, 스피드에 변화를 주어 읽어보자**

"나에게는 꿈이 있습니다."

인권운동가 마틴 루터 킹 목사(1929~1968)

"'나에게는 꿈이 있습니다.' 언젠가 이 나라가 떨쳐 일어나 진정한 의미의 국가 이념을 실천하리라는 꿈, 즉 모든 인간은 평등하게 태어났다는 진리를 우리 모두 자명한 진실로 받아들이는 날이 오리라는 꿈입니다. '나에게는 꿈이 있습니다.' 조지아의 붉은 언덕 위에서 과거에 노예로 살았던 부모의 후손과 그 노예의 주인이 낳은 후손이 식탁에 함께 둘러 앉아 형제애를 나누는 날이 언젠가 오리라는 꿈입니다.

'나에게는 꿈이 있습니다.' 삭막한 사막으로 뒤덮인 채 불의와 억압의 열기에 신음하던 미시시피 주조차도 자유와 정의가 실현되는 오아시스로 탈바꿈되리라는 꿈입니다.

'나에게는 꿈이 있습니다.' 저의 네 자식들이 피부색이 아니라 인격에 따라 평가를 받는 나라에서 살게 되는 날이 언젠가 오리라는 꿈입니다.

'나에게는 꿈이 있습니다.' 주지사가 연방 정부의 정책 개입과 연방법 실시를 거부한다는 말만 늘어놓는 앨라배마 주에서도, 흑인 소년·소녀가 백인 소년·소녀와 서로 손잡고 형제자매처럼 함께 걸어 다닐 수 있는 상황으로 언젠가 탈바꿈되리라는 꿈입니다."

스피치, 이렇게 하라 (2)
- 비언어적 요소

심리학자 김정운 박사는 『노는 만큼 성공한다』라는 책에서 "청중은 정서적 표정과 몸짓을 통해 끊임없이 강연의 과정에 참여한다. 능력 있는 강사는 이러한 청중의 정서를 잘 반영한다"라고 주장한다. 다음 차례인 '강사도 이미지 싸움이다(p.106)' 항목에서 다시 언급하겠지만, 의사소통에서 말의 내용(콘텐츠)보다 표정이나 몸짓을 통한 감정 전달이 더욱 중요하다는 것이 심리학자들의 공통된 의견인데, 그렇다면 이번 장에서는 스피치의 비언어적 요소인 '표정'과 '몸짓'에 대해 살펴보자.

프랑스의 소설가 오노레드 발자크(1799~1850)는 "사람의 얼굴은 하나의 풍경이다. 한 권의 책이다. 얼굴은 결코 거짓말을 하지 않는다"라고 하였다. 그렇다면 좋은 얼굴은 어떻게 만들 수 있을까? 모든 것은 '표정'에 달려 있다. 내가 이미지 전문가는 아니지만, 내 나름대로 좋은 인상의 강사들을 보고 느낀 것을 적는다면 다음과 같은 공통점을 들 수 있다.

첫째, 따뜻하게 미소 짓는다.

서빙 아르바이트에서 요식업 사장이 된 스타족발 이효찬 대표는 낙천적인 성격만큼 웃음소리도 호탕하다. 그의 너털웃음과 따뜻한 미소는 청중의 경계를 무장 해제시키는데, 강연 피드백도 아주 좋다. 기억하라. 웃음과 미소는 가장 강력한 무기라는 사실을.

그러나 주의 사항이 있다. 가식적인 미소를 지으면 안 된다. 전문가에 따르면 진실한 웃음은 양쪽 입 끝이 위로 올라가지만 거짓 웃음은 한쪽 입 끝만 위로 올라간다고 한다. 웃는 얼굴에 침 뱉는 법은 없지만, 겉과 속이 다른 강사를 청중은 아주 싫어한다.

둘째, 눈빛과 시선으로 말한다.

오바마 前 대통령은 고별 연설에서 아내와 두 딸에게 고마움을 전했는데 가족을 향한 사랑이 눈빛에 그대로 묻어나 많은 청중이 감동을 받았다. 이처럼 진심 어린 눈빛과 시선은 당신의 스피치에 힘을 실어준다. 입으로는 "감사합니다"라고 하면서 눈빛에 전혀 감사가 묻어나지 않는다면 좋아할 청중이 있겠는가? 따라서 당신이 하려는 말과 눈빛과 시선을 일치시켜서 진정성에 의심을 받지 않도록 주의하라.

셋째, 생동감 있는 표정을 짓는다.

김창옥 휴먼컴퍼니 대표는 중학교 강연이 제일 힘들다며 학생들이 입을 벌리고 퀭한 눈빛으로 앉아 있는 것을 묘사해내는데, 이처럼 생동감 있는 표정은 감정을 풍부하게 전달하기 때문에 청중을 이야기에 더욱 빠져들게 한다. 이때 눈썹을 치켜 올리거나, 동공 크기를 확대하거나, 입을 크게 벌리거나 하면 훨씬 다양한 표정을 지을 수 있다.

몸짓 언어(제스처)도 중요하다

몸짓은 스피치의 비언어적 요소 중 하나로 '손이나 얼굴, 몸을 이용해서 전달하는 언어적 의사소통'이다. 어떻게 하여야 효과적인 제스처를 할 수 있는지 알아보자.

1. 어깨를 펴고 양발을 자연스럽게 벌린다.

2. 한 발을 살짝 앞에 두고 무릎은 티 안 나게 구부린다.

3. 습관적으로 작다리를 짚거나 주머니에 손을 넣지 않는다.

4. 부동자세로 있지 말고 수시로 자세를 바꿔라.

5. 무대를 전후좌우로 누벼라. (단, 동선이 산만하면 안 된다)

6. 고개는 우측으로 살짝 기울여라. (자연스러워 보인다)

7. 손을 쉴 새 없이 움직이지 마라. (사람이 가벼워 보인다)

8. 습관적으로 어딘가를 만지지 마라. (머리, 넥타이, 단추 등)

9. 강연 중 자연스럽게 손바닥을 보여라. (청중에게 신뢰를 준다)

10. 내용에 맞는 몸짓을 개발하라. (반복되는 몸짓은 지루하다)

11. 강연 중 몸짓을 잠시 멈추면 극적 효과를 거둔다. (단, 3초 이내)

12. 강조 부분에서는 동작을 크게 하라. (청중이 집중하게 된다)

13. 청중에게 손가락질을 하지 마라. (단, 어딘가를 가리키거나 강조할 때만)

14. 발을 구르거나 탁자를 내려치지 마라.

    (단, 청중의 졸음을 쫓는 데는 효과적이다)

15. 청중에게 뒷모습을 보이는 것은 실례다.

16. 한곳에만 시선을 고정하면 나머지는 소외감을 느낀다.

(시선을 골고루 분산하라)

17. 시선을 너무 빨리 돌리지 마라. (적당한 속도로 시선을 이동하라)

18. 대형 강연장에서는 미리 시선 둘 곳을 정해놓아라.

   (3~4 군데, W 자 형태로)

19. 한 명의 청중을 오래 쳐다보면 실례다. (3~5초 이내로)

20. 퇴장할 때도 걸음걸이에 신경 쓰라. (빠르게 머리 인사하지 말 것)

마지막으로 한 가지 더 부언하자. 스피치 기법도 중요하지만 심상(마음의 상태)부터 바로 세우자. 아무리 말을 잘해도 내면을 관리하지 못하면 사상누각이 될 수 있기 때문이다.

수년 전 굴지의 강사들이 대거 고정 출연하였던 TV 프로그램이 하나 있었다. 그런데 유독 A라는 강사가 방송국 미팅 때마다 언행이 조금 경솔하였는데, 이를 지켜보던 B 강사가 조심스럽게 충고하였다고 한다. 하지만 A 강사는 당시 최고의 주가를 올리고 있었기 때문에 그의 조언이 귀에 들어올 리 없었다.

그러던 어느 날, 나는 B 강사와 식사를 하는 자리에서 A 강사의 활약을 언급한 적이 있었는데 B 강사는 "지금은 잘나가지만 좀 더 지켜봐야 한다"라는 의미심장한 말을 나에게 하였다. 그때 나는 속으로 'A 강사가 잘되니 배가 아프구나' 하고 대수롭지 않게 넘겼다. 그런데 몇 개월 후 A 강사가 언론으로부터 공격을 받으며 커다란 어려움을 겪게 되었다. 매사에 자신만만하였던 A 강사였지만 경솔한 언행 탓에 주변에 적을 두게 되었고, 결국 자신에게 부메랑으로 돌아왔던 것이었다.

언젠가 경북대 법학전문대학원 김두식 교수가 쓴 '자기 성찰'이란 글을 보았는데, 요약하면 다음과 같다.

사람의 내면이 소리 없이 변하는 것은 무섭다.

좀 유명해지고 나면 눈빛과 목소리부터 달라진다.

눈빛과 목소리에서 드러나는 은근한 자신감은 숨길 수 없다.

예전에는 늘 형식이 아니라 본질이 중요하다고 생각했는데

요즘은 형식도 본질의 일부라는 생각을 자주 한다.

때로는 눈빛과 목소리가 내용보다 더 중요할 수도 있다.

당신은 거만해질 생각이 전혀 없다고? 나도 그렇다. 하지만 사람에게는 어떠한 변화도 생길 수 있다.

SUMMARY **스피치의 비언어적 요소 정리**

1. 상냥하고 따뜻한 미소로 청중을 대하라.

2. 강연 메시지와 눈빛과 시선을 일치시켜라.

3. 생동감 있는 표정으로 감정을 풍부하게 전달하라.

4. 강연 중 적절한 제스처를 사용하라.

5. 내면을 관리하는 강사가 되어라.

강사도
이미지 싸움이다

동양의 '신언서판(身言書判)'이라는 말을 들어본 적이 있는가? 중국 당나라 때 관리를 등용하는 시험의 인물 평가 기준을 말하는 것인데 그 첫째 조건은 언변(言)도, 필적(書)도, 판단력(判)도 아닌 '용모(身)'였다. 서양은 어떨까? 1994년 텍사스대 경제학 교수인 대니얼 해머 메쉬와 미시간대 제프 비들 교수가 '외모와 소득의 상관관계'에 대해 쓴 논문에 따르면, 미국과 캐나다에서 잘생긴 남자의 봉급은 평균보다 5.3% 높으며, 예쁜 여성의 봉급은 평균보다 3.8%가량 높다고 한다. 반면 못생긴 사람들은 평균보다 5~10%가량 봉급이 낮다고 하니 외모에 자신이 없는 사람들에게는 정말이지 억울한 세상이다.

사람들은 "외모가 전부가 아니다"라고 말은 하지만 사실은 누구나 외모를 본다. 전 세계의 많고 많은 운동선수 중 유독 데이비드 베컴과 크리스티아노 호날두가 많은 광고에 출연하는 이유는 무엇일까? 접촉사고를 낸 운전자가 미모의 여성일 경우 남자 피해자가 순간 관대해지는 것을 우리는 실생활에서 자주 목격하고 있지 않은가? 하물며 대중의 앞에서 강연을 해야 하는 강사들의 외모(이미지)는 얼마나 더 중요하겠는가?

널리 알려진 '메라비언의 법칙'은 미국 캘리포니아대학교 로스앤젤레스 캠퍼스(UCLA) 심리학과 명예교수인 앨버트 메라비언이 발표한 이론으로, 한 사람이 상대방으로부터 받는 이미지는 용모, 복장이 55%, 목소리 톤이 38%, 말의 내용(콘텐츠)은 7%를 차지한다는 게 그 내용이다. 즉, 당신이 제아무리 강연 준비를 열심히 하여도 당신의 시각적 이미지가 별로라면 청중은 당신의 강연 내용에는 별반 관심을 두지 않을 수도 있다는 것이다.

옷차림에도 신경을 써라

언젠가 재미있는 실험 영상을 본 적이 있다. 어떤 남자가 한 번은 허름한 옷을 입고, 다른 한 번은 정장을 입은 채 쇼윈도에 섰을 때 지나가던 여성들의 평가를 담은 영상이었다. 허름한 옷을 입었을 때 직업이 무엇일 것 같으냐는 질문에 '공장 수리공', '만두가게 직원'이라는 답변이 나온 반면, 정장 차림이었을 때는 '변호사', '의사', '대기업 사원', '재벌 아들' 등의 답변이 쏟아져 나왔다. '옷이 날개다'라는 말은 숱하게 들어봤지만 옷차림에 따라 사람의 이미지가 이렇게도 달라질 수 있구나, 하는 것을 알려준 흥미로운 영상이었다.

이미지 컨설턴트들이 자주 하는 말 중에 "T.P.O를 고려하라"는 말이 있다. 시간(Time), 장소(Place), 상황(Occasion)에 맞게 옷을 입어야 한다는 것인데, 예를 들어 격식을 차리지 않는 모임에는 무거운 정장을 입지 말라거나, 공적인 자리에서는 지나치게 튀는 복장은 피하라 등등 누구나 잘 알고 있지만 의외로 실수를 많이 하는 내용을 다룬 것이다. 특히 강사라면 상황에 맞는 복장이 아주 중요한데, 실제로 어떤 강사가 자신의 차 안에 상황에 맞게 입을 수 있는 여분의 옷과 넥타이, 구두를 완벽하게 구비해놓은 것을 본 적이 있다.

옷의 컬러나 스타일은 당신의 분야 혹은 나이를 고려하여 입으면 좋은데, 당신이 젊은 남성이면서 기업 강연을 고려한다면 아무래도 정형화된 정장 차림이 좋다. 하지만 일반인을 대상으로 강연을 한다면 브이넥이나 터틀넥 니트를 슈트에 받쳐 입거나 재킷에 단색 바지를 같이 입으면 캐주얼하면서도 지적인 분위기를 낼 수 있다. 또한 청소년 대상으로 강연을 할 때는 면바지에 스니커즈를 신으면 학생들과의 거리감을 좁힐수 있어서 효과적이다.

한편, 당신이 중년의 남성이라면 펑퍼짐한 아저씨 정장을 입기보다는 몸에 붙는 핏의 정장이나 캐주얼룩을 입으면 젊어 보이는 효과를 거둘 수 있는데, 박성목 장광효카루소 실장은 "셔츠의 색상을 다양하게 선택하거나 행커치프를 적당하게 활용하면 손쉽게 멋쟁이가 될 수 있다"고 조언한다. 실제로 많은 시니어 강사들이 맞춤 양복을 입기도 하는데 이 때 세련된 보타이 등으로 멋을 내는 것도 좋다.

여성의 경우에는 어떨까? 한국영상대학 장진주 겸임교수에 따르면 "가장 기본적인 H라인 스커트에 블라우스나 재킷을 입되, 스커트 길이가 무릎선 위로 올라가지 않는 것이 가장 좋다"고 조언한다. 특히 여성 강사는 한여름에 주의할 점이 많다고 한다. 여름이라도 끈으로 된 민소매나 비침이 심한 옷, 짧은 팬츠, 스커트는 금물이다. 신발의 경우에는 오픈토 슈즈에서 약간의 앞트임이 있는 것은 괜찮지만 발가락이 다 드러나는 샌들이나 슬리퍼 형식의 신발은 예의가 아니라고 하니 참고하기 바란다.

한편, 청소년 대상의 강연이라면 단정함을 유지하는 범위 내에서 본인의 개성을 한껏 드러내도 괜찮다고 나는 생각한다.

미국 팝아트의 선구자 故 앤디 워홀은 "당신이 어떤 일을 하느냐가 중요한 것이 아니라, 다른 사람들이 당신이 어떤 일을 한다고 생각하느냐가 중요하다"라고 생전에 말했다. 이처럼 당신의 강연 실력과는 별개로 겉으로 보이는 용모와 복장 등 시각적 이미지에도 많은 신경과 노력을 기울인다면 강사로서 당신의 가치는 한층 더 높아질 것이다.

결국, 강사도 이미지 싸움이다

고액 과외 시장에서 성공하려면 구두는 좋은 것을 신어야 한다는 말을 들은 적이 있다. 돈을 지불하는 학부모에게 보이는 것은 현관에 남겨진 구두밖에 없기 때문이라는 것이다. 마찬가지로, 강사도 이미지 싸움이다.

자가용에 대해 이야기해보자. 만약 당신이 좋은 차를 타고 다닐 여건이 되지 않는다면 차라리 대중교통을 이용하라고 권하고 싶다. 왜냐하면 교육 담당자는 강사가 타는 차종과 강사의 수준을 은근히 동일시하는 경향이 있기 때문이다.

때문에 당신이 어느 정도 경력을 쌓은 강사라면 차종을 업그레이드하는 것도 고려해보기 바란다. 허영심으로 비칠지 모르겠으나 강사 시장에서는 일종의 투자로 보는 것도 맞다. 물론 자차 없이 택시를 이용하거나 주최 측에 배차를 요구하는 강사들도 있지만, 그들은 대부분 그런 요구를 할 수 있는 정도의 위치가 되는 유명인들이다.

한번은 이런 적도 있었다. 어느 유명 인사를 차로 모신 적이 있었는데, 예상보다 일찍 강연장 근처에 도착하자 그는 나에게 주위를 좀 돌자고 하였다. 이유는 너무 일찍 들어가면 모양 빠진다는 것이었다. 평소 내가 언론에서 본 이미지와는 달라 순간 놀라기도 하였지만 '이미지 관리'라는 측면에서 나는 전혀 나쁘게 보지 않았다. 실제로 많은 프로 강사들이 일찍 도착했음에도 주차장에서 시간을 보내다 나타나고 강연을 마치면 서둘러 퇴장하는데, 그만큼 바쁘기도 하지만 그러한 행동이 프로 강사로서의 신비감을 준다고 믿기 때문이다.

물론 당신을 프로 강사로 만드는 것은 궁극적으로는 강연 실력이다. 그러나 당신의 땀과 열정으로 만든 양질의 강연 콘텐츠가 불리한 외모 또는 무심한 이미지 관리로 인해 빛을 보지 못한다면 너무나 억울하지 않겠는가. 따라서 그러한 손해를 당하지 않기 위해서라도 머리부터 발끝까지 프로 강사답게 보이도록 당신의 용모와 이미지를 부단히 가꾸기를 바란다.

| SUMMARY | 이미지 관리의 중요성 |

1. 강사를 볼 때 용모와 복장이 55%, 목소리 톤이 38%, 말의 내용(콘텐츠)은 7%를 차지한다.

2. T.P.O, 즉 시간(Time), 장소(Place), 상황(Occasion)에 맞게 옷을 입어야 한다.

3. 젊은 남성이면서 기업 강연을 고려한다면 정형화된 정장 차림이 좋다.

4. 브이넥이나 터틀넥 니트, 재킷에 단색 바지를 입으면 캐주얼해 보인다.

5. 면바지에 스니커즈를 신으면 학생들과의 거리감을 좁힐 수 있다.

6. 여성 강사는 기본적인 H라인 스커트에 블라우스나 재킷을 입는 것이 좋다.

7. 스커트 길이는 무릎선 위로 올라가지 않아야 한다.

8. 발가락이 드러나는 샌들이나 슬리퍼는 예의가 아니다.

9. 다른 사람들이 당신이 어떤 일을 한다고 생각하느냐가 중요하다.

10. 어느 정도 경력이 쌓이면 차종을 업그레이드하는 것도 고려해보라.

아나운서의 스피치
- 한국영상대학교 장진주 겸임교수

한국영상대학교 장진주 겸임교수는 울산MBC 공채 아나운서 출신으로 SBS 〈출발 모닝와이드〉, 2010인천아시안게임 홍보 아나운서 등의 경력을 지닌 프로 스피치 강사다. 현재 드림디자인연구소를 운영하는 장진주 교수와의 인터뷰에 는 실전 스피치에 대한 노하우가 담겨 있다.

1. 스피치를 잘하는 사람들의 특징은 무엇인가?

가장 중요한 건 '전달력'이다. 강사에게 전달력이 없으면 안 된다. 그런데 전 달력은 어디서 나올까? 바로 발음과 발성에서 나온다. 강사의 발음이 부정확 해서 청중이 못 알아듣는데 어떻게 좋은 강연이 가능하겠나. 뿐만 아니라 목 소리가 너무 작고 입으로 웅얼거리면 좋은 강사가 될 수 없다. 아나운서나 방 송인들이 매일매일 연습하는 것이 발음, 발성이다. 누구나 알아들을 수 있도 록 제대로 발음하는 것! 이것이 스피치의 핵심이다. 책을 읽고 발음, 발성을 마스터할 수 있다면 누구나 다 아나운서가 됐을 것이다. 그렇기 때문에 전문 가가 그 사람에게 맞는 실천법으로 교정해주는 것이 중요하다. 따라서 단 1분 이라도 전문가의 도움을 받아보라.

2. 전문가 입장에서 발음, 발성을 잘하기 위한 조언을 들려준다면?

나는 볼펜을 물고 발음 연습하는 것은 반대다. 볼펜을 빼고 발음할 건데 왜 볼펜을 물고 발음 연습을 하나. 장애물이 있을 때 더 발음을 정확히 할 수 있다는 것인데 나는 별로 공감하지 않는다. 따라서 내가 추천하는 방법은 볼펜을 물지 않고 책이나 신문을 정확한 발음으로 낭독하는 것이다. 이때 입술은 크게 벌리고 턱은 내리되 혀를 많이 사용하여 발음해야 한다. 즉, 입술, 턱, 혀가 조화를 이루어야 정확한 발음을 낼 수 있다. 청중이 다른 것은 신경 쓰지 않고 강의 내용에만 집중할 수 있도록 발음, 발성을 자연스럽게 체득하려는 노력이 필요하다.

3. 복식호흡도 중요한가? 만약 그렇다면 어떻게 연습해야 하나?

남자들이 군대에서 "충성!" 하듯이 배에서부터 끌어 올리는 호흡을 연습해보라. 단순히 목소리를 크게 하는 것이 아니다. 그러면 목만 아프다. 숨을 들이마실 때 배가 불러와야 하고, 숨을 내쉬면 배가 들어가는 호흡을 해야 한다. 이때 누워서 하면 저절로 복식호흡이 된다. 나는 사극 속 양반들처럼 "이리 오너라!" 같은 대사로 연습하는 편인데, 그럴 때마다 목소리 톤은 낮아지면서 배에서 소리가 울리는 것을 느낄 수 있다. 이러한 호흡 연습을 꾸준히 하면 가녀린 목소리부터 중후한 목소리까지 음폭을 자유자재로 사용할 수 있게 된다.

특히 퍼블릭 스피치를 할 때는 배 밑에서부터 끌어 올리는 복식호흡을 하는 것이 중요하다. 따로 시간을 내서 연습하기보다 일상에서 자주 해볼 것을 권한다. 주문할 때 "여기요!", "아메리카노 두 잔이요!"라고 복식호흡으로 말해보는 것이다. 그런 연습을 할 수 있는 기회가 하루에 한두 번은 꼭 있을 것이다. 일상에서부터 연습하지 않으면 스피치는 절대 좋아지지 않는다. 이렇게 연습을 열심히 하더라도 최소 2~3개월은 지나야 효과가 나타난다.

4. 듣기 좋은 목소리는 타고나는가, 만들어지는가?

목소리는 사실 타고나는 것이다. 하지만 그와 별개로 나는 우리 몸이 악기라고 생각한다. 대가가 연주하면 좋은 소리가 나지만 아마추어가 연주하면 깽깽거리는 소리가 난다. 마찬가지로, 목소리도 내가 잘 연주할 수 있도록 다듬어야 하는데 그러기 위해서는 내 목소리를 사랑해야 한다. 휴대전화로 녹음한내 목소리가 영 마음에 안 들 수도 있지만 '이게 내 목소리구나' 하고 솔직하게 인지하면서 마음에 드는 목소리로 만들려는 노력을 기울여야 한다. 세상에안 좋은 목소리는 없다. 다만 본인이 안 좋다 안 좋다 하니까 자신감이 없어지는 것이다.

5. 나에게 무관심한 청중과는 어떻게 소통하는가?

나는 감성적인 편이라 그런 사람들이 굉장히 신경 쓰인다. 그래서 예전에는 어떻게든 그들을 끌어오려고 했는데 요즘에는 생각이 바뀌었다. 사람마다 성격의 유형이 다르듯 청중에도 여러 유형이 있다는 것을 깨달았기 때문이다. 한번은 친구가 팔짱을 낀 채 심각한 표정으로 내 강의를 들은 적이 있었는데, 나중에 물어보니 강의 내용에 대해 골똘히 생각하고 있던 것이었다. 또 한 번은 다른 친구가 휴대전화를 계속 만지고 있었는데, 알고 보니 강의 내용을 열심히 휴대폰에 입력하고 있던 적도 있었다. 그러한 과정에서 깨달은 것은 '사람들의 유형은 다 달라서 내 강의를 들으며 다른 데를 쳐다볼 수도 있고 무표

정할 수도 있구나. 그렇다면 그들에게 너무 흔들리지 말자'라는 것이었다. 물론 청중의 반응을 잘 캐치하는 능력과는 구분되어야 한다. 정말 재미가 없어서 딴짓을 하는 것인데 자신이 잘하고 있다는 착각은 하지 말아야 한다는 것이다.

6. 평소 유머러스한 강연을 하는 편인가?

재미있게 강의를 하는 강사가 있는 반면 나처럼 웃기는 걸 못하는 강사도 있다. 내가 유머를 하면 사람들이 잘 웃지를 않던데, 오히려 별것 아닌 데서 웃음이 터질 때가 종종 있다. 한번은 내가 스토리를 생동감 있게 표현하려고 연기를 했는데 그걸 보고 많은 사람들이 폭소를 터뜨렸다. 왜냐하면 아나운서 톤으로 정중하게 강의하던 사람이 갑자기 망가지는 연기를 하니까 의외의 모습에서 재미를 느꼈던 것이다. 이렇게 강사들마다 유머 포인트는 다 다르다고 본다.

나의 경우 강연의 재미를 위해 정서를 환기시킬 수 있는 장치를 항상 준비한다. 특히 학생들한테는 10분에 한 번꼴로, 성인들한테는 15~20분에 한 번꼴로 재미있는 영상을 보여준다든지, 아니면 게임을 한다든지 등 꼭 필요한 요소를 강연 흐름 속에 넣어 지루하지 않게 이끌어간다. 때로는 상품을 준비하기도 한다.

7. 청중과 소통을 잘하는 명강사들의 공통점은 무엇인가?

상대방에게 맞게끔 쉽게 풀어 설명하는 능력이 있다. 그렇게 하려면 비유와 사례가 중요하다고 본다. 강연 내용의 50%도 이해 못한 청중은 늘 있기 마련인데, 그때는 비유와 사례를 들어 부연 설명하면 명쾌해진다. 또한 명강사들은 누구나 알고 있는 진부한 이야기가 아니라 참신한 사례를 적재적소에 섞어서 중학생들도 알아듣기 쉽게 설명한다. 본인의 머릿속에 있는 내용을 상대방에게 설명하는 능력이 부족한 사람들이 얼마나 많은가? 명강사들은 이런 것을 참 잘한다. 우리도 방송할 때 전문용어는 최대한 삼가고, 중학생들이 알아들을 수 있는 수준으로 방송을 준비하고 원고도 쓴다. 전문지식을 내세우기보다는 누구나 알아들을 수 있도록 쉽게 풀어 설명한다면 더 많은 청중과 소통하고 공감할 수 있지 않을까?

8. 파워포인트를 사용하는 것과 사용하지 않는 것의 차이를 설명한다면?

처음에 나는 파워포인트를 사용하지 않는 것을 선호했다. 그런데 연령대가 어려질수록 시각 자료가 너무나 중요하다는 걸 깨달았다. 요즘 중고생과 대학생들은 미디어 세대다. 움직이는 영상을 보아야 더 잘 이해한다. 언어보다 영상으로 더 많이 소통하는 시대가 왔기 때문에 요즘에는 많은 강사들이 파워포인트를 사용한다. 내가 말로 다 설명할 수 없는 전문 지식들을 일목요연하게 정리해서 보여주는 시각적인 효과가 그래서 중요하다. 백 번 듣는 것보다 한 번 보는 게 낫다는 말도 있지 않은가. 때문에 전문적인 강의에서는 파워포인트가 필요하고, 전문성이 필요 없는 강의 때는 시각 자료 없이 편하게 소통하는 강의가 좋은 것 같다.

9. 스피치 할 때 절대 피해야 할 금기 사항은?

초보자들이 괜히 겸손한답시고 "준비를 많이 못했다" 등의 부정적인 이야기를 강연 서두에 꺼내는데, 그러지 말아야 한다. 굳이 그런 말을 하지 않아도 청중은 들으면 다 안다. 목 상태가 좋지 않다거나 감기에 걸렸다는 말을 하는 것은 좀 구차한 것 같다. 또한 한쪽을 폄훼하거나 예민한 부분(정치 이슈 등)은 건드리지 않는 게 좋다. 말 한 번 잘못해서 구설수에 휘말리지 않도록 조심하는 것이 중요하다.

10. 마지막으로, 프로 강사를 꿈꾸는 사람들에게 조언한다면?

남에게 강의를 한다는 것은 정말 귀한 일이다. 누군가에게 나의 것을 나눠주는 셈 아닌가? 보람 있는 일이다. 그리고 나 또한 사람들과 만나고 소통하면서 얻는 에너지도 굉장히 크다. 나는 누구나 인간도서관이라고 생각하기 때문에 누구나 강사가 될 수 있다고 믿는다. 모든 사람마다 본인의 인생에서 누군가에게 귀감이 될 만한 것들이 있지 않을까? 따라서 이러한 부분을 잘 살리고 공부하며 다듬는다면 당신도 멋진 강사가 될 수 있다. 나는 당신이 많은 사람에게 희망을 주고, 내가 깨우친 경험을 나눈다는 생각으로 겸손히 배워나갔으면 좋겠다. 순식간에 성공해야겠다는 목표를 갖기보다는 정말 이 일을 보람으로 삼고 즐길 때 더 좋은 결과가 따를 것이라고 믿는다.

제3장

실전
무대 서기 편

청중에 대한
이해가 전부다

나는 종종 강사들에게 가장 강연하기 어려운 청중이 누구냐고 묻는다. 그러면 십중팔구 강사들은 이렇게 대답한다.

"마음의 문을 닫고 있는 청중들이다."

실제로 강사들에게 가장 힘겨운 대상은 대기업 임원이나 고위 공무원, 대학교수, 중고생들이 아니라 팔짱을 끼고 삐딱하게 앉아 마음의 문을 굳게 닫고 있는 청중들이다.

여기서 잠깐 퀴즈를 내보겠다. 이른바 '엄친아'로 불리는 젊은 강사들이 가장 고전하는 청중은 누굴까? 나이 지긋한 어르신들일까, 아니면 10대 청소년들일까? 둘 다 아니다. 정답은 강사와 비슷한 또래의 청중들이다. 비슷한 또래면 오히려 친근감을 느끼지 않느냐고? 예외도 있다. 무대 위 강사가 너무 특출난 사람이라면 비슷한 나이대의 청중들은 오히려 주눅이 들거나 질시를 느껴 마음의 문을 닫아버리기 때문이다. 비슷한 이유로, 나이 어리고 예쁜 여자 강사를 여자 청중들은 별로 좋아하지 않는다.

그러면 이들의 닫힌 마음은 어떻게 열 수 있을까? 모든 것은 '공감대 형성'에 달려 있다. 예를 들어 대학교수를 겸직하고 있는 어떤 프로 강사는 운전기사들을 상대로 강연을 할 때면 의도적으로 시원하게 욕을 한다.

"여러분, 오늘 X처럼 끌려 나오셨죠? 돈도 못 벌고 C8!"

이런 식으로 욕을 한 바가지 하며 강연을 시작하는데, 그러면 운전기사들은 '어라? 대학교수라 고리타분한 말만 늘어놓을 줄 알았는데 우리처럼 욕도 하네'라고 동질감을 느끼며 강연에 몰입하게 된다.

다시 돌아와서, 위 젊은 강사가 그들의 연령대에 화제가 되고 있는 이슈(이를테면 인기 드라마나 연예인 이야기 등)들을 툭툭 던져가며 '나도 당신들과 별반 다를 게 없다'라는 식으로 친근하게 어필한다면 청중의 마음을 열 수 있게 된다.

자, 그렇다면 청중과의 공감대 형성을 위한 보다 구체적인 방법은 없을까? 물론 있다. 교육 담당자에게 청중의 특성과 강연 때 어떤 이야기를 듣고 싶어 하는지를 구체적으로 묻는 것이다. 이때 필수적으로 알아 두어야 할 사항은 나이, 성별, 직급, 교육 수준, 금기해야 할 내용, 현재 관심사와 고민 등이다. (물론, 청중에 대한 분석은 강연 전에 미리 끝나 있어야 한다) 건강을 주제로 한 강연도 20대에게 하는 강연과 50대에게 하는 강연이 달라야 하지 않겠는가? 청중의 특성을 고려하지 않는 강연은 반드시 실패하게 마련이다.

한편, 어느 기관이나 금기시되는 내용이 있기 마련인데, 특히 대기업이나 관공서는 더욱 그렇다. 최근 방송에도 자주 나오는 어느 여성 강사는 자신의 강의안에 포함된 'sex'라는 단어를 문제 삼는 주최 측 때문에 급히 한글인 '성'으로 변경한 적도 있었고, 한번은 지방지치단체의 강연을 맡은 강사가 나이 지긋한 어르신께 '할머니'라고 지칭하였다가 된통 쓴소리를 들은 적이 있었다고 한다. 이럴 땐 누님(언니), 선생님 등으로 지칭하면 된다. 따라서 사전에 교육 담당자에게 여러 가지를 꼼꼼히 확인하는 습관을 기르는 것이 좋다.

아래 글은 모 다국적 기업에서 강연 시 금기해야 할 사항을 나에게 보내온 내용인데, 금기시하는 내용이란 대략적으로 어떠한 것을 의미하는지 이해를 돕는 데 도움이 되길 바란다.

1. 회사명 유의 사항(OOOO, OOOOO)

2007년 OOOO(주)로 상호가 변경되었습니다. 강사가 예전 사명을 호명하면 교육생들의 반감이 상당합니다. OOOO이라는 사명은 삼가 바랍니다.

2. 사업 부문(OOOO 전문업체)

당사는 OOO, OOO, OOOO 등을 생산 판매하는 회사이며 ( )의 OOO는 취급하고 있지 않습니다. OOO는 OOOOOO 관계사에서 취급하고 있으며, 서로 긴밀한 관계를 갖고 있지만 외부에서 OOO 회사로 인식되는 것에 대한 거부감이 있습니다.

사실 청중의 특성을 일일이 파악한다는 것은 굉장히 번거롭기 때문에 프로 강사들도 청중의 특성을 숙지하지 못하는 초보적인 실수를 종종 범한다. 물론 하루에 2~3개씩 강연을 하는 인기 강사들이 모든 강연을 맞춤형으로 진행하기는 불가능하겠지만, 그래도 최소한 숙지는 해야 하지 않을까?

아래 글은 국내 최대의 생명보험사에서 어느 프로 강사가 강연을 진행한 직후 담당자가 나에게 보내온 피드백 내용이다. 청중의 특성을 파악하는 것이 얼마나 중요한지를 이해함과 동시에 이와 유사한 실수를 저지르지 않도록 유의하기 바란다.

"강의를 워낙 잘하시니까 결론적으로 교육생들은 매우 만족했습니다만, 강사님께서 강의 청탁서를 정확히 인지하지 못하신 것 같습니다. 청탁서상 이미 알려드린 내용을 교육생들에게 질문하시고(교육 일정, 결혼 유무 등), 교육생들에게 이슈가 되는 X세대와의 소통 스킬도 다루어 달라고 했는데 그 내용은 거의 없었고, 교육생들 중 미혼이 30%나 되는데 강연 내용이 너무 기혼 여성에 초점이 맞춰져 있어서 강연 청탁서를 읽지 않으셨구나, 하고 생각했습니다."

2018 평창 동계올림픽 유치의 주역 나승연 전 대변인은 자신의 저서 『세계를 감동시킨 나승연의 프레젠테이션』에서 이렇게 말했다.

"훌륭한 프레젠테이션을 위한 세 가지 법칙이 있다. 첫째는 청중을 파악할 것, 둘째도 청중을 파악할 것, 셋째도 청중을 파악할 것이다."

이처럼 청중의 니즈를 잘 파악하는 것이 무엇보다 중요하다. 절대로 내가 하고 싶은 이야기를 막무가내로 주입하려 들면 안 된다. 결국 청중의 니즈와 내 이야기의 간극을 줄여야 하는데, 그러기 위해서는 늘 상대방의 입장에서 생각하는 습관을 가질 필요가 있다.

마지막으로, 당신이 신인 강사라면 강연장에 무조건 일찍 도착하는 습관을 들이자. 일찍 도착해서 무엇을 하느냐고? 먼저 담당자와 대화를 나누고, 강연 환경도 둘러보면서 강연에 참석하는 청중들에게 반갑게 인사를 건네며 친근감을 표시하자. 청중의 입장에서 볼 때 한 번 인사를 나누고 나면 무대 위 강사의 말에 더 귀를 기울이며 긍정적인 리액션을 보내게 된다. 결과적으로 객석에 든든한 아군을 심어두는 셈인데, 덕분에 좀 더 편안한 분위기 속에서 강연을 이끌어나갈 수 있게 된다. 덤으로 강연 평가도 좋게 나오는 듯하다.

SUMMARY **청중 분석을 위한 체크 사항**

1. 나이

2. 성별

3. 소속 및 직급

4. 교육 수준 (소득 수준)

5. 현재하는 업무

6. 관심사와 고민

7. 청중의 특성 (사고방식)

8. 금기해야 할 내용

9. 청중의 기대 사항

10. 담당자의 교육 니즈

TIP 교육 담당자의 의견이 잘 반영된 사례

십수 개의 점포를 운영하는 청년 창업가의 기업 강연 때 일이다. 교육 담당자는 강사의 창업 성공기를 듣고 직원들 중 일부가 '나도 창업을 해보고 싶다'는 생각을 갖게 될 것을 경계했다. 당연히 나는 그 부분을 강사에게 강조하며 강연에 참고해줄 것을 당부하였다. 강연 당일, 담당자의 소개를 받고 무대에 올라온 강사는 이렇게 말했다.

"제가 이곳으로부터 강연 요청을 받았을 때 직원들이 저의 창업 스토리를 듣고 따라서 창업하지 않도록 수위를 조절해달라는 부탁을 받았습니다. 그런데 말이죠, 이곳처럼 큰 회사에 다니는 사람들은 제 강연 듣고 창업 안 합니다. 코스피 상장도 된 곳이던데 이 좋은 회사를 나와서 왜 장사를 하겠어요? 가끔 작은 회사에 다니는 분들이 회사 그만두고 저를 찾아오기도 하던데, 여기서는 그런 걱정 안 합니다."

순간 담당자의 표정은 환해졌고, 회사의 위신을 세우면서도 담당자가 '강사가 내용을 잘 숙지하고 있구나!'라고 안심하게끔 하는 효과를 거둘 수 있었다. 그 이후 한 번 더 초청되어 앵콜 강연을 진행하였다.

무대 위 10분,
기선을 제압하라

　언젠가 식품기업 대표의 강연을 준비한 적이 있었다. 그날의 청중은 외국계 자동차 대리점주 300여 명이었다. 녹록지 않은 상대였다. 문제는 시작부터 발생했다. 강사 소개 후 강사가 무대에 올랐음에도 불구하고 청중들은 서로 대화하고 떠드느라 무대 위 강사에게는 눈길도 주지 않았다. 자신들은 폼 나는 자동차를 파는 사장이라 먹거리를 파는 강사를 우습게 여긴 것일까?

　더 큰 문제는 무대 위 강사의 반응이었다. 그는 강연을 할 생각이 있는지 없는지, 무대에서 뒷짐을 진 채 좌우로 이리저리 서성이고만 있었다. 사회자는 당황했고, 담당자도 당황했고, 누구보다 내가 제일 당황했다. 이제껏 수많은 강연을 준비해왔지만 이런 적은 단 한 번도 없었기 때문이다. 보통은 강사가 마이크를 잡고 "여러분, 여기를 좀 봐주세요"라고 정중히 말하기 마련인데 그 강사는 무반응이었다.

그렇게 강사가 무대 위를 서성이기를 3분여. 청중이 하나둘씩 무대 위를 쳐다보았고, 그제야 강사가 마이크를 움켜잡고 강연장이 떠나갈 듯이 우렁차게 외쳤다.

"사장님들, 다 이야기하셨죠? 그럼 지금부터 제 소개를 하겠습니다. 안녕하십니까, 대한민국 최고의 먹거리를 파는 OOO입니다!" (일동 박수)

청중과의 기싸움에서 강사가 완벽히 이긴 그날의 강연은 대성공이었다. 강연이 끝나고 강사와 식사를 함께하며 내가 십년감수했다고 하자 그는 이렇게 말했다.

"초반 기싸움에서 지면 강연 내내 휘둘리게 되는 거야."

정말 그럴까?

언젠가 A라는 강사가 무려 만 명 앞에서 강연을 한 적이 있었다. (무슨 강연에 만 명이나 참석하느냐고? 네트워크 마케팅 행사에는 한 번에 수천 명에서 만 명까지 모인다) 충격적인 사실은 강연을 시작한 지 20분 만에 A 강사가 하얗게 질린 채 무대에서 내려온 것이었는데, 강연 잘한다고 소문난 그에게 무슨 일이 벌어진 걸까? 그날 만 명의 청중에게 기가 확 눌려버린 것이었다. 만 명의 눈이 쳐다본다고 생각해보라. 살 떨리지 않겠는가? 그것은 굉장한 자신과의 싸움인데 거기서 그는 패한 것이었다. 내공이란 게 바로 그런 거다.

참고로, 이름만 대면 알 만한 스타 강사들도 네트워크 마케팅(이른바 합법적 다단계) 강연은 한 번쯤 다 다녀갔다고 보면 된다. 강사 입장에서는 청중 반응도 뜨겁고, 한 번 강연이 터지고 나면 전국 각지에서 요청이 오고, 대부분 강연료를 현금 지급하기 때문에 선호할 수밖에 없는 시장인데, 나는 이러한 사업 구조에 의문을 갖고 있지만 어쨌든 이곳은 좋은 시장이다.

본론으로 돌아가서, 한번은 이런 일도 있었다. 지방의 모 시청에서 어떤 강사의 강연을 준비한 적이 있었는데, 나는 그 강사를 잘 알지는 못했지만 지인의 청탁으로 어쩔 수 없이 강사진에 포함시켰다. 아니나 다를까, 강연 시작부터 그는 주제와 동떨어진 내용과 청중이 들으면 불쾌할 만한 성적인 소재를 계속 언급하였는데, 그 바람에 청중은 강연 시작부터 마음의 문을 굳게 닫았고 나중에는 객석에서 탄식까지 흘러나올 정도였다. 결국 고통스런(?) 90분이 모두 끝나자 그는 도망치듯 강연장을 빠져나왔고, 며칠 뒤 나에게 이러한 장문의 메일을 보내왔다.

금번 ○○시청 강연 때 제가 많이 부족하여 한없는 자책감에 빠져야 했습니다. 명연설가 윈스턴 처칠이 그랬던 것처럼 대중 연설(강연)에는 수많은 반복 연습 외에 왕도가 없다는 사실을 새삼 깨달았습니다. 이번 실패를 교훈 삼아 심기일전함과 동시에 나만의 독창적 패러다임을 구축해야겠다고 다짐했습니다. 오 대표님께도 송구스런 마음 전합니다. 적잖은 누를 끼쳤기에 무거운 마음 한량없습니다. 이번에 큰 공부를 했습니다. 고맙습니다.

이처럼 강연 초반에 청중을 사로잡지 못하면 강연 내내 끌려다니게 된다. 처음부터 강렬한 인상을 남기지 못하면 청중은 '저 사람 이야기를 들어서 뭐 하나?'라는 생각을 가지게 되기 때문이다. 그래서 나는 무대

위 10분을 '아이스 브레이킹' 혹은 '워밍업'으로 비유하곤 하는데, 어떤 대상은 3분 만에 워밍업이 끝나는 경우도 있지만 어떤 대상은 10분이 넘게 걸리는 경우도 있다. 즉, 대상에 따라 청중을 끌어당기는 능력이 전혀 달라져야 한다는 것이다. 참고로 강사의 유형에 따라 강연 초반에 잔잔한 BGM을 틀어놓거나, 간단한 마술 시범을 선보이거나, 유인물을 나눠주고 옆 사람과 대화를 시키는 등 다양한 방법으로 어색한 분위기를 풀어간다.

그런데 내가 강조하는 '기선을 제압해야 한다'는 말이 불편하게 들릴지도 모르겠다. 여기서 내가 말하고자 하는 것은 당신의 강연에 집중할 수 있는 최적의 환경을 조성한다는 의미 정도로 해석해주었으면 한다. 당신이 그런 카리스마가 없다고 해서 좌절할 필요는 없다. 청중이 관심을 가질 법한 화제를 영리하게 던져서 순간적으로 주의를 집중시키는 강사도 얼마든지 있으니까 말이다.

인기 강사로도 알려진 구글코리아의 김태원 상무가 중학교에서 강연했을 때의 일이다. 강사가 가장 꺼리는 대상 중 하나가 중학생들이다. 도무지 통제가 안 되기 때문이다. 더군다나 교장선생님은 귀한 분이 오셨다며 전교생을 강당에 모아놓았는데 얼마나 소란스러웠는지 짐작하겠는가? 몇몇 선생님들이 주의를 주는 곳만 잠잠할 뿐 나머지는 쉴 새 없이 떠들어대는데 마치 들판에 강아지 수백 마리를 풀어놓은 듯한 풍경이었다. 도저히 강연을 할 상황이 아니라고 판단할 때쯤 김태원 상무가 마이크를 잡더니 이렇게 말했다.

"여러분, 저는 여러분 떠드는 거 너무 잘 이해해요."

순간 학생들이 잡담을 멈추고 강사를 물끄러미 바라보았다.

"친구들과 노는 것처럼 재미있는 일을 할 때는 아무것도 안 들리잖아요? 〈무한도전〉 보고 있으면 엄마의 잔소리가 안 들리는 것처럼 말이에요. 그런데 여러분, 제가 〈무한도전〉보다 더 재미있는 얘기 준비해왔는데 한번 들어보실래요?"

학생들은 일제히 "네!"라고 외쳤고, 그날 강연은 그야말로 대성공이었다.

이처럼 청중을 사로잡는 다양한 방법 중 당신에게 가장 최적의 방법을 찾는 것이 중요하다.

마지막으로, 무대 위에서는 당신이 그 분야의 최고 권위자라는 주문을 걸자. '청중 중에 나보다 더 많이 아는 사람이 있으면 어쩌지?'라는 생각을 하면 자기 할 말을 못하게 된다. 명심하라. 확신 없는 강연은 반드시 실패한다. 물론 당신보다 많이 아는 사람이 그 자리에 있을 수도 있다. 그러나 그 정도의 배짱이 없다면 프로 강사는 되지 못한다. 그러니 자신감을 가지고 주문을 걸어라. 이 무대에서만큼은 내가 이 분야의 최고 전문가라고.

TIP 프로 강사들의 오프닝 유형

프로 강사들은 오프닝을 어떻게 시작할까? 내 경험에 따르면 세 가지 부류의 강사들이 있다.

첫 번째 부류는 강연 주제에 대한 전문성을 부각시키며 경력을 줄줄이

나열하는 강사들이다. 이제껏 어떤 활동을 했고, 무슨 방송에 출연하였으며, 몇 권의 책을 저술하였다는 식으로 강사로서의 전문성을 드러내며 시작하는 것이다. 자칫 잘난 척하는 것으로 비치기도 하지만 권위를 살려야 할 때에는 유용하게 사용된다. 이때 자신을 스스로 내세우기 쑥스러워하는 강사들은 소개 영상을 미리 주최 측에게 보내고 강연 전에 틀어줄 것을 요청하기도 한다.

두 번째 부류는 자신의 장기를 활용하여 성대모사나 마술 등의 시범을 보이는 강사들이다. A 강사는 과거에 마술용품 온라인 쇼핑몰을 운영한 경험이 있었는데 오프닝 때 카드 마술, 고리 마술 등 간단한 마술 시범을 선보인다. 전혀 마술을 할 것 같지 않은 외모의 강사가 마술 장기를 보여주니 다들 흥미로워하며 반응이 아주 좋았다. 이처럼 강연 초반, 자신만이 가진 장기를 활용하여 청중의 집중도를 높이는 것도 고려해보라.

세 번째 부류는 선물을 주고 시작하는 강사들이다. 오프닝 스팟(강연의 촉진 수단)으로 선물을 주기 위한 퀴즈를 던질 때 주의할 점은 질문이 너무 어려우면 안 된다는 것이다. 대답하기 어려운 질문을 받으면 청중은 당황하고, 오히려 분위기만 냉랭해진다. 그러면 선물은 어떤 것을 주면 좋을까? 강사에 따라 영화관람권이나 커피 · 도넛 상품권을 준비하기도 하는데, 가장 좋은 선물은 강사의 책이다. 왜냐하면 비용도 거의 들지 않고 자연스럽게 자신의 홍보도 되기 때문에 많은 프로 강사들이 선물로 책을 준비한다.

강연 전 10분,
당신은 어디에 있는가

강연 전 10분, 당신은 어디에 있는가? 이제 막 강연장에 헐레벌떡 도착했다면 당신은 두 부류의 강사 중 하나일 가능성이 높다. 너무 잘나가는 스타 강사이거나, 기본이 덜 된 아마추어 강사이거나. (실전에서는 웬만한 스타 강사들도 일찌감치 도착해 강연장 인근 주차장이나 대기실에서 시간을 보낸다)

강연장에 일찍 도착해야 하는 이유는 앞선 '청중에 대한 이해가 전부다(p.120)' 항목에 썼던 것처럼 현장 분위기를 살피고 청중의 특성을 파악해야 하기 위함인데, 그 외에 또 다른 이유도 있다. 언제든 돌발 상황이 발생할 수 있기 때문이다.

언젠가 대구의 모 구청에서 강연을 준비한 적이 있었다. 강사와 나는 각기 다른 시간대의 KTX를 타고 이동하였는데, 강사는 내가 탄 열차보다 두 순번이나 앞선 시간대의 열차를 예매했기에 나는 속으로 '뭐 그리 서두르시나' 하고 의아하게 여기면서 대구로 이동하였다.

그런데 사건이 터졌다. 갑자기 열차가 구미역 부근에서 정차하게 된 것이었다. 아니나 다를까, 안내방송을 들어보니 앞 열차가 사고 났다는 것이었다. 나는 강사에게 큰일이 생긴 건 아닌지 급히 전화를 걸었는데, 다행히 사고가 났던 열차의 바로 전 열차를 타고 있었기 때문에 무사히 동대구역에 도착하였다는 대답을 들었다. 이후 나는 코레일 측에서 제공한 전세버스를 타고 뒤늦게 대구에 도착하였고, 내가 강연장에 왔을 때는 이미 강연이 한창 진행 중이었다.

강연이 끝나자 강사가 나에게 말했다.

"언제라도 돌발 상황이 벌어질 수 있기 때문에 저는 무조건 일찍 도착해요. 강연장 근처에서 시간을 보내는 게 맘이 편하거든요."

맞는 말이다. 에이전트인 내가 가장 꺼리는 강사도 강연장에 늦게 나타나 담당자와 나의 마음을 졸이게 하는 강사다. 강연만 잘하면 되는 거 아니냐고? 청중과의 시간 약속도 제대로 안 지키는 강사가 도대체 무엇을 가르친단 말인가. 프로 강사의 기본은 시간 약속에서부터 시작된다고 해도 결코 과언이 아니다. 시간 관리에 철저한 강사들은 담당자가 연락하기 전에 미리 문자로 '어디쯤 왔는지', '몇 시쯤 도착 예정인지' 등을 안내함으로써 담당자를 안심시킨다.

한편, 강사와 주최 측의 시간 문제로 실무인 내가 애를 먹은 적도 있었다. 2시 30분 시작인 강연을 강사가 2시로 착각하였던 것이 사건의 발단이었는데, 강사는 넉넉하게 오후 1시에 부산 강연장에 도착하였으나 그날 행사가 지연되어 3시에 강연을 시작해야 한다는 것이 주최 측의 입장이었다. 어쨌거나 결과적으로 강사가 2시간을 기다리게 된 셈이었는데, 시간이 돈인 프로 강사 입장에선 아주 짜증이 날 법도 한 상황이었다.

결국 문제가 터졌다. 강사가 너무 오래 기다리는 바람에 화가 난 건지 강연 후에 정말 급한 일정이 있던 건지 모르겠지만, 강사는 행사로 지연된 30분을 강연 시간에 포함시켰고 결국 1시간 강연을 30분 만에 끝내고 말았다. 당시 나는 제주도에서 휴가 중이었는데 부산에 출장 간 후배에게 그 소식을 듣고 놀라서 강사에게 전화를 걸었더니 그가 하는 말.

"대표님, 저는 약속 지켰습니다."

사실 이 상황은 누구의 잘잘못을 따지기가 어렵다. 행사를 준비해본 사람이라면 알겠지만 행사 시간이 지연되는 경우는 허다하다. 반면 일정이 많은 강사 입장에서는 시간이 곧 돈이기 때문에 어느 한쪽에 잘못을 따지기도 어렵다. 다만 제삼자의 입장에서 내 의견을 말해보라면 대강 이렇다.

"강사의 심정을 이해 못하는 것은 아니다. 그러나 그날 행사를 준비한 담당자도 얼마나 난처했겠는가. 어쨌거나 강사에게 강연료를 지불하는 곳은 주최 측이다. 그렇기 때문에 나는 그에 부응하는 서비스와 만족을 강사가 제공하는 게 맞다고 본다."

어쨌든, 며칠 후 나는 담당자에게 장문의 사과 메일을 보냈다.

OOO 매니저에게 들었는데, 강연 시작 시간이 다소 지연되기는 하였지만 당일 OOO 강사님께서 예정보다 짧게 강의를 마치고 돌아가셨다는 소식을 들었습니다. 저도 뒤늦게 알게 된 사실이지만 그 점에 대해 차장님께 진심으로 사과의 말씀을 드립니다. 이런 경우가 저 역시 처음이라 놀란 마음에 OOO 강사님께 전화를 하여 상황을 들어보니 다음 강연에 따른 이동 시간을 맞추느라 불가피하였음을 토로하며 죄송한 마음을 전달하였습니다. 이에 면목이 없고, 감정이 상하셨을 차장님께 부디 노여움을 거두어주시기를 바랄 뿐입니다.

다행스럽게도 담당자에게서 호의적인 회신을 받을 수 있었다.

아닙니다. 저도 결례를 했습니다. 원래 일정에 없던 행사가 잡혀서 강사님께 유선상으로 공지해드린 것으로 알고 있었는데 제가 잘못 알고 있었던 것 같습니다. 그래서 OOO 강사님을 본의 아니게 기다리게 하여 바쁘신 분께 상당히 결례를 한 것 같아 죄송스러웠습니다. 그래도 덕분에 이번 행사는 잘 끝났으니 다음에 좀 더 좋은 강의 부탁드립니다. OOO 강사님께도 안부 전해주세요.

덧붙이자면, 강연을 마친 뒤 담당자에게 좋은 기회를 주어 고맙다는 피드백을 반드시 하기 바란다. 만약 당신이 강연을 성공적으로 마쳤다면 당신을 더욱 각인시킬 수 있고, 혹 강연을 망쳤더라도 '그래도 사람은 괜찮네'라며 긍정적으로 인식하여 나중에 강연 기회가 다시 주어질 수도 있다. 피드백의 중요성은 아무리 강조해도 지나치지 않다.

거듭 강조하지만, 스타 강사들도 강연장에는 무조건 일찍 도착한다. 자칫 여유를 부리다가 강연에 늦을 수도 있다는 것을 그들은 경험적으로 알고 있기 때문이다. 내가 볼 때 최소 30분 전에는 강연장에 도착해야 탈이 없다. 가끔 모든 강연 요청을 소화하고 싶은 욕심에 이동 시간을 빠 듯하게 잡아 헐레벌떡 강연을 다니는 강사들이 있는데, 그러다 정말 사 고 칠 수 있으니 아쉽더라도 하나는 포기하거나 일정을 최대한 조율해보 기 바란다.

한편, 강연 시간 배분에 대해서도 담당자와 확실히 커뮤니케이션하라. 이를테면 강사는 1h(60분) 강연으로 알고 다음 일정을 잡았는데 담당자 는 1.5h(90분) 강연이라고 주장하게 되면서 서로 간극을 줄이지 못해 얼 굴 붉히는 경우가 생길 수도 있으니 말이다. 때문에 어떤 프로 강사는 강 연 시간이 변경되면 차후 문제가 없도록 'OO로 변경되었음을 이상 없 이 확인함'이라는 식의 서면을 메일로 요구한다.

마지막으로, 당신 강연의 반응이 아주 좋더라도 정해진 시간에 끝내 는 습관을 가져라. 어떤 강사들은 자기 이야기에 도취되어 정해진 시간 을 초과하기도 하는데, 아무리 좋은 강연도 늘어지면 좋은 평가를 받기 어렵다.

1. 강연 장소 둘러보기 (무대, 공간, 온도 등)

2. 강연 자료 설치 및 확인하기

   (파워포인트, 음향 시설, 무선 마이크, 레이저 포인터, 화이트보드 등)

   ※ 강연장에 따라 음향 소리가 작은 경우가 있는데, 청중의 집중도에 영향이 큰 만큼 미리 체크해야 한다.

   ※ 핀마이크는 잡음이 나거나 몸에서 떨어지는 경우가 발생할 수 있기에 무선 핸드마이크를 추천한다.

3. 화장실 가기 (양치, 용변, 화장, 머리 손질 등)

4. 담당자와의 대화 (청중 특성, 교육 과정 등 질문)

5. 청중과 인사 나누기 (친근감 조성, 가급적 앞에 앉도록 유도)

나만의 스타일을 찾아라

CnE혁신연구소 곽숙철 소장의 〈우군이여, 대체 얼마나 많은 신동을 망쳐놓았는가!〉라는 글을 보면 이런 내용이 나온다.

도쿄에서 열린 청소년 서예전에서 아홉 살짜리 소년이 쓴 네 점의 작품이 화제가 되었다. 당시 일본의 유명한 서예가였던 오다 손부(小田村夫)는 이렇게 예언했다.

"미래 일본 서단에 빛나는 별이 떠오를 것이다."

그러나 20년이 흐른 뒤 이 천재 소년은 별처럼 떠오르기는커녕 이렇다 할 소식조차 들리지 않았다. 이해할 수 없었던 오다 손부는 그 소년을 찾아 나섰고, 그가 최근에 쓴 서예 작품들을 보고는 고개를 저으며 길게 탄식했다.

"모방으로 성공할 수는 없는 법. 우군이여, 대체 얼마나 많은 신동을 망쳐놓았는가!"

우군(右軍)은 중국 제일의 서예가 왕희지를 말한다. 알고 보니 왕희지의 작품에 심취한 천재 소년이 어느새 그의 필체를 따라 하고 있었던 것이다. 시간이 흐르면서 소년은 독특한 개성을 잃어버렸고, 그의 작품은 어느덧 왕희지의 것과 구분할 수 없을 정도가 되었다. 그러니 소년의 작품은 이미 예술이 아닌, 보는 이의 눈살을 찌푸리게 하는 모작에 불과했던 것이다.

— '곽숙철의 혁신 이야기' 중에서

위 이야기의 교훈이 강사 세계에도 적용될 수 있을까? 물론이다.

어느 젊은 강사의 고등학교 특강을 준비할 때의 일이다. 그는 하던 일을 관두고 프로 강사가 되기 위하여 어느 스피치 아카데미의 원장으로부터 개인 코칭까지 받았는데, 그래서인지 나는 그의 강연을 듣기도 전부터 내심 기대를 갖고 있었다. 그런데 웬걸, 막상 강연이 시작되었는데 그는 자신의 스승인 아카데미 원장의 평소 말투와 억양, 특유의 몸짓까지 그대로 모방하는 것이 아닌가? 심지어 일부 강연 내용이 중복되기도 하였다. 물론 청중은 그 사실을 몰랐겠지만 나는 단번에 알 수 있었는데, 그 이유는 그에게 코칭을 해준 원장 역시 내가 너무도 잘 아는 사람이었기 때문이다. 그때 순간적으로 내 머릿속을 스쳐간 명언 한 구절.

남의 생각, 남의 말로 이야기하지 마라.
같은 책, 같은 철학을 배운 사람에겐 통용되지 않는다.

아카데미 원장을 따라 하던 그의 모습은 마치 몸에 맞지 않는 옷을 걸친 것처럼 어색하고 부자연스러웠는데, 원장이 말할 때는 빵빵 터지던 유머도 막상 그가 하면 영 썰렁하였다. 그나마 다행인 것은 그가 어느 정도의 강연 경험이 있었기 때문에 강연을 아주 망치지는 않았다는 것인데, 담당자에게 우수한 평가를 받았던 것은 결코 아니었다.

스타 강사이지 한국사 전문가 설민석은 "후배 강사들이 '선배님처럼 되고 싶다'며 질문을 많이 한다. 하지만 '누구처럼'보다는 자기 자신의 장점을 살리는 게 맞다. 내 경우는 쇼맨십이 좋다. 그래서 강의할 때 그림도 그리고, 노래도 하고, 성대모사도 한다. 내 재능을 최대한 살려 활용하는 것이다. 다른 재능이 있는 선생님도 많다. 그런 분은 자신만의 비법으로 강의를 끌어간다. 자기 모습이 아닌 걸 무작정 따라 하면 결과가 나빠진다. 자기 자신을 살리는 게 최고의 비결이다"라고 말하였다. 나만의 스타일을 만드는 데 정답은 없다는 것이다.

한편, 나는 강사를 양성하는 기관들을 제법 아는 편인데 그들이 나에게 솔직하게 하는 말은 대략 이렇다.

"나는 타고난 말발, 순발력, 유머 감각이 있어서 청중을 울고 웃길 수 있지만 이것은 절대 가르칠 수 있는 영역이 아니기 때문에 한계를 느낀다."

스타 강사 설민석도 "사실 이건 좀 타고난 것 같다. 어릴 때부터 남 앞에 나서기를 좋아했다. 무대 체질을 타고났다"라고 하였다. 즉, 예체능 분야처럼 강사에게도 '선천 지수(선천적으로 타고난 소질)'가 존재하며, 이러한 것은 노력만으로 극복할 수 있는 성질의 것은 아니라는 뜻이다.

그렇다고 해서 실망할 필요는 없다. 당신에게 선천적 재능이 없음을 솔직히 인정하고 다른 강사들과 차별화된 강점을 찾으려는 자세를 가지면 된다. 다른 글에서 다시 언급하겠지만, 프로 강사 열 명이 있어도 장점과 매력이 모두 다른 법이다. 즉, 다른 사람의 노하우를 맹목적으로 쫓기보다는 자기 안에서 답을 찾는 것이 무엇보다 중요하다는 뜻이다. ('미니인터뷰 3. 신길자 코리아써치 경력개발연구소장(p.170)' 항목을 참조하라)

나만의 스타일, 어떻게 만드는가

그렇다면 나만의 스타일로 자리 잡은 강사는 누가 있을까?

'재미웍스' 오종철 대표는 SBS 공채 개그맨으로 데뷔했지만 웃기지 못한다는 이유로 오랜 시간 무명 세월을 보냈다. 하지만 2,000명의 개그맨 중 '원 오브 뎀'이 아닌 전 세계 하나뿐인 '소통테이너'라는 명칭을 직접 만들어 (특허까지 냈다) 강연 시장에 도전하였고, 현재 업계에서 유명한 강연 기획자이자 소통 강사가 되었다. 이렇듯 자신만의 브랜드를 구축하는 것이 나만의 스타일을 만드는 가장 바람직한 길이다.

하지만 이게 말처럼 쉬운 것은 아니다. 특히 인생 경험이 부족한 젊은 강사들은 더욱 그렇다. 이런 경우에는 남들이 체험하기 어려운 독특한 경험을 해보는 것도 대안이 될 수 있다. 최근에는 오지 마라톤으로 사막을 횡단하거나, 신혼여행으로 수백여 일간 세계 일주를 하거나, 해외에 나가 한국 문화를 알리는 등의 도전을 하고 그 경험을 책으로 쓴 뒤 강연을 다니는 젊은 친구들이 적지 않다.

프로 강사인 송진구 가천대 교수도 스페인 산티아고 순례길을 30일간 걸었던 경험을 바탕으로 『산티아고의 노란 화살표』란 책을 썼고 강연 분야를 확장하였다. 이처럼 남들이 실행하기 어려운 체험을 통해 스타일을 만드는 것도 고려해보기 바란다.

물론 누군가는 그렇게 이야깃거리를 만드는 것에 대해 안 좋게 생각할지도 모르겠다. 하지만 그렇게 생각하는 사람들은 대부분 강사 일을 하찮게 여기거나, 강사의 단점만 찾는 평론가이거나, 개구리 올챙이 적 생각 못하는 잘난 프로 강사들이니 그냥 무시해도 괜찮다.

어쨌든, 신인 때는 특정 강사를 롤모델로 삼고 그의 스타일을 철저히 복제하면서 연습할 필요가 있다. (명강사인 故 이영권 박사도 한때 시인 겸 국문학자이자 동국대학교 대학원장을 지낸 故 양주동 교수의 스타일에서 많은 영향을 받았다고 하였다) 그러나 당신이 그 단계를 넘어 진정한 프로 강사가 되려면 당신만의 독창적인 Only One 스타일로 승부하여야 한다는 것을 명심해라.

INSIGHT **나는 어떠한 강사가 되고 싶은가?**

1. 벤치마킹하고 싶은 강사 세 명을 든다면?

....

2. 그중 내 스타일에 가장 가까운 강사는 누구인가?

....

3. 내가 가진 것과 그 강사가 가진 것을 합쳐 시너지를 낼 수 있는가?

....

4. 그것을 바탕으로 뛰어들 만한 틈새시장은 어디인가?

5. 혹시 내 개성을 버리고 누군가를 흉내 내고 있지는 않은가?

6. 주변 사람들이 나에게 내리는 공통된 평가는 무엇인가?
  (그것이 당신의 아이덴티티다)

7. 나만의 필살기는 무엇인가? (내가 가장 잘 알고, 잘 가르치는 것)

8. 내 스토리에서만 얻을 수 있는 가치란 무엇인가?

9. 일상에서 이야깃거리를 찾는 편인가? 최근에 얻은 에피소드는?

10. '나는 이런 강사가 되고 싶다'를 자유롭게 표현해보라.

상대방의 언어로
말하라

앤드류 호지스의 평전을 원작으로 한 영화 〈이미테이션 게임〉은 독일 군의 비밀병기 이니그마의 암호 체계를 깨기 위한 비운의 천재 수학자 앨런 튜링의 삶을 재조명한 것이다. 천재 수학자였지만 괴팍한 외골수이 기도 했던 그는 수학의 언어에는 강했지만 사회의 언어에는 취약하여 동 료들과 늘 갈등을 빚는다. 결국 앨런 튜링은 자신의 목표를 관철시키기 위해 어색하기 짝이 없는 유머를 익히는 등 처음으로 상대방의 입장을 고려하게 되고, 마침내 동료들의 마음을 얻는 데 성공한다. 머릿속에 든 지식은 많았지만 그것을 동료들에게 전달하는 법을 몰라 괴로워하는 천 재 수학자의 모습이 인상적인 영화였다.

김창옥 휴먼컴퍼니 대표는 언젠가 방송에서 강연 잘하는 방법에 대해 이렇게 조언한 적이 있다.

"강연을 잘하기 위한 기본적인 팁은 사람들에게 맞춰주어야 한다는 겁니다. 대부분 강연을 못하는 경우는 지식이 없어서가 아니라, 지식은 많은데 자기의 언어로 하기 때문에 강연이 안 될 때가 많거든요. 제 경우에는 어떻게 상대방의 언어로 강연을 해야 잘할 수 있는지를 남들보다 조금 일찍 깨달았던 것 같아요."

지방의 어느 전문대학의 릴레이 강좌를 준비할 때의 일이다. 이 강좌에 출강하였던 강사들은 대부분 서울 4년제 명문대를 졸업하고 빛나는 사회 경력을 지닌 엘리트 강사들이었다. 문제는 그중 A라는 강사가 학생들의 수준을 전혀 고려하지 않고 전문가들이나 이해할 법한 전문용어를 사용하며 강연을 하였던 것인데, 당연히 학생들의 공감을 사지 못했고 심지어 자리를 뜨는 학생까지 속출하였다. 그런데 오히려 그는 학생들의 태도를 비난하며 현장 분위기를 더욱 싸늘하게 만들었다. 강연이 끝난 후 그는 나에게 학생들을 이해할 수 없다고 말했지만, 강연을 들었던 수백 명의 학생들은 그 강사 한 명을 이해하지 못했을지도 모른다.

반면 B 강사는 명문 K대를 나왔음에도 불구하고 시종일관 겸손한 태도로 이제 막 고등학교를 졸업한 대학 초년생들이 관심을 가질 만한 소재들을 툭툭 던지며 그들의 눈높이에 자신을 맞추어 강연을 이끌어 나갔다. 학생들의 반응도 어느 때보다 좋았고 담당자도 매우 감동하였다. 강연이 끝나고 돌아가는 길에 나는 그에게 이렇게 말했다.

"이 강좌에 가방끈 긴 강사들이 수없이 다녀갔는데 대부분 자신의 유식함만 자랑하고, 강연을 망치게 되면 학생들 수준 운운하며 핑계대기 바빴어요. 그런데 강사님은 확실히 다르네요."

위 두 강사의 결정적인 차이점은 무엇일까? A 강사는 학생들의 수준을 고려하지 않고 자기 위주로 말하기 바빴지만, B 강사는 상대방의 눈높이에 맞추어 그들이 친숙하게 느낄 만한 언어로 말했던 것이다.

상대방의 입장에서 생각하자

앞서 언급한 '청중에 대한 이해가 전부다(p.120)'라는 글에서 대학교수가 운전기사들을 대상으로 강연을 할 때면 초반부터 욕설을 하며 동질감 형성을 시도한다고 하였는데, 이러한 것이 상대방의 언어로 말하는 법의 좋은 예다. 당신이 이과 학생들을 대상으로 강연을 할 때 수식(數式)을 접목시켜 설명한다면 이과 학생들이 좀 더 친밀감을 느끼지 않겠는가? 같은 이치다.

당신이 SK텔레콤에 강연을 하러 간다면 SKT 청구서를 들고 가서 자신이 귀사의 고객임을 어필하며 요금제가 비싸다고 엄살을 떨어보라.

당신이 오비맥주에 강연을 하러 간다면 주당들은 왜 hite가 아닌 cass를 많이 마시는지에 대한 당신의 견해를 밝혀보라.

당신이 동서식품에 강연을 하러 간다면 "저는 커피는 안 마시지만 맥심은 마십니다"라는 식으로 운을 띄워 보라. 동질감이 형성되어 강연하기가 훨씬 수월해질 것이다.

실제로 위 사례들은 실제 강사들이 해당 회사에서 했던 말들이다.

한편, 어느 기관이나 그들만의 용어가 있다. 예를 들어 간호사들이 자주 하는 말 중에 '환타('환자를 탄다'의 준말로, 특정 간호사에게 환자가 몰린다는 뜻)'라는 단어가 있는데, 당신이 간호사들을 대상으로 강연을 할 때 "오늘 여기 없는 분들은 전부 환타인가요?"라고 오프닝을 시작한다면 '아, 저 강사가 우리에 대해 공부를 했구나!'라는 인상을 주게 되어 초반부터 호감을 얻고 시작할 수 있다. 이처럼 일반인들은 잘 모르는 그들만의 용어를 적절히 사용하면 매우 유용하다.

문과 출신이 '土'를 보면 '흙 토'라고 하지만 이과 출신은 '플러스, 마이너스'라고 읽는다. 영어 단어로 '정의'가 무엇이냐고 물으면 문과 출신은 'justice'라고 하지만 이과 출신은 'definition'으로 대답할 것이다. 이처럼 상대방의 언어를 파악하지 못하고 강연을 하게 되면 전혀 생각지도 못한 낭패를 볼 수 있기 때문에 강사들은 각별히 주의해야 한다.

끝으로 언어에 대한 사족을 덧붙이자면, 때로는 경어체가 아닌 반어체를 사용해야 강연이 잘되는 사람들도 있다. 내가 존경하는 멘토님의 경험담 하나.

"한번은 어느 학교에서 많은 학생들과 선생님들을 상대로 강의를 했던 적이 있는데, 선생님들이 있음을 고려해서 경어체로 말을 하다 보니 정말 엉망진창이 되고 말았어. 말을 빙빙 돌려 하게 되고, 점잖은 표현만 골라서 하다 보니 핵심적으로 전달해야 할 내용들이 두루뭉술해지면서 초점이 사라졌던 거야. 경어를 사용하게 되면 이상하게 속마음하고는 다른 표현들을 사용하게 되더라."

TIP **전문용어는 최대한 삼가라!**

전문 직업인(의사, 변호사 등)들이 대중 강연에 실패하는 가장 큰 요인은 전문용어를 남발하기 때문이다. 이런 실수를 하는 이유가 뭘까? 그들에게는 익숙한 전문용어가 청중에게는 전혀 그렇지 않기 때문이다. 이와 유사한 예를 제품 설명서에서 찾아볼 수 있는데, 최대한 쉽게 쓴 서류지만 소비자는 한 번에 이해하기가 어렵다. 왜냐하면 작성자가 세세한 사항을 다 알고 있는 기술자이기 때문이다. 마찬가지로 강연을 할 때는 아주 무지한 어린아이가 듣는다는 마음으로 전문용어는 삼가고 쉬운 말로 풀어 설명하는 습관을 길러라.

어설프게 인용하면
고생한다

과학 잡지 〈스켑틱(Skeptic)〉의 한국판 출간을 맡고 있는 바다출판사의 김인호 대표는 인터뷰에서 이런 말을 한 적이 있다.

"최근에 어떤 분으로부터 스켑틱 한국판에 어느 분의 글을 받아 실어보면 어떻겠느냐는 말을 들었다. 과학을 잘 이해하는 분이라고 했다. 강연도 많이 하더라. 근데 글을 보니 과학 정보 몇 개를 읽고 사견화 한다는 생각이 들었다. 읽고 싶은 것만 읽는 거다. 누군가가 어떤 주제를 강의 소재로 활용한다고 해서 그 사람이 그것을 제대로 이해한다고 보기는 어렵다. 이제는 누가 무슨 생각을 하느냐가 중요한 게 아니라 누구든 입증하거나 반박할 수 있는 실제가 뭐냐 하는 게 중요한 시대로 가고 있다."

나도 이 말에 전적으로 동감한다. 이제 강사들은 실체적 근거 없이 청중을 설득할 수 없는 시대를 살고 있다. 그만큼 청중이 스마트해졌기 때문이다. 과거에는 '미국의 어느 대학 연구 결과에 따르면' 하는 식의 두

루뭉술한 인용을 문제 삼지 않았다. 사실 여부를 확인할 수 있는 방법이 없었으니까. 그러나 지금은 포털 사이트 검색만으로도 얼마든지 강연 내용에 대한 진위 여부를 따질 수 있기 때문에 '설마 이런 게 문제가 되겠어?'라는 식으로 가볍게 생각했다가는 정말 큰코다칠 수 있다.

실제로 지난 2016년 5월에는 어느 스타 강사가 현대 화가의 작품을 조선시대 장승업의 작품으로 잘못 소개했다가 방송에서 하차한 적도 있었다. 이 이야기가 주는 교훈은 뭘까? 치밀한 검증을 통해 구체적인 근거와 팩트(fact)로 이야기하라는 것이다.

한편, 누군가의 권위를 빌릴 때도 주의할 점이 있다. 그것은 당신이 언급하려는 인물의 영향력에 대한 판단이다. 이게 무슨 말일까? 당신이 강연을 할 때 누군가의 사례를 드는 이유는 권위를 빌리기 위함이 아닌가? 즉, 누군가의 권위를 빌려 당신의 주장에 힘을 실어보겠다는 것이 목적일 것이다. 이것은 글을 쓸 때도 마찬가지인데 책의 추천사를 누구에게 받느냐에 따라 책의 신뢰도가 달라진다.

누군가의 권위를 빌릴 때도 '대중성(이름만 대면 누구나 알 만한 인물)', '전문성(특정 분야에 대한 전문 식견이 있는 인물)', '화제성(연예인, 스포츠인 등 이슈가 되는 인물)' 등 목적에 따라 사용해야 하는데, 이때 주의할 점은 당신은 무척 대단하다고 여기는 인물이 상대방에게는 전혀 그렇지 않을 가능성도 있다는 것이다.

자, 이제 정리를 하자. 청중은 새로운 지식을 습득하기 위하여 당신의 강연을 듣는다. 그렇다면 그 바탕에는 무엇이 깔려 있어야 할까? 바로 신뢰다. 따라서 당신이 무언가를 주장할 때는 신뢰할 만한 논문이나 신문기사, 통계 등을 함께 활용하라. 이때 구체적인 숫자를 언급하면 더욱 좋다. 숫자는 믿음을 주기 때문이다. 그저 참고만 하라고 말하자면, 프로 강사들의 경우 1시간 강연에 약 30회, 90분 강연에는 약 60회 정도 인용을 사용한다. 다시 한 번 강조하지만, 어설프게 인용하면 당신만 고생한다.

TIP 신빙성을 높이는 통계 사이트 BEST 7

1. **국가통계포털(KOSIS):** 국내·외의 주요 통계를 한곳에 모아놓아 이용자가 원하는 통계를 한 번에 찾을 수 있도록 함. *kosis.kr*

2. **한국갤럽조사연구소:** 다양한 정치·사회, 마케팅, 소비자 자료를 제공. *www.gallup.co.kr*

3. **포레스터:** 세계적인 시장조사기관으로 마케팅 및 전략, 기술 산업, 비즈니스 데이터, 기획연구자료 제공. *www.forrester.com*

4. **학술연구정보서비스(RISS):** 학위 논문 및 학술지 등의 자료를 제공하는 사이트. *www.riss.kr*

5. **국가지표체계(E-나라지표):** 정부에서 운영하는 사이트로 사회, 경제, 문화 등 다방면의 통계지표 분석자료 제공. *www.index.go.kr*

6. **주민등록 인구 통계:** 총인구, 세대, 지역별 등의 원하는 카테고리 별로 검색이 가능하며 엑셀로 다운 가능. *rcps.egov.go.kr:8081*

7. **닐슨코리아:** 국내외 소비자의 소비 형태와 미디어 이용 형태, 시장 동향과 트렌드에 대한 통합적인 인사이트 제공. *www.nielsen.com*

위기 대처 능력을 길러라

아인슈타인이 노벨 물리학상을 받았을 때의 일화다. 쏟아지는 강연 요청에 그는 하루에도 몇 번이나 똑같은 강연을 반복해야 했는데, 그러다 보니 운전기사조차 강연 내용을 암기할 정도가 되었다. 장난기가 발동한 아인슈타인은 "내일부터 자네가 내 분장을 하고 강연을 하게"라고 하였고, 정말 다음 날 운전기사가 강연을 하였다. 다행히 강연은 무사히 끝났지만 결국 문제가 터졌다. 청중 한 명이 아주 어려운 질문을 던지고 만 것이었다. 들통날 일만 남았다고 포기하려는 순간, 그는 번뜩이는 기지를 발휘하며 이렇게 외쳤다.

"아! 그 정도 질문이라면 제 기사도 답변할 수 있습니다. 기사 양반, 이쪽으로 올라와서 설명해주시오."

강사에게도 위와 같은 위기 대처 능력(순발력)이 필요하다. 한번은 어느 방송인의 강연을 준비할 때의 일이다. 진행자의 소개를 받은 방송인은

152

위풍당당하게 무대에 올랐는데 이게 웬걸, 강연장에 시계가 없는 것이었다. 스마트폰과 손목시계도 없었기 때문에 여차하면 시간 조절에 실패해 강연이 엉망이 될 수도 있는 상황이었다. (강연 도중에 시간을 물으면 되지 않느냐고? 물론 그런 강사들도 없지는 않지만 강연 중 시간을 묻는 것은 실례일 뿐 아니라 흐름도 깨진다. 이런 이유 때문에 어떤 강사는 물을 마시면서 손목시계를 슬쩍 보기도 하고, 동영상을 틀어놓고 시간을 체크하기도 하고, 현장 스태프에게 사인을 부탁하기도 하는데, 요즘에는 레이저 포인터에 타이머 기능도 있기 때문에 그런 실수를 줄일 수 있다)

어쨌든 그가 택한 방법은 이랬다. 먼저 대중에게 잘 알려진 자신의 개인기를 청중에게 유도하였는데, 여기저기서 개인기를 요청하자 그는 능청스럽게 앞에 앉은 꼬마 아이에게 말을 건넸다.

"꼬마야, 갑자기 개인기 하면 안 웃기니까 네가 30분이 딱 되면 나한테 알려줘. 그럼 그때 내가 개인기 할게. 이제부터 넌 시계만 봐야 해."

청중은 폭소를 터뜨렸다. 그렇게 30분이 지나자 꼬마뿐 아니라 객석 여기저기서 "개인기!"를 외쳐댔고, 60분 강연의 절반이 지난 것을 인지한 그는 나머지 시간을 어떻게 끌어가면 좋을지 머릿속으로 구상하며 자신의 개인기로 청중들의 웃음을 터뜨렸다. 당연히 그날 강연은 대성공이었다.

그렇다면 강사에게 위기 대처 능력이 가장 요구되는 순간은 언제일까? 바로 Q&A 시간이다. 내 경험으로 볼 때, 강연은 수준급이지만 Q&A 시간만 되면 쩔쩔매는 강사들이 의외로 많다. 돌발 질문은 전혀 예측할 수가 없기 때문에 그런 것이 아닐까 싶다.

A라는 강사가 국내 자동차 회사에 강연을 갔을 때의 일이다. Q&A 시

간이 되자 한 직원이 "강사님, 강연 잘 들었습니다. 그런데 오늘 어느 회사 차 타고 오셨나요?"라는 돌발 질문을 던졌는데, 그가 타고 온 차는 고급 외제차였기 때문에 순간 당황했다고 한다.

기업 강연에서는 이런 상황이 자주 발생하는데 OO유업의 Q&A 시간에는 "강사님, 아기 분유는 뭐 먹이시나요?"란 질문이 나와서 경쟁사 분유를 먹이던 강사가 진땀을 뺀 적도 있다고 하였다. 뿐만 아니라 강연 도중 기습적으로 질문과 지적을 하는 청중도 있는데, 언젠가 기업의 제품명을 강사가 잘못 이야기하자 청중 한 명이 "강사님, 여러 기업에서 강의하실 텐데 강연 전에 그 기업 제품명 정도는 알고 가세요"라고 말해 강사의 얼굴이 새빨개진 적도 있었다.

자, 그렇다면 Q&A 시간에 답을 잘하려면 어떻게 해야 할까? 가수 박진영은 자신의 수필집 《미안해》에서 답변을 잘하는 비결에 대해 이렇게 말했다.

나는 어렸을 때부터 모든 문제들에 대한 답을 내는 것을 좋아했다. 혼자서 몇 시간이고 계속 그 문제에 대해 고민해보고 답을 낸 후 다시 그 답을 반대 입장에서 또다시 생각해보고, 그러기를 몇 번 하고 나서 나는 그 문제에 대한 나의 최종 입장을 정하고 머릿속에 정리해두었다. 그리고 누가 그 문제에 대해 물어보면 망설일 필요 없이 곧바로 미리 정리해놓은 답을 꺼내서 말해줬다. 사람들은 나보고 말을 잘한다고 했지만 사실은 말을 잘하는 것이 아니라 내가 이미 그 문제에 대한 답을 내놓고 있었던 것이다.

그럼에도 불구하고, 당신이 정 Q&A의 답변에 자신이 없다면 어떻게 해야 할까? 방법이 없는 것은 아니다. 주최 측에 미리 양해를 구하고 사전 질문을 받거나, Q&A 대신 저자 사인회로 대체하자는 식으로 역제안을 할 수도 있다. 그러나 당신이 프로 강사를 꿈꾼다면 청중의 어떠한 질문에도 당신의 철학이 담긴 답변을 내놓을 수 있어야 하지 않을까? 당신이 청중에게 좋은 조언을 해주고 싶다면 현재에 만족하지 말고 계속해서 공부해 나가라.

故 구본형 소장은 "지식산업은 사기와 진실의 경계를 걷는 것이다. 끝없이 학습하는 사람은 좋은 조언을 해줄 수 있지만, 계속 공부하지 않는 사람들은 달변의 사기꾼으로 전락할 수 있다"라고 말했다. 나도 그 말에 전적으로 동감한다.

INSIGHT **예상 질문 생각해보기**

당신의 강연을 듣고 나올 만한 예상 질문을 10개 써보라.

1.

2.

3.

4. ......

5. ......

6. ......

7. ......

8. ......

9. ......

10. ......

유머가 없는 강연은 2% 부족하다

실무에 있다 보면 "나는 유머에 소질이 없으니 콘텐츠로만 승부하겠다"고 말하는 강사들을 종종 만난다. 물론 체질적으로 유머가 어색한 강사들도 있을 것이다. 그럼에도 불구하고 나는, 당신이 제아무리 내공이 강해도 유머 감각이 없으면 대중 강사가 될 가능성은 낮다고 믿는다. 왜 그럴까? 자기가 알고 있는 말을 뱉는 것은 쉽지만 청중의 호응을 이끌어 가면서 강연을 하려면 반드시 유머가 필요하기 때문이다. 실제로 강연 평가서를 받아보면 전문적인 강연을 하였던 강사보다 청중을 유쾌하게 웃겼던 강사의 평가가 더 높게 나온다.

그런데 유머를 자유자재로 구사한다는 것이 말처럼 쉬운 게 아니다. 사실 유머 감각도 어느 정도는 타고나기 때문이다. 같은 에피소드라도 어떤 강사는 코미디로 만들고, 어떤 강사는 다큐로 만들지 않는가? 그러나 당신의 유머 감각이 신통치 않다고 해서 체념할 필요는 없다. 본인의 노력 여하에 따라 유머 감각을 키우는 데 성공한 강사들이 내 주변에 얼마든지 있으니까 말이다.

그렇다면 프로 강사들은 어떻게 유머에 대해 감을 잡고 배워 나갔을까? 유머 감각을 키우기 위한 접근 방법을 세 가지로 정리해보았다.

첫째, 유머와 관련된 책을 자주 읽어라.

유머 감각이 탁월한 A라는 프로 강사가 입버릇처럼 하는 말이 유머집 열 권은 통달해야 한다는 것이었다. 그러나 당시 내 귀에는 '나는 유머 감각을 타고났지만 너희도 노력하면 좋아질 것이다' 정도의 격려로밖에 들리지 않았다. 그러다 얼마 전 그의 막내아들과 가진 술자리에서 "최근 아버지 서재를 청소하는데 낡은 유머집이 열 권은 족히 나왔다"라는 말을 들었다. 또한 독특한 뉴스 멘트로 알려진 前 MBC 최일구 앵커 역시 유머 감각을 키우기 위해 편의점에서 유머집 다섯 권을 사서 달달 외웠다는 소리를 듣고는 생각이 바뀌었다. (강사들의 실전 유머 기법에 대해 좀 더 알고 싶다면, 조관일 창의경영연구소 대표의《깔깔깔 강의 유머 기법》책을 읽어보라)

둘째, 코미디 프로그램을 자주 보라.

내가 아는 어느 프로 강사는 일요일마다 〈개그 콘서트〉를 챙겨 보는데 그 이유를 물어보니 "살아 있는 유머를 배울 수 있다"고 했다. 그는 방송을 유심히 본 후 거기에 나오는 유행어를 주변 사람들에게 수시로 써먹었다고 하였는데, 그 과정에서 어떤 유머에 사람들이 반응하고 같은 유머라도 어떻게 말해야 더 큰 효과가 있는지 유머에 대한 맥을 잡게 되었다고 한다. 덤으로 가족과 화목한 시간도 가지면서 말이다.

언젠가 개콘 PD의 강연을 준비한 적이 있는데 "개콘은 한 번 웃겼다고 해서 다음번 출연이 보장되는 것이 아니므로 매주가 치열한 경쟁이다"라는 말을 들었다. 실제로 개콘은 사전 오디션을 보고 수준 이하의 코너는 과감히 퇴출시키는데, PD에게는 한없이 유치한 콩트이지만 20대 작가들이 웃는 것을 보면서 '젊은 층에게는 이게 웃긴가?' 하고 긴가민가하며 방송에 내보내 보면 틀림없이 대박을 친다는 것이었다. 이 이야기가 강사들에게 주는 교훈은 뭘까? 당신이 나이 많은 시니어 강사라 하더라도 유머와 관련된 방송을 보는 것만으로도 젊은 세대의 웃음 포인트에 대한 감을 잡을 수 있다는 것이다.

셋째, 일상생활 속에서 유머 소재를 발견하라.

프로 강사들은 일상에서 '유머 거리'를 찾는 데 능숙하다. 몇 년 전 서울대공원의 말레이 곰이 탈출한 적이 있다. 앞서 언급한 최일구 前 앵커는 MBC 〈뉴스데스크〉에서 "말레이 곰, 도망가지 말레이"라고 멘트를 하여 시청자의 웃음을 자아내기도 하였고, 어떤 강사는 "이 말레이 곰이야말로 진정한 차별화를 아는 곰이다"라고 재치 있게 강연 소재로 활용하기도 하였다. 이처럼 누구나 공감할 수 있는 일상의 내용을 유머 소재로 삼는 것도 좋은 방법이다.

한편, 유머를 할 때 주의 사항이 있다.

1. 유머도 철저하게 계획적이어야 한다. 당신이 제아무리 유머 감각을 타고났다고 할지라도 현장에서 즉흥적으로 할 수 있는 유머에는 한계가 있다. 따라서 치밀하게 계획된 유머를 강연 요소요소에 골고루 배치하라. (통상적으로 10분에 한 번꼴로 웃음 포인트를 주는 것이 좋다)

2. 유머가 강연 주제와 관련성이 있어야 한나. 주세와 전혀 동떨어진 유머를 하게 되면 '재미는 있는데 그래서 어떻다는 거지?'라며 청중의 반감을 사게 되고, 이야기가 삼천포로 빠지기 쉽다.

3. 유머를 하더라도 품격 있게 하라. 어떤 강사는 분위기를 띄우기 위해 욕실을 섞어 깅연을 하는데 청중의 일부는 속 시원하다고 좋아하지만 담당자를 포함한 대다수는 인상을 찌푸릴 수도 있다. 그러니 소수의 청중이 손뼉을 치며 좋아한다고 해서 청중 전체가 즐거워하고 있다는 착각은 하지 마라. 따라서 유머를 구사할 때도 최대한 정제된 언어를 사용하는 게 좋다.

지루한 분위기를 반전시키기 위하여 강연 도중이나 후반부에 노래를 부르는 강사들도 있다. 〈우정의 무대〉, 〈대학가요제〉, 〈일요일, 일요일 밤에〉 등 최고의 인기 프로그램을 만든 스타 PD 주철환 아주대 교수는 강연 도중 자신이 자작곡 한 노래를 부르며 분위기를 띄운다. 탤런트 전원주도 〈만남〉이라는 노래를 부르며 강연을 마무리한다. 다른 한편으로는 자신의 애절한 사연을 노래로 표현하는 강사들도 있는데, 가발공장 직공에서 하버드 박사가 된 서진규 박사, 불의의 사고를 당한 가수 클론의 강원래 단장 등도 노래를 곁들인 강연을 하여 청중에게 감동을 주기도 한다.

여기서 재미있는 사실 하나. 대학교수들이 자신만만하게 대중 강연에 나섰다가 실패하는 경우가 꽤 많다. 매일같이 학생들에게 강의하는 교수들이 고전한다니 좀 의외이지 않는가? 이유는 이렇다. 대학에서는 학생들이 학점 때문에 강의가 지루하거나 졸려도 집중하지만, 대중은 흥미가 떨어지면 곧바로 외면해버리기 때문이다. 즉, 대중 강연은 대학 강의와 달라 청중이 강연을 지루하게 느끼지 않도록 흥미로운 주제나 유머를 요소요소에 가미해야만 살아남을 수 있다는 것이다.

자, 이제 유머를 하면 가벼운 사람이라는 편견을 버리자. 로날드 레이건 前 미 대통령은 총을 맞아 쓰러진 순간에도 부인에게 이런 농담을 던졌다.

"여보, 총알 피하는 걸 내가 깜빡 잊었구려."

이처럼 유머란 가벼운 사람들만 하는 것이 아니다. 웃기는 강사가 우스운 강사는 아니라는 생각을 가지고 과감히 유머에 도전하라.

TIP　　그래도 유머에 자신이 없다고?

아무리 그래도 당신은 도저히 웃길 자신이 없다고? 그럴 경우에는 재미있는 동영상을 활용하는 것도 하나의 방법이다. 나도 학생들에게 가끔 강연을 하는데, 강연 초반에 비디오 게임기 'X box'의 1분짜리 광고 영상을 틀어놓는다. 영상의 내용은 갓난아이가 산모의 뱃속을 용수철처럼 박차고 나와 엄청난 속도로 하늘로 날아오르면서 삽시간에 나이를 먹더니 졸지에 묘지에 처박히는 내용이다. 그런데 이 영상의 마지막에 'Life is Short, Play more!(인생은 짧다. 더 즐겨라!)'라는 문구와 함께 'X box'의 로고가 나오면 학생들은 '아, 게임 광고였어?' 하면서 즐거워한다. 그때 내가 마이크를 잡고 "여러분, 잘 보셨나요? 이게 여러분들 대학 생활의 속도입니다"라고 하면 학생들이 웃음을 터뜨린다. 다시 말해 당신이 유머에 영 자신이 없다면 유머를 대체할 수 있는 재미있는 동영상을 준비하라는 것이다.

※ 강연 자료를 보낼 때는 슬라이드에 동영상을 추가시킨 후, 자료와 영상 원본을 같은 폴더에 담아 보내야 한다. 다른 컴퓨터에서 작동시킬 때 파일 경로를 못 찾아 재생이 안 될 수가 있기 때문이다. 만약을 대비해 동영상 파일은 따로 준비하라.

어눌해도
진정성 있는 강연이 최고다

2015년 6월 17일, 미국 찰스턴의 흑인 교회에서 백인 우월주의자의 총기 난사로 9명이 살해당하는 비극이 발생했다. 장례식에 참석한 오바마 대통령은 추도 연설 중 〈어메이징 그레이스(영국 성공회 존 뉴턴 신부가 흑인 노예무역에 관여했던 자신의 과거를 후회하고 죄를 사해준 신의 은총에 감사한다는 내용의 찬송가)〉를 선창하였고, 6천여 명의 추모객이 합창하여 전 세계를 감동케 했다. 화해와 용서의 의미가 담긴 이 연설은 오바마 집권 2기 최고의 장면으로 꼽히기도 하였는데, 이처럼 진정성 있는 행동은 사람의 마음을 움직인다.

나는 KBS 1TV의 강연 프로그램 〈강연 100℃〉를 종종 보는데 웬만한 전문 강사의 강의를 들을 때보다 더 큰 감동을 받곤 한다. 이를테면 대장암 말기에 천 원 식당을 연 할머니의 이야기와 막노동을 하며 의대생이 된 청년의 강연은 화려하진 않지만 듣는 이에게 깊은 울림을 준다. 언젠가 업계에서 대선배로 통하는 어느 강사에게 "당신에게 최고의 강연이란 무엇입니까?"라고 물은 적이 있었는데 그가 나에게 해준 대답은 이랬다.

"강의 스킬? 그런 게 중요한 게 아니야. 어눌하더라도 진심을 담은 강의가 최고다."

2015년에 나는 50~60대 시니어들을 대상으로 하여 '인생 2막, 강사로 시작하기'란 주제로 몇 차례 강연을 한 적이 있었다. 수강생들은 이미 강사를 하고 있거나, 자신의 분야로 책을 낸 저자이거나, 주변에서 달변이란 소리를 듣던 사람들이 대부분이었다. 마지막 날 나는 수강생 전원에게 15분 스피치를 할 시간을 주었는데 그날 가장 많은 박수를 받은 사람은 누구였을까? 강연 경험이 많은 사람? 유머 감각이 풍부한 사람? 여러 자격증을 보유한 사람? 모두 아니었다. 그날 최고 강연자는 남편과의 사별, 자신의 암 투병, 아들과의 갈등과 화해 등 자신의 삶의 애환을 있는 그대로 들려준, 평소 말수 적고 조용한 어느 60대 여성이었다.

故 구본형 변화경영연구소 소장은 자신의 저서 『내가 직업이다』에서 이런 말을 했다.

껍데기가 내용을 만들어내지 못한다. 껍데기를 버려라. 겉으로 그럴듯하고 속이 비어 있는 것을 '부실'이라 한다. 껍데기를 미끼로 속이 찬 것처럼 보이게 하는 것을 '사기'라 한다. 자신에게 사기 치는 것을 '허영'이라 한다. 사기꾼에게 걸리면 반드시 잃게 된다. 마찬가지로 자신에게 사기를 쳐서는 안 된다. 스스로를 잃게 된다.

즉, 지나친 포장이나 자기 미화는 스스로에게 독이 될 수도 있다는 것이다.

진정성에 대한 다양한 시각

진정성에 대한 스타 강사들의 의견은 어떨까? 아트스피치 김미경 원장은 어느 인터넷 방송에서 이렇게 말했다.

"하고 싶은 이야기를 잘하는 사람이 최고예요. 박사는 죽어도 못하는 이야기를 한 동네 30년 사신 분은 할 수 있는 거죠. 결국 '강의를 한다'라는 것은 지어낸 말을 하는 것이 아니라 내 안에서 이미 오랫동안 묵혀서 만들어진 말을 하는 것이죠. 입은 출구에 불과해요. 이미 가슴에서 게임이 끝나니까요."

이 영상을 보고 왜 그녀가 국내 최고 강사 중 한 명인지 새삼 느낄 수 있었다.

그러나 스타 강사라고 늘 가슴 뛰는 강연을 할 수 있는 것은 아니다. 한번은 어느 스타 강사가 나에게 최근 감정 노동으로 슬럼프를 겪고 있다고 털어놓은 적이 있었다. 그때 나는 속으로 '에이, 그래도 어련히 잘하시려고'라고 생각했는데 아니나 다를까, 그날 그가 보여준 강연은 내가 평소 알던 사람이 맞나 싶을 정도로 맥 빠진 강연이었다. 평소에 반응이 좋던 강연 내용과 제스처를 그대로 사용하였지만 청중의 마음을 움직이지 못했던 것인데, 제아무리 경험 많은 베테랑 강사라 하더라도 억지로 진정성을 끌어내기란 한계가 있었던 것이다.

지식 · 정보 강연에서의 진정성

지식과 정보를 전달하는 강연에서는 어떻게 진정성을 보여줄 수 있을까? 22년차 한국사 강사인 설민석을 예로 들어보자. 최근 방송과 집필, 강연 등으로 정신없이 바쁜 와중에 역사 공부할 시간이 있느냐고 기자가 묻자 그는 이렇게 말했다.

"질문이 틀렸다. 나는 역사를 '공부'한다고 생각한 적이 없다. 생활 자체가 역사 탐구, 강의 계획에 집중돼 있다. 여기 오는 차 안에서도 모의고사 문제를 풀면서 왔다. 밥 먹으면서도 역사 관련 프로그램을 찾아보며 먹는다."

그래서 그런지 다른 스타 강사들은 방송을 몇 번 하면 콘텐츠가 바닥이 나는 데 비해 그는 tvN의 〈어쩌다 어른〉에서 한반도의 역사를 총 정리하는 릴레이 강연이 가능할 정도로 강연 콘텐츠가 풍부하다. 22년차 강사의 내공이 여기서 나오는 것이다.

더욱이 그의 아버지는 4.19 학생 대표로 늘 역사의 중요성을 강조하였다고 하는데, 목구멍이 포도청이라서 강사를 택한 사람과는 근본 자세가 다르지 않겠는가. 청중은 바보가 아니어서 강사의 말에 살아온 세월이 담겨 있는지, 전문 지식은 어느 정도 축적하였는지를 귀신같이 알아챈다. 따라서 지식과 정보 전달 위주의 강연에서 진정성을 가지려면 일차적으로 전문성을 확보하고, 관련 분야에 대한 남다른 열정과 헌신을 보여야 한다.

그런데 이러한 강연에서는 어떻게 재미와 몰입도를 높일 수 있을까? 설민석으로 돌아와서, '한국사'라고 하면 지루하고 어렵게 느끼기 마련인데 그의 강연은 역사를 몰라도 시간 가는 줄 모르고 듣게 된다. 비결은 '재미있는 강의를 만들면 된다'라는 것인데, 예를 들어 국사는 그림으로 설명하고, 근현대사 강의는 대통령 성대모사를 하고, 온라인 강의에서는 특수효과(영화 〈광해〉 등의 해설 영상이 화제가 되었다)를 사용하여 집중도를 높였다고 한다. 뿐만 아니라 그의 강연은 역사를 '연기하듯이' 재현하기 때문에 좀 더 흥미를 유발하는 것 같다.

하나 더 부언하면, 그의 강연이 몰입도가 높은 이유는 퍼포먼스 덕분이다. 그는 절대 부동자세로 강연하지 않는다. ('스피치 이렇게 하라 (2) - 비언어적 요소(p.101)' 항목을 참조하라) 에피소드에 따라 손동작을 크게 하고, 때로는 몸을 덜덜 털기도 하고, 무대에 걸터앉기도 한다. 표정은 또 어떤가? 한없이 우스꽝스러운 표정을 짓다가도, 슬픈 대목에서는 어느새 눈이 촉촉해지는 식으로 감정을 풍부하게 전달한다. 즉, 콘텐츠만으로 승부하는 것이 아니라 퍼포먼스를 효과적으로 활용하는 것인데, 그가 학부에서 연극영화과를 전공한 것이 도움이 됐는지도 모른다.

지금까지 진정성에 대한 여러 가지 이야기를 해보았다. 끝으로, 강사 세계에도 불문율이 하나 있다.

당신이 하고 싶은 이야기를 하지 말고
사람들이 당신에게 듣고 싶어 하는 이야기를 하라.

그러다 보니 자신의 경험을 극적으로 미화하여 무리수를 두는 강사들도 종종 보게 된다. 그러나 다른 한편으론 있는 그대로의 진실을 이야기하면 너무 밋밋해 청중이 외면한다는 것도 나는 경험적으로 알고 있다. 이 문제는 지금까지 나에게 상당한 갈등을 불러일으켰는데, 어느 문구를 보며 한 가지 깨달은 게 있다.

청중은 바보가 아니다.

사실 괜한 고민이었다. 결국, 세상은 가짜를 귀신같이 알아챌 테니까 말이다. 어쨌든 진정성 있는 강연이 최고라는 점을 명심하고 가슴 깊은 곳에서 우러나오는 진짜 이야기를 하라.

TIP 스토리텔링은 호소력을 담는다

오준 前 유엔 대사는 2014년 12월, "북한 주민은 우리에게 그냥 '아무나(anybodies)'가 아닙니다"라는 연설로 유엔 참가국들과 전 세계인의 가슴에 큰 감동을 안겨주었다. 서맨사 파워 주유엔 미국 대사는 "원고를 읽는 게 아니라 가슴에서 우러나오는 얘기로 안보리에서 외교관이 무엇을, 어떻게 해야 하는지 보여준 사람"이라고 평가하기도 하였는데, 아래는 오준 대사의 유엔 연설의 전문이다. 이처럼 명연설은 강연 스킬에서 나오는 것이 아니라 진정성에서 나온다.

"2년 전 한국이 유엔 안전보장이사회의 비상임 이사국으로 처음 회의에 참여했을 때 북한의 미사일과 핵 문제를 논의했습니다. 그리고 처음에 이어 오늘 이 마지막 회의에서도 북한 인권을 얘기하고 있습니다. 단지 우연의 일치겠지만 제 마음은 무겁기만 합니다. 왜냐하면 대한민국 사람들에게 북한 주민은 그저 아무나(anybodies)가 아닙니다. 대한민국 수백만 명의 이산가족에겐 아직 북쪽에 그들의 가족이 남아 있습니다. 비록 그들의 목소리를 직접 들을 수 없고 그 분단의 고통은 엄연한 현실이지만 우리는 알고 있습니다. 겨우 수백 킬로미터 떨어진 그곳에 그들이 살고 있다는 걸 말입니다.

북한인권조사위원회(COI) 보고서에 적힌 인권 침해의 참상을 읽는 우리의 가슴도 찢어지고, 탈북자들의 증언을 들으면 마치 우리가 그런 비극을 당한 것처럼 같이 울지 않을 수 없고 슬픔을 나누게 됩니다. 먼 훗날 오늘 우리가 한 일을 돌아볼 때, 우리와 똑같이 인간다운 삶을 살 자격이 있는 북한 주민을 위해 '옳은 일을 했다'고 말할 수 있게 되길 진심으로 기원합니다."

커리어를 살려 프로 강사가 된
- 신길자 코리아써치 경력개발연구소장

코리아써치 경력개발연구소 신길자 소장은 취업 포털 사이트 홍보팀장 경력을 살려 취업 관련 분야로 11년째 강연을 하고 있는 프로 강사다. 취업 커뮤니티 '언니의 취업가게' 운영자이자 대학원에서 직업 상담을 전공하고 있는 그와의 인터뷰는 직장 생활의 커리어를 살려 강사가 되려는 직장인들에게 귀감이 될 것이다.

1. 처음 강연을 하게 된 계기는 무엇인가?

6년간 취업 포털 사이트에서 홍보팀장으로 일했다. 당시 함께 일하던 대학사 업팀장이 취업 전략을 주제로 대학 강의를 해보라고 제안을 해서 처음 강연을 하게 되었다. 처음에는 부담스러워서 거절했는데, 직장 동료가 강연 오프닝과 클로징의 시범을 보여주는 등 용기를 주어서 무대에 서게 되었다. 다행히 반응이 좋아서 나중에는 업무였던 홍보 분야까지 강연하게 되었다. 처음이 어렵지 한 번 도전하고 나니 자신감도 생기고 기회도 더 찾아왔다.

2. 충분한 준비를 하고 퇴사한 건가? 퇴사 후 가장 먼저 한 일은?

준비가 충분해서 퇴사한 건 절대 아니었다. 그때는 지금보다 어렸고 용기가 더 있었던 것 같다. '반드시 강사가 되어야지'라는 생각을 했다면 퇴사를 못했을 것이다. 당시 내가 결혼도 하고, 여러모로 건강이 안 좋아지면서 퇴사를 하게 된 것이었다. 그러다가 새로운 직업을 찾는 과정에서 예전에 강연했을 때의 좋았던 기억이 자연스럽게 떠올랐고, 결국 강사에 도전하게 되었다. 하지만 막상 퇴사하고 나니 불러주는 곳이 없었다. 직장인 때와 상황이 너무 달랐다. 허전한 마음을 달랠 곳이 필요했는데, 그때 '언니네 취업가게'라는 인터넷 카페를 만들어 하루 12시간씩 카페 관리에 몰두했다. 취업 정보도 올리고 내 생각도 올렸는데, 회원들이 취업 관련 질문을 하면 나 스스로 공부하고 답을 달아주면서 하나씩 배워나갔다.

3. 다시 직장인으로 돌아간다면 강사가 되기 위해 어떤 준비를 할 것인가?

지금 하는 일을 찬찬히 기록할 것이다. 그게 나중에 책 쓰고 강연할 때 다 이야깃거리가 된다. 직장 다니면서 책을 쓰는 것은 쉽지 않겠지만 블로그 운영 정도는 할 수 있지 않을까? 블로그를 운영하면서 그날그날 일상을 다 기록할 것이다. '이게 다 나의 콘텐츠가 될 거야'라고 생각하면서 말이다.

또한 현직에 있을 때부터 다양한 강의를 적극적으로 들어놓을 것이다. 퇴사하고 나면 10만 원에서 100만 원까지 고가의 교육을 듣기가 부담스럽다. 회사에서는 자기계발 명목으로 다양한 교육을 지원해주지 않나. 직장인들을 보면 피곤해서 그런지 교육에 건성으로 임할 때가 많은데, '이게 결국 다 나의 자산이 될 거다'라고 생각하면서 적극적으로 교육을 듣고, 강사 연락처도 받아두고, 업무 기록도 잘 챙길 것이다. 그러면 독립 후 빨리 자리 잡을 수 있을 것이다.

4. 강연이나 책의 콘텐츠는 어떻게 구성하는가?

기본 뼈대는 취업 정보에서 찾는다. 하지만 취업 정보를 딱딱하게 전달하면 지루하니까 영화나 드라마 등의 일상 소재를 관찰하고 그것들을 어떻게 엮을까 고민한다. 예를 들어, 나는 팀빌딩 강의를 할 때는 유치원 미술학원 커리큘럼을 참고한다. 나이 든 성인일수록 어린이들이 하는 동작에 흥미를 느낄 수도 있기 때문이다. 이렇게 평소 생활에서 다양한 것들을 관찰하려 노력한다.

나 스스로 강연과 책의 콘텐츠를 잘 구성한다고 생각한 적은 없지만 직장 다닐 때 자료 서칭은 탁월하다는 평을 들었다. 6년간 기자들이 요청하는 이런저런 자료를 빠르게 서칭 하며 자연스럽게 훈련된 것 같다. 또한 홍보 업무 특성상 기획 기사나 잡지를 많이 읽었는데 자연스럽게 뼈대를 잡는 훈련을 하게 되었던 게 아닌가 싶다. 강사가 되기 위해 준비한 일들은 아니었지만 나중에 강의할 때 다 사용하게 되더라.

5. 책을 7권이나 썼다. 그중에 베스트셀러도 있는데 비결은 무엇인가?

운이 좋았다. 내 경우에는 옛 직장 동료가 출판사로 이직하면서 책을 낼 기회가 자연스럽게 찾아왔다. 그 친구 말이, 책을 한 번도 안 써본 작가의 원고일수록 더욱 꼼꼼히 본다고 하는데 그만큼 첫 책의 진입 장벽이 높다는 뜻이다.

나는 이전 회사에서 사장님 칼럼을 대필했는데 그게 도움이 됐다. 한번은 월간지에 실린 사장님 칼럼을 보고 출판사 두 곳에서 연락이 왔는데, 내 글을 보고 이런 제안이 온다는 게 너무 신기했다. 그때 처음으로 '나도 출판사에서 관심 가질 만한 글을 쓸 수 있구나'라는 자신감을 얻었던 것 같다.

어쨌든, 첫 책이 나왔다고 인지도가 바로 높아지진 않았다. 오히려 내가 여러

가지 아이템을 직접 기획한 끝에 나온 두 번째 책이 잘되었는데, 국립중앙도서관 이용자가 많이 찾는 책 경제 분야 3위에 오르면서 차츰 이름을 알릴 수 있게 되었다. 그때부터 지금까지 연 300회 정도 강연을 하고 있다.

두 번째 책이 잘된 후 다른 출판사 사장님이 만나자고 해서 만났다. 나는 그때 책을 쓸 여력이 없었는데 사장님이 내 강의 패턴을 묻더니 그 내용 그대로 책을 쓰자고 하였다. 이미 강의하고 있는 내용으로 쓰면 준비 기간이 짧지 않겠느냐는 것이었다. 듣고 보니 어렵지 않게 다가왔다. 그렇게 해서 300페이지 넘는 분량을 3주 만에 다 썼다. 물론 잠을 하루 4시간밖에 못 잤지만 일반적으로 책 출간까지 1년 넘게 걸리는 것에 비하면 수월했다. 머릿속 생각을 자연스럽게 글로 풀어 쓴다고 생각하면 책 쓰는 것이 그리 어려운 것만은 아닐 것이다.

6. 강연 만족도를 높이기 위해 어떤 노력을 하고 있는가?

취업과 진로 분야는 전달력뿐만 아니라 콘텐츠가 중요하다. 특히 취업에 성공한 스토리를 많이 알수록 유리하다. 나는 그런 자료들을 찾기 위해 노력했다. 신문과 책을 읽고 인터넷 커뮤니티에서도 부지런히 자료를 모았다. 하지만 남의 사례로는 부족했고 내 이야기가 필요했다. 강사는 자신의 이야기를 해야 강연에 힘이 실리기 때문이다. 하지만 나의 합격 수기는 임팩트가 약했고, 대신 내가 취업을 도와준 학생들의 이야기를 생생히 전달하려 노력했다. 가령, 간호학과 학생들을 만날 때 가장 반응이 좋은 사례는 간호학과 학생의 취업 스토리다. 그 학교 선배면 더 좋고 내가 취업을 도왔다면 더더욱 좋다. 그런 이유로 가능한 많은 사람을 만나고 그들의 취업을 적극적으로 도우려 노력했다. 강연을 하면 거기서 끝나는 게 아니라 인연을 이어가려 애썼다. 그 학교를 갈 때면 직접 만나거나 전화 통화를 하거나 온라인을 활용하기도 했는데, 지금 운영하는 커뮤니티가 그 역할을 잘해주었다.

7. 취업 분야 외에 다른 강연도 하는가?

처음에는 경력을 바탕으로 취업과 진로 분야 강연만 했다. 지금도 절반 이상은 그 주제들을 다루고 있다. 그런데 경력이 쌓이면서 강연 분야가 조금씩 확장됐다. 리더십, 직장 예절, 채용, 프레젠테이션, 글쓰기, 책 쓰기, 레크리에이션 등 다양한 분야의 강연을 하게 되었다.

어느 날, 같은 주제로 오랫동안 강연을 하면 전문성은 생기지만 시야가 좁아질 수 있겠다는 생각이 들었다. 그래서 담당자가 "혹시 이 주제로도 강연을 할 수 있습니까?"라고 나에게 물어보면 대부분 "부족하지만 준비해서 잘 진행해보겠습니다"라고 대답했다. 물론 벅찬 주제도 많았다. 그런데 언제 또 그런 기회가 오겠는가? 어려운 주제라도 일단 하겠다고 대답하고 공부했다. 부담이 되는 강연일수록 많이 물어보고 상의했다. 기회를 준 사람의 의도만 잘 반영해도 중간은 가더라. 담당자는 큰 그림을 그리고 있기 때문에 그들과 이야기를 나누면 답을 어느 정도는 찾을 수 있다. 그러는 가운데 자연스럽게 활동 범위가 넓어졌다.

8. 11년째 프로 강사로 활동할 수 있었던 원동력을 하나 꼽는다면?

한번은 어느 대학의 강연 요청을 받았는데 그전에 어떤 강사들이 다녀갔는지 담당자에게 물어보았다. 이름을 들어보니 이 분야에서 꽤 유명한 사람이었고, 이미 3년째 같은 주제로 출강을 다녀갔다고 하였다. 그런데 왜 나를 불렀는지 이유가 궁금하여 담당자에게 묻자 그가 이렇게 답했다.

"아무리 강의 실력이 뛰어나도 매번 똑같은 내용으로 강연을 하면 다시 부르지 않는다."

그때 든 생각은, 이제 막 시작한 내가 그들처럼 활동하려면 성실함밖에 없구나 하는 것이었다. 지금은 제법 경력도 쌓이고 불러주는 곳도 많아졌지만 예전에 들었던 그 말을 계속 떠올린다. 그래서 나 자신과 한 약속은, 아무리 바빠도 나를 불러준 기관의 홈페이지 정도는 꼭 훑어보고 그것과 관련된 내용을 하나라도 언급한다는 것이다.

9. 그래도 킬러 콘텐츠가 없으면 여전히 어려워 보인다. 조언을 한다면?

퇴사 후 강사가 되겠다며 세 명의 선배 강사들을 찾아갔는데 그들이 공통적으로 내게 한 말은 킬러 콘텐츠가 없다는 것이었다. 내 나름대로 취업에 관련된 경력이 있다고 생각했는데 그들이 보기에는 여전히 부족하다는 것이었다. 지금 와서 보면 내가 능력이 있어서 퇴사한 것처럼 보이지만 강사가 되려고 결심했을 때는 정말 부족한 상태였다. 전문가가 되기 위해서 나 스스로 계속 책을 썼던 것이고, 계속 카페를 운영했던 것이다. 즉, 처음부터 전문성이 있어서 강사가 된 게 아니라 계속 이쪽 분야를 파고들다 보니까 사람들이 전문성 있게 봐주게 된 것이다. 당신도 강사가 되고자 마음먹었다면 자신이 가장 하고 싶은 주제와 전달하고 싶은 메시지를 정해놓고 계속 그것에 대해 파고들며 기록해나가라. 그러면 어느 시점에는 자신도 모르게 그 방면의 전문가가 되어 있을 것이다. 물론 그때까지 버티는 것이 어렵지만, 정말 간절히 강연을 하고 싶다면 버틸 수 있는 힘도 생길 것이라고 본다.

10. 마지막으로, 강사를 꿈꾸는 사람들에게 한 말씀 부탁한다

11년 전의 나처럼 용기 있는 선택을 한 분들에게 박수를 보낸다. 강사가 되겠다고 결심하기까지 정말 고민이 많았을 것이다. 그런 고민을 거친 사람이라면 누구나 자신만의 노하우를 갖고 있을 것이다. 예전에 어떤 교직원으로부터 프로 강사 열 명의 장점을 들은 적이 있었다. 그런데 재밌는 건, 매력이 다 달랐다. 어떤 사람은 말솜씨를 타고났고, 어떤 사람은 지식이 뛰어났고, 어떤 사람은 카리스마가 있었다. 즉, 강사마다 경쟁력이 다르다는 것이다. 따라서 다른 사람의 노하우를 그저 따라 하기보다는 자기 안에서 답을 찾는 게 중요하다. 자신의 최대 강점을 파악한 다음 서브 강점을 키워보라. 그렇게 두 개의 강점이 만나면 롱런하는 강사가 될 수 있을 것이다.

제4장

프로 강사,
실전 지식 편

JYP에게 배워야 할 3가지

국내 3대 기획사 JYP 엔터테인먼트의 수장인 가수 박진영의 일상이 SBS 〈힐링 캠프〉에 방영된 적이 있었다. 그는 17년간 하루도 거르지 않고 체조(30분), 발성 연습(30분), 운동(2시간)을 하였다고 하는데, 취침 전에는 반드시 가습기를 틀고 목 주위를 따뜻하게 하여 감기를 예방하는 그의 노력에 혀를 내두른 적이 있었다. 뿐만 아니라 지갑, 전화기, 립밤, 영수증, 비타민 등등 사소한 것도 놓치지 않고 꼼꼼히 챙기는 그의 세심한 모습에 '박진영의 자기 관리'라는 키워드가 이슈가 되기도 하였는데, 어쨌든 그만한 노력이 있었기 때문에 지금의 JYP가 있지 않나 하는 생각이 든다.

나는 무대에서 대중을 상대한다는 점에서 가수와 강사가 일정 부분 유사한 점이 있다고 본다. 따라서 가수 박진영의 사례를 통해 성공하는 강사로서의 길을 모색해보는 것도 흥미로운 시도가 되지 않을까 싶다.

그렇다면 강사들이 가수 박진영을 통해 배울 수 있는 것은 무엇일까?

첫째, 박진영은 목 관리를 철저히 한다.

가수와 마찬가지로 강사도 목소리가 생명이다. 누군가는 박진영이 감기 걸릴 것을 염려하며 요란 떠는 모습을 보며 "꼭 저렇게까지 해야 해?"라고 물을지도 모르겠다. 하지만 웬만한 프로 강사들도 다 저렇게 한다. 한번 생각해보라. 강사에게 최대의 적은 감기 아닌가. 감기에 걸려 목소리가 안 나오면 강사들은 정말 괴롭다. 또한 말로 먹고사는 강사가 감기에 걸리면 장사(?)를 못하게 된다. 당신이 신인 강사라면 별로 와 닿지 않을 수도 있겠지만 한 회 강연료가 수백만 원에 달하는 프로 강사들은 어디 그런가? 물론 제아무리 용을 써도 감기는 걸리는데, 이런 경우 곧바로 병원에 가서 조기에 잡는 것이 상책이다. 독감 예방주사도 절대 잊지 마라.

한편, 박진영이 노래 연습을 하기 전에 워밍업 단계로 신체 훈련과 발성 연습을 생활화하듯 목소리로 강연을 하는 강사들 역시 호흡, 발성, 발음, 공명 등에 대한 연습이 필요하다. 외화 〈가제트〉, 〈아마데우스〉, 〈맥가이버〉 등 다수의 작품에 참여한 성우 배한성 교수는 부정확한 발음을 고치기 위하여 매일 볼펜을 입에 물고 '아, 에, 이, 오, 우'부터 '가, 갸, 거, 겨'까지 소리 내어 읽으며 피나는 연습을 했다고 하는데 이것은 발음이 부정확한 강사들에게도 추천하고 싶은 방법이다. 내가 아는 강사는 저렇게 훈련하여 사투리도 고쳤는데 목소리의 기본 요소, 구체적인 활용법 등은 전문 서적을 참고하기 바란다. (볼펜을 활용한 연습법에 대해서는 '미니 인터뷰 2. 아나운서의 스피치 – 한국영상대학교 장진주 겸임교수(p.112)'의 의견과 상충하는데 무엇이

효과적일지는 독자들이 스스로 판단하기 바란다)

둘째, 박진영은 운동을 꾸준히 한다.

언젠가 박진영에게 꿈이 무엇이냐고 물었을 때 그는 "60이 되어도 계속 무대에서 춤을 추는 것"이라고 답했다. 그러기 위해서 지금도 스트레칭과 운동을 게을리 하지 않는다고 하였는데, 그래서인지 현재 40대 중반인 그의 춤은 20대에게도 전혀 뒤지지 않고 오히려 압도하는 느낌이다. 마찬가지로, 당신이 무대에 오래 서고 싶다면 일단 체력이 뒷받침되어야 한다. 강연을 해본 사람이라면 알 것이다. 강연을 끝내고 나면 얼마나 진이 빠지는지 말이다. 무대에서 청중과 호흡하며 기운을 주고받는 강사란 직업은 강한 체력이 필수다. 따라서 당신이 박진영처럼 롱런하고 싶다면 평소 꾸준히 운동하기를 권한다.

내가 아는 시니어 강사 몇몇은 웨이트 트레이닝을 하고 난 뒤 배가 쏙 들어가고 근육질이 되어 옷발도 기가 막히게 잘 받아 훨씬 더 강사다운 면모를 갖게 되었다. 한편, 프로 강사들도 정작 자신의 건강 관리는 엉망인 경우가 많은데, 대체로 시간이 없다는 것이 그들의 변명이지만 운동은 시간이 있어서 하는 게 아니라 어떻게든 시간을 내어서 해야 하는 것 아닐까?

셋째, 박진영은 일 처리를 꼼꼼하게 한다.

여러 강사들과 일을 하다 보면 의외로 덜렁거리는 강사들을 많이 보게 되는데, 이를테면 강연 자료를 담은 usb를 가져오지 않는다든지, 강연 내용 중 꼭 포함되어야 하는 슬라이드를 빠뜨린다든지, 강연 시간과 장소를 엉뚱하게 알고 있어서 여러 사람을 애먹인다든지 등등이다.

1999년, 20대의 박진영이 쓴 에세이 『미안해』의 '실수는 용납하는 사람에게만 간다'라는 글을 보면 다음과 같은 내용이 나온다.

미국에서 음반 녹음을 마치면 나는 반드시 3개의 마스터 테이프를 만든다. 내가 탄 비행기가 사고 날지도 모르니 일단 미국 친구에게 하나 맡겨 두고, 다음은 짐칸에 하나 넣고, 마지막으로 짐이 분실될 때를 대비해 내 몸에 하나를 지닌다. 한번은 미국을 가는데 출발 전날 매니저가 전화를 걸어 여행사에서 비행기 티켓을 끊었다며 다음 날 공항에서 비행기 출발 1시간 전에 만나자고 했다. 나는 미안하지만 오늘 좀 집으로 가져다 달라고 했다. 다음날 매니저가 공항으로 오는 길에 차가 고장 날 수도 있기 때문이다.

어떤 느낌인가? 꼼꼼함을 넘어 치밀하기까지 하지 않은가? 물론 나도 저렇게까지 할 필요가 있나 싶긴 하다. 그래도 저렇게 꼼꼼한 강사를 담당자들이 우선적으로 신뢰하지 않을까?

그렇다면 강사는 어떤 점이 꼼꼼해야 할까? 강연 전 무선 마이크, 빔 프로젝터, PPT가 잘 가동되는지, 음향이 잘 나오는지 등을 체크해야 한다. 꼼꼼한 강사들은 아예 자신의 노트북을 가져온다. 간혹 현장에 노트북이 없는 경우도 있고 자료 호환이 안 될 수도 있기 때문이다. 레이저 포인터도 필수다. 한번은 어느 신인 강사가 맥북용 연결 젠더가 현장에 있겠거니 하고 가져오지 않아 낭패를 본 적이 있는데, 꼼꼼한 강사라면 이런 실수를 결코 용납하지 않을 것이다.

지금까지 가수 박진영에게 강사들이 배울 수 있는 점에 대한 생각들을 적어보았다. 지금 와서 보니 가수와 강사를 연관 지었던 것이 다소 억지스러운 설정이었다는 생각도 든다. 그래도 '철저한 목 관리', '꾸준한 운동', '꼼꼼한 일 처리', 이 세 가지는 일류 강사에게도 필요한 사항임에는 틀림없으니 반드시 유념해두길 바란다.

SUMMARY | **박진영에게 배워야 할 3가지 습관**

1. 목 관리를 철저히 하자

- 감기에 걸리면 곧바로 병원에 가자.
- 독감 예방주사는 반드시 맞자.
- 발음과 발성 연습을 생활화하자.

2. 운동을 생활화하자

- 강연은 체력이 반드시 뒷받침되어야 한다.
- 몸매 관리를 하면 훨씬 더 나은 강사다운 면모를 갖게 된다.

3. 꼼꼼하게 일을 처리하자

- 강연 자료를 철저히 준비하고, 강연 장소와 시간도 헷갈리지 않도록 주의하라.
- 강연장 환경은 어떤지, 자료는 잘 작동되는지, 빠뜨린 물건은 없는지 등을 꼼꼼히 체크하라.

세금을 낼 때 알아야 할 것들

매년 5월은 종합소득세 신고 · 납부 기간이다. 어떤 강사는 환급을 받고, 어떤 강사는 엄청난 세금을 토해낸다. 모 야구감독은 세금으로만 3억 원을 냈다고 하고, 어느 유명 인사는 "저는 강연료를 받으면 반을 사업소득으로 내야 합니다. 그래서 강연을 안 하기도 합니다"라고 나에게 말하기도 하였는데, 세금으로 목돈이 나가는 것을 경험한 프로 강사들은 아예 별도의 세금 통장을 만들어 미리 대비하기도 한다. 지금부터 강사들이 내야 하는 세금에 대해서 알아보자.

1. 원천과세(사업소득세, 기타소득세)

당신이 강연료로 100만 원을 받는다고 하자. 그런데 강연 후 당신이 받는 금액은 늘 그보다 적다. 왜 그럴까? 세금을 공제한 차액이 입금된 것인데 이를 '원천징수'라 한다. 원천징수란, 세금을 납세의무자(강사)가 직접 신고·납부하는 것이 아니라 강연료를 지급하는 측(강연의뢰기관)에서 이를 대신 이행하는 것을 말하는데, 나 역시 강사들에게 강연료를 지급할 때는 미리 원천징수를 하고 기한 내에 국세청에 신고·납부한다. (신고는 매월 할 수도 있고, 6개월에 한 번씩 총 2번 할 수도 있다)

기본적으로 원천세 신고 방식은 '사업소득'과 '기타소득', 두 가지로 나뉜다.

① 사업소득

사업소득세란 '개인이 계속적으로 행하는 사업에서 생기는 소득'을 뜻하는데, 대부분의 전문 강사들이 사업소득세 처리를 하고 있다고 보면 된다. 사업소득세는 소득세 3%와 지방소득세 0.3%(소득세의 10%)를 합산하여 총 3.3%를 원천징수하게 되는데, 예를 들어 당신이 강연료로 100만 원을 받는다면 100만 원의 3.3%인 3만3천 원을 원천징수하고 96만 7천 원을 지급받게 되는 것이다. 종합소득세 신고 시 원천징수 당한 세액은 납부할 세액에서 공제해주는데, 연간 수입 금액이 2천4백만 원 이상이면 간편 장부를 작성해야 하고, 7천5백만 원 이상이면 재무제표를 작성하여 신고해야 한다.

② 기타소득

기타소득세란 '일시적·불규칙적으로 발생하는 소득'을 뜻하는데, 일회성으로 강연을 하여 소득을 얻게 된 강사들에게 해당된다. 이때 기타소득세는 필요경비(공제되는 경비)로 인정되어 기타소득 금액의 22%를 원천징수하게 된다. 예를 들어 당신이 100만 원의 강연료를 받았다면 80%는 필요경비로 인정되고, 나머지 20%인 20만 원만 소득이 된다.

소득 금액: 100만 원 − (100만 원 × 80%) = 20만 원

여기서 기타소득 금액은 20만 원으로, 강연료를 지급한 기관은 소득 금액의 20%(주민세 포함 22%), 즉 4만4천 원을 원천징수하게 되는데 결과적으로 강사는 100만 원에서 4만4천 원을 차감한 95만6천 원을 지급받게 되는 것이다. (4.4%로 기억하면 쉽다)

원천징수 금액: 20만 원 × 22% = 44,000원

사업소득세와 마찬가지로 종합소득세 신고 시 원천징수 당한 세액은 납부할 세액에서 공제해주는데, 기타소득으로 받은 강연료가 연 1천5백만 원 미만이면 원천징수만으로 세무 처리는 끝나지만, 연 1천5백만 원을 초과하면 다른 소득과 합산되어 누진세율이 적용될 수도 있다.

단순하게 보면 사업소득(3.3%)보다 기타소득(4.4%)이 더 많은 세금을 내는 것 같지만 기타소득은 필요경비가 80%나 인정되기 때문에 종합소득세를 고려한다면 사업소득보다 세금이 줄어들 수 있다. (사업소득은 실제 들어간 필요경비를 장부로 입증해야 하는데, 입증할 수 없다면 정부가 정한 기준을 따라야 한다) 때문에 일부 강사들은 '계속적, 반복적' 강연을 하여 사업소득으로 보아야 함에도 불구하고 절세를 위하여 기타소득으로 신고해달라고 요청하

는 경우도 생긴다. 그러나 이 부분은 국세청도 주시하고 있고, 가산세까지 추징당할 가능성을 완전히 배제할 수 없기 때문에 웬만큼 세금 내고 편하게 자고 싶은 사람이라면 사업소득세로 처리하기를 권한다.

2. 종합소득세

종합소득세란 '개인에게 귀속되는 각종 소득을 종합하여 과세하는 소득세'를 뜻한다. 종합소득세에 대해서는 근로소득과 양도소득 등 각자 처한 상황이 다르기 때문에 개별적으로 보아야 한다. 따라서 당신 스스로가 세법을 공부하거나 전문가의 조언을 구하는 것이 좋다.

2017년 종합소득세 기본세율

과세표준	기본세율	누진공제
1,200만 원 이하	6%	—
1,200만 원~4,600만 원	15%	108만 원
4,600만 원~8,800만 원	24%	522만 원
8,800만 원~1억5,000만 원	35%	1490만 원
1억5,000만 원~5억 원	38%	1940만 원
5억 원 초과	40%	2940만 원

※ 계산 방법(과표 2억 원 가정) = 2억 원(과표) × 38% − 1,940만 원(누진공제) = 5,660만 원(세액)

종합소득세 신고 기간은 매년 5월 1일~31일로, 과세 기간은 전년도 1월 1일~12월 31일까지 해당된다. 만약 당신의 직전 연도 수입 금액이

2천4백만 원 미만이라면 단순경비율을 적용하게 되고, 2천4백만 원 이상~7천5백만 원 미만이라면 기준경비율을, 7천5백만 원 이상이면 복식부기 의무자가 되어 장부를 작성하여 신고해야 한다. (7천5백만 원 미만은 간편장부 대상자)

일반적으로 신인 강사가 처음 사업자를 낼 때는 세금이 거의 없는 '간이과세자'로 시작하기 마련인데, 여기서 간이과세자란 연 매출액이 4,800만 원 미만인 소규모 사업자를 뜻한다. 이들은 영수증 발급 의무가 없기 때문에 내야 할 세금도 별로 없다. 반면 소득이 높은 강사들은 종합소득세 기간에 세금 폭탄을 맞는 경우가 생기는데, 그러다 보니 어떤 강사들은 세금을 적게 내려고 제삼자의 계좌로 강연료를 넣어달라고 요구하는 경우도 간혹 있다.

어쨌든 세금 문제는 여러모로 골치 아프기 때문에 강연료를 현금으로 주는 것이 강사에게는 최고다. 그런데 강연료를 현금으로 주는 곳이 어디 있느냐고? 생각보다 많다. 이를테면 참가자들에게 회비를 걷는 친목단체(대학원우회, 총동문회 등), 강연료가 약소해 예우 차원에서 현금으로 주는 단체(비영리법인, 학생회 등), 수많은 인파가 운집해 현금 지급에 무리가 없는 단체(네트워크 마케팅, 사설학원 등), 세금을 내지 않는 종교단체(교회, 성당, 사찰) 등이 있다.

3. 부가가치세

부가가치세란 '생산과 유통 과정의 각 단계에서 창출되는 부가가치에 부과하는 세금'이다. 카드 영수증만 보아도 10%의 부가세를 쉽게 발견할 수 있는데, 강사들의 경우에는 주최 측이 전자세금계산서 발급을 요구할 때 부가세를 처음 고려하게 된다. ('전자세금계산서'를 발급하려면 일반과세자여야 하는데, 일반적으로 초보 강사들은 간이과세자로 활동하다가 점차 소득이 늘면서 일반과세자, 법인사업자로 전환하는 단계를 밟는다)

여기서 중요한 것은, 당신이 전자세금계산서를 발급할 때 부가세를 포함힐 것인지, 불포함(별도)할 것인지를 분명히 해야 한다. 왜 그럴까? 예를 들어보자. 당신이 100만 원짜리 강연을 요청받았다고 하자. 당신은 당연히 부가세(10%)를 별도로 하여 전자세금계산서를 발급하려고 할 것이다.

공급가액(강연료) 100만 원 + 세액(부가세) 10만 원 = 총 110만 원

※ 여기서 부가세 10%는 추가적인 수익이 아니라 당신이 잠시 보관하였다가 부가세 신고 기간에 납부해야 하는 세금이다.

그런데 담당자가 "부가세 포함 100만 원이 저희 예산입니다"라고 말한다면? 당신이 순수하게 벌어들인 돈은 세액을 제외한 909,091원에 불과해진다.

공급가액(강연료) 909,091원 + 세액(부가세) 90,909원 = 총 100만 원

즉, 강연료가 100만 원이라고 좋아했다가 나중에 김새는 경우가 생길 수도 있다는 것이다.

한편, 부가세는 6개월을 과세 기간으로 신고 · 납부해야 하며, 각 과세 기간을 3개월로 나누어 미리 예정 신고하도록 규정되어 있지만, 개인사업자는 1년에 2회(7.1~7.25, 다음 해 1.1~1.25), 간이과세자는 편의상 연 1회(다음 해 1.1~1.25) 신고 · 납부하면 된다.

그렇다면 이러한 세금들의 신고 · 납부는 어디서 해야 할까? 국세청 '홈택스(www.hometax.go.kr)'에 접속하면 원천세, 종합소득세뿐만 아니라 전자세금계산서 발급까지 한 번에 가능하다. 공인인증서만 있으면 누구나 이용할 수 있는데 사업자등록 및 수정 · 폐업 신고까지 가능하다. 나도 사업 초기 몇 년간은 혼자서 홈택스로 신고 · 납부하였는데, 당신이 숫자에 약하고 시간도 많지 않고 다른 생산적인 일에 몰두하는 것이 더 효과적이라 판단된다면 회계사에게 맡기는 것도 고려해보라. 월 7~10만 원선에서 기장을 맡길 수 있는 회계법인도 많다.

한편, 통상적으로 강연료를 지급받기 위해서는 강사 신분증 사본이 필요한데, 이는 세무 처리를 할 때 주민등록번호를 기입해야 하기 때문이다. 그런데 2015년부터 개인정보보호 차원에서 주민등록번호 뒷자리를 수집할 수 없게 되었다고 한다. 그러면 강사들도 주민등록번호 뒷자리를 가리고 제출해도 될까? 회계사에게 물어보니 세무 처리를 위해서는 필수적으로 주민등록번호가 필요하다고 하니 그냥 넘겨주어라. 많은 유명인들도 신분증 사본을 강연 의뢰 기관에 넘겨주지만 악용된 사례를 적어도 나는 여태까지 들어보지 못했다.

1. 원천세 : 소득이 생기는 원천(소득 수입을 지불하는 곳)에다 부과하는 세금

1) 사업소득세 (3.3%) :

개인이 계속적으로 행하는 사업에서 생기는 소득 (전문 강사들)

※ 강연료 100만원 기준 : 100만 원 − 33,000원 = 실 수령액 96만7천 원

2) 기타소득세 (4.4%) :

일시적 · 불규칙적으로 발생하는 소득 (강연을 부수적으로 하는 강사들)

※ 강연료 100만원 기준 : 100만 원 − 44,000원 = 실 수령액 95만6천 원

2. 소득세 : 개인이 얻은 소득에 대하여 부과하는 세금

2017년 종합소득세 기본세율

과세표준	기본세율	누진공제
1,200만 원 이하	6%	—
1,200만 원~4,600만 원	15%	108만 원
4,600만 원~8,800만 원	24%	522만 원
8,800만 원~1억5,000만 원	35%	1490만 원
1억5,000만 원~5억 원	38%	1940만 원
5억 원 초과	40%	2940만 원

※ 계산 방법(과표 2억 원 가정) =

2억 원(과표) × 38% − 1,940만 원(누진공제) = 5,660만 원(세액)

3. 부가세 : 다른 세금에 부가하여 부과되는 세금 (전자세금계산서 발급 시 고려)

1) 부가세(10%) 불포함(별도) 100만 원으로 전자세금계산서를 발급한다면?

　　공급가액(강연료) 100만 원 + 세액(부가세) 10만 원 = 총 110만 원

2) 부가세(10%) 포함 100만 원으로 전자세금계산서를 발행한다면?

　　공급가액(강연료) 909,091원 + 세액(부가세) 90,909원 = 총 100만 원

TIP　　세금 관련, 알아두면 유용한 사이트

- 국세청 www.nts.go.kr

- 홈택스 www.hometax.go.kr(사업, 기타소득세, 종합소득세 납부 시)

- 위택스 www.wetax.go.kr(지방소득세 납부 시)

- 행정자치부 www.moi.go.kr

- 민원24 www.miniwon.go.kr

- 한국공인회계사회 www.kicpa.or.kr

- 한국세무사회 www.kacpta.or.kr

- 기획재정부 www.mosf.go.kr

- 조세심판원 www.tt.go.kr

- 국민권익위원회 www.acrc.go.kr

- 한국조세재정연구원 www.kipf.re.kr

- 한국회계기준원 www.kasb.or.kr

- 금융감독원 www.fss.or.kr

1. 부가가치세 면세사업자로 시작하려는 경우

1) 업태: 서비스 / 종목: 강사

2) 업태: 서비스 / 종목: 강의, 집필

3) 업태: 서비스 / 종목: 강연 및 인세

※ 개인적으로 강연만 할 생각이라면 면세사업자로 시작해도 된다. 단, 교육 프로그램 운영이나 유료 세미나 등 강연 이외의 부수적 사업을 하려면 과세사업자로 등록해야 한다.

※ 2, 3번 종목의 차이는 없고, 그저 자신이 하는 일을 가장 잘 나타낼 수 있는 단어로 종목을 선택하면 된다.

2. 일반 과세자로 시작하려는 경우

1) 업태: 전문 서비스 / 종목: 경영컨설팅

2) 업태: 서비스 / 종목: 자기계발교육, 사업경영 및 관리자문

3) 업태: 소매업 / 종목: 통신판매(교육 강의)

4) 업태: 교육 서비스업 / 종목: 위탁교육훈련 서비스

※ 1번 항목은 강연 이외의 컨설팅 수입까지 고려할 때, 2번 항목은 정기 교육프로그램을 운영할 때, 3번 항목은 온라인 교육사업을 영위하려 할 때, 4번 항목은 지자체 아카데미 입찰에 일부 요구되는 종목이다.

강연료,
얼마나 받아야 할까? (1)

강연료를 받을 때 세후 금액이 지급된다는 것은 앞선 '세금을 낼 때 알아야 할 것들(p.183)' 항목에서 이미 살펴보았다. 그렇다면 강연료는 얼마나, 어떻게 받는 것이 좋을까? 여기서 먼저 당신이 염두에 두어야 할 사실은 강연을 요청하는 기관(대기업, 중소기업, 공공기관, 학교 등)마다 예산 범위가 천차만별이라는 점이다. 물론 공공기관의 경우 강연료 지급 기준이 있지만 그 또한 정부부처나 지자체, 시·도 교육청마다 정도의 차이가 있고, 담당 공무원의 재량에 따라서도 얼마든지 강연료가 달라질 수 있다는 것을 염두에 두어야 한다.

일부 강사들은 교육 프로그램 제안서 상에 강연료를 명시하거나, 연초에 새롭게 인상된 전국의 각 지역별 강연료 파일을 보내오기도 한다. 그러나 나는 이러한 방식을 별로 추천하지는 않는다. 뒤에서 다시 설명하겠지만, 강연료는 적정 수준에서 유연하게 받는 것이 좋은 인상을 남기면서 롱런하는 길이라고 생각하기 때문이다.

당신이 신인 강사라면 처음부터 강연료를 너무 따지지 말고 실전 경험만 쌓는 데 주력하라고 권하고 싶다. 왜냐하면 대가를 말하기 전에 당신이 실력 있는 강사임을 먼저 입증하는 것이 프로 강사가 되는 올바른 순서이기 때문이다. 그러나 의외로 많은 신인 강사들이 스스로를 과대평가하고 있다는 사실 또한 나는 경험적으로 알고 있다.

언젠가 어느 여성 강사에게 강연을 맡긴 적이 있었다. 강연료는 십 몇만 원 남짓이었다. 문제는 그가 자신의 처지를 고려하지 않고 동종 업계의 다른 강사들의 강연료와 비교하며 투덜거렸다는 것인데 당연히 내 기분도 좋을 리 없었다. 내 딴에는 신인 강사인 그에게 꼭 맞는 강연이라는 생각에 주선하였던 것인데 그는 '뭐 이런 돈 안 되는 강연을 맡겼나' 하고 내내 시큰둥했다. 정 내키지 않는다면 애초에 거절하면 되었는데도 말이다.

그러나 내가 보았을 때 문제는 다른 곳에 있었다. 그의 진짜 문제는 자신이 다른 강사들과 동등한 대우를 받아야 한다고 믿었던 어리석음에 있었다. 다른 강사들과 달리 그는 이제 막 강연을 시작한 병아리에 불과하다는 사실을 그 자신만 모르고 있었다. 이 일화가 주는 교훈은 무엇일까? 알량한 자존심을 앞세우지 말고, 당신이 몇 년 후 받게 될 강연료에 걸맞은 실력을 지금부터 보여주라는 것이다.

강연료를 유연하게 받으라고 내가 강조하는 이유는 크게 두 가지다.

첫째, 강사 세계도 결국 인간관계로 이루어지기 때문이다.

생각해보라. 교육 담당자와 친분이 있는 강사에게 더 많은 기회가 주어지는 것은 당연하지 않은가? 가끔 칼 같은 성격의 강사들도 지인의 행사에 무료로 강연을 해주고는 하는데, 나중에 보면 어떤 방식으로든 강사에게 은혜를 다시 갚는 것을 보면서 '결국 정을 반영해야 하는구나'라는 생각을 새삼 하게 되었다. 어쨌든 요지는 강연료를 말할 때 너무 칼같이 하지 말고, 언제든 도움을 주고받을 수 있는 관계를 유지하라는 뜻이다.

둘째, 강연료를 대책 없이 올렸다가 낭패를 볼 수도 있기 때문이다.

수년 전, 전국의 중·고등학교에서 다수의 강연을 하던 강사가 있었다. 그러던 어느 날 중·고생 강연은 돈이 안 된다고 판단했는지 그는 평소 받던 금액에서 강연료를 대폭 올렸다. 이른바 디마케팅(demarketing: '돈 안 되는' 고객을 의도적으로 줄이는 마케팅 전략)을 한 것인데, 어느 산업에서나 자연스레 나타나는 현상이지만 대중 강연을 하는 사람이 너무 '돈돈' 거리면 문제가 된다는 것을 몰랐던 것이 화근이었다. 특히 학생들을 대상으로 하는 강사라면 더더욱 그렇다. 그 후 전국의 선생님들이 그 강사에 대한 비난을 카카오스토리와 밴드에 엄청 올렸고, 그 결과 괘씸죄로 그는 중·고교 강연 시장에서 조용히 퇴출되고 말았다. 이처럼 강연료는 대단히 민감한 부분이라 각별히 조심해야 한다.

어쨌든 사정이 이렇다 보니 경력이 오래된 강사들도 강연료를 어떻게 받으면 좋을지 나에게 의견을 종종 묻는데, 그때마다 내가 하는 답변은 똑같다.

"최소한도의 액수만 정해놓고 주는 대로 받으세요."

내가 이렇게 말하는 이유는 뭘까? 간단하다. 일정만 허락한다면 금액이 조금 아쉬워도 강연하는 게 이득이지 않느냐는 것이다. 물론 시간이 금인 강사들은 당연히 기회비용에 따라 움직여야 한다.

내가 아는 60대의 강사는 홍보도 하지 않는데 강연 요청이 끊이질 않는다. 그 이유가 궁금하여 물었더니 그가 하는 말.

"강사들이 강연료 100만 원 받다가 30만 원짜리 강연은 안 하려고 하는데 저는 안 그래요. 30만 원짜리 강연도 여러 번 하면 목돈 아닌가요? 그렇게 돈만 밝히다가 시장에서 금세 퇴출당하고 맙니다."

이 업계가 소문이 얼마나 빠른지 모르냐고? 글쎄, 내가 아는 프로 강사들도 처음에는 칼같이 자르다가 강연이 뜸해지면 알음알음 다 하더라. 그럴 때는 "제가 원래 이렇게 진행 안 하는데 이번만큼만 이 금액으로 해드릴게요. 대신 다른 데에는 얘기하지 말아주세요"라고 하면 그만이다. 롱런하는 강사들을 보면 이런 걸 참 잘한다. 참고로, 에이전트로서 가장 고마웠던 말은 다음과 같다.

"강연료는 귀사에서 편하게 제안해주시면 경청하도록 하겠습니다."

돈 이야기를 직접 하는 것을 꺼리는 프로 강사들은 대개 비서(배우자, 조교, 직원 등)에게 맡기는데, 웬만큼 숙련된 비서가 아니라면 어설프게 강연료를 제시하였다가 잡을 수 있는 강연도 다 놓친다. 그러니 정 자신이 없을 때는 "책정해두신 개런티의 최고 금액을 말씀해주시면 저희 측 기준과 비교하여 진행하도록 하겠습니다"라고 말하라. 부득이 강연 진행이 어려울 경우에는 최대한 기분 나쁘지 않게 거절해야 하는데, 강연료가 터무니없이 낮은 경우를 대비하여 몇 가지 핑곗거리를 준비해두는 것이 좋다. (대학원 수업이 있다거나, 아이를 돌봐야 한다거나, 회사에 승인을 받아야 한다거나 등)

　나는 강사 세계에 대한 경험이 전무한 상태에서 창업했기 때문에 시장에서 강연료가 어떻게 책정되는지에 대해서도 전혀 무지했다. 창업 초기 내가 할 수 있었던 일이라고는 그저 거래처 예산을 강사에게 투명하게 공개하고 일정 부분의 수입 대행료를 받는 것이 전부였는데, 어떤 강사는 강연료를 좀 더 요구했지만 어떤 강사는 귀엽게 봐주기도 하였다. 그러나 그렇게 몇 년간 사업을 하였음에도 나는 정말 이렇게 일 처리를 하는 것이 맞는지에 대해서 늘 의문을 품고 있었다.

　그러다 몇 년 전, 이 업계에서 약 20여 년간 잔뼈가 굵은 선배를 만날 기회가 있었다. 그분에게 내가 가진 의문을 묻자 돌아온 대답은 "너처럼 하는 게 맞다"는 것이었다. 즉, 시장에 따로 책정된 강연료가 존재하는 것은 아니며, 주최 기관이 '부르는 게 값'이라는 것이었다. (물론 인기 강사들은 관공서 얼마, 기업 얼마, 이런 식으로 정해놓기도 하지만 섣불리 따라 하면 안 된다)

　조금 허망하게 들리기도 하였지만 따지고 보면 충분히 짐작할 수 있는 일이었다. 서론에 이야기한 것처럼 각 기관별로 강연료 기준이 다 다르기 때문에 한 명의 강사가 여러 기관으로부터 받는 강연료가 들쭉날쭉인 것은 어찌 보면 당연한 일이다.

　그러나 강연료에 대한 다른 시각도 있다. 언젠가 어떤 강사에게 강연을 요청한 적이 있었는데 그가 나에게 했던 답변은 이랬다.

　"OO의 여러 사업단으로부터 VIP 대상 강의 제안을 다수 받았는데 다 거절했습니다. 기준 이하의 금액엔 응하지 않습니다. 그게 제값을 주는 클라이언트를 위한 배려니까요."

이 또한 프로 강사의 한 유형이라 믿는다. 결국, 선택은 당신의 몫이다.

TIP   청탁금지법(김영란법) 참고 자료 1 – 사례금 상한액

사례금 상한액 (2016. 9. 권익위 자료)

- 민간 부문은 자율성 및 사례금 수준이 전문성에 의해 결정되는 시장 경제원리를 존중하여 공공부문과 상한액을 달리 설정
- (공무원, 공직유관단체 임직원) 기존 지급 기준인 행동 강령을 기초로 직급별로 구분하여 상한액을 설정

공무원	장관급 이상	차관급	4급 이상	5급 이하
공직유관단체 임직원		기관장	임원	그 외 직원
상한액	50만 원	40만 원	30만 원	20만 원

- (사립학교 교직원, 사립학교법인 · 언론사 임직원) 직급별 구분 없이 직무 관련 외부 강의 등은 사례금 상한액을 일률적으로 시간당 100만 원으로 설정
  — 공무원, 공직유관단체 임직원에도 중복하여 해당하는 경우(국공립학교 교직원, KBS · EBS 임직원 등) 공무원, 공직유관단체 임직원 상한액 기준을 적용

※ 국립대학법인 서울대학교, 국립대학법인 인천대학교, 학교법인 한국
기술교육대학교, 과학기술연합대학원대학교의 경우 공직유관단체
임직원의 상한액 기준을 적용

● 상한액은 강의 등의 경우 1시간당, 기고의 경우 1건당 상한액으로
하고, 공무원 또는 공직유관단체 임직원의 사례금 총액은 강의 시
간에 관계없이 1시간 상한액의 100분의 150에 해당하는 금액을
초과하지 못함

※ 예를 들어 차관급 공무원이 2시간의 외부 강의 등을 하는 경우 사례
금 총액은 60만 원(1시간 상한액 40만 원 + 추가 사례금 20만 원의 합계)
을 초과할 수 없음

● 상한액에는 강의료, 원고료, 출연료 등 명목에 관계없이 외부 강의
등 사례금 제공자가 외부 강의 등과 관련하여 공직자 등에게 제공
하는 일체의 사례금을 포함

— 공직자 등이 소속 기관에서 교통비, 숙박비, 식비 등 여비를 지급
받지 못한 경우에는 「공무원 여비 규정」 등 공공기관별로 적용
되는 여비 규정의 기준 내에서 실비 수준으로 제공되는 교통비,
숙박비 및 식비는 사례금에 포함되지 않음

● 국제기구, 외국정부, 외국대학, 외국연구기관, 외국학술단체, 그 밖
에 이에 준하는 외국기관에서 지급하는 외부 강의 등의 사례금 상
한액은 사례금을 지급하는 자의 지급 기준에 따름

강연료,
얼마나 받아야 할까? (2)

강연료에 대해 좀 더 실질적인 이야기를 해보자. 그 전에 먼저 이 글은 어디까지나 공공기관의 강연료 책정 방식을 기준으로 쓴 것이며, 나의 개인적인 경험을 풀어놓은 것이기 때문에 절대적일 수 없음을 미리 밝힌다. 앞의 글에서 '강연을 요청하는 기관마다 예산 범위가 천차만별이다'라고 언급하였던 점을 염두에 두고 읽어나가길 바란다.

일반적으로 신인 강사의 경우 공공기관에서는 시간당 약 20만 원, 시민단체는 약 15만 원, 학교는 약 10~20만 원 수준이며, 기업체는 시간당 약 50만 원에서 수백만 원까지 강연료 책정이 가능하다. 그러나 이것은 어디까지나 참고 사항일 뿐 교육기관의 예산에 따라 강연료는 탄력적이다. 어쨌든 당신의 가치가 높아질수록 당연히 시간당 강연료도 올라가는데, 기업의 임원이나 단체의 기관장 또는 박사급이 되면 강연료 책정 시 반영되기도 한다.

모 공공기관의 내·외부 강사료 지급 기준

등급		대상(전·현직)		지급액	
		공공 분야	민간 분야	기본 1시간	초과 시간
외래 강사	특별 1급	• 대학교 총장(급) • 장관(급),광역지방자치단체장, 　대사 • 국회의원	• 인간문화재(무형문화재보유자) • 대기업(상시근로자 수 1,000명 　이상) 총수 • 활동 경력 30년 이상의 문화예 　술, 체육, 종교, 시민단체 전문직 　종사자 및 이에 준하는 해당 분 　야 최고전문가로, 교육 운영상 　원장이 필요하다고 인정하는 　경우	₩400,000	₩250,000 (매시간)
	특별 2급	• 언론사 대표 • 공공기관·공직유관단체의 장 • 단과대학장(급) 교수 이상 • 차관(급) • 광역지방의회의원, 　기초자치단체장 • 정부 및 지자체 투자기관장, 　특별행정기관장	• 전국단위 시민단체 대표(급) • 활동 경력 20년 이상의 문화예 　술, 체육, 종교, 시민단체 전문직 　종사자 및 이에 준하는 해당 분 　야 최고전문가로, 교육 운영상 　원장이 필요하다고 인정하는 　경우	₩300,000	₩200,000 (매시간)
	일반 1급	• 대학(교) 교수 • 판·검사 • 기초지방의회의원 • 언론사 임직원 • 공공기관·공직유관단체의 임원 • 학교법인 대표 및 각급 학교의 장 • 4급 이상 공무원	• 전국 단위가 아닌 시민단체 대 　표(급) • 컨설턴트(대표 또는 석사 학위 　소지 이상) • 변호사, 전문의, 변리사, 공인회계 　사, 세무사, 감정평가사, 기술사 • 기업·기관·단체의 임원 이상 • 예술인, 종교인 • 연구 기관의 박사 학위 소지 연 　구원 • 활동 경력 10년 이상의 문화예 　술, 체육, 종교, 시민단체 전문직 　종사자 및 이에 준하는 해당 분 　야 최고전문가로, 교육 운영상 　원장이 필요하다고 인정하는 　경우	₩230,000	₩120,000 (매시간)

	일반 2급	• 대학(교) 전임강사 • 공공기관·공직유관단체의 직원 • 학교법인 직원 및 각급 학교의 교직원 이상 • 공공기관·공직유관단체의 연구원 • 5급 이하 공무원	• 연구기관의 연구원 • 일반 컨설턴트 • 활동 경력 5년 이상의 문화예술, 체육, 종교, 시민단체 전문직 종사자 및 이에 준하는 해당 분야 최고전문가로, 교육 운영상 원장이 필요하다고 인정하는 경우	₩120,000	₩100,000 (매시간)
	일반 3급	-	• 기타 상기 등급에 속하지 아니하는 자	₩80,000	₩50,000 (매시간)
사내 강사	일반	• 인재개발원 교육 또는 교육비 환급 과정에 선임된 출강 강사 • 교육용 동영상 촬영에 출연하는 직원 • (1차 시: 10분가량 콘텐츠 분량, 동영상 촬영 시 1시간 정도 소요)		₩20,000 / 시간당	
		• 보조강사가 필요한 경우 2인 분 지급		₩10,000 / 시간당	
	튜터	• 과정별 차시 수 × 수료 인원 × 100원 (과제평가 없음) • 과정별 차시 수 × 수료 인원 × 200원 (과제평가 없음)		₩200,000 상한 / 1인당 (1회 지급 기준)	

＊주의: 각 기관마다 강연료 지급 기준은 상이하기 때문에 어디까지나 참고만 하기 바람

강연료가 너무 적을 때는 어떻게 하느냐고? 방법은 있다. 기본적으로 강연료는 시간당으로 계산하기 때문에 시간을 높여서 책정해달라고 요구하면 된다. 가령, 실제로는 1시간 30분 강연을 하였지만 서류상으로는 2시간으로 처리하는 것이다. 그것이 가능하느냐고? 담당자 재량으로 얼마든지 가능하며 실무에서는 흔한 일이다. (하지만 어느 대기업은 김영란법 이후 이 관행을 없앴다) 물론 담당자가 이러한 방법에 어두운 경우도 있는데, 그럴 때는 당신이 이러한 방법도 있다는 것을 넌지시 알려줄 수도 있다.

• 강연의 시대

또한 강연료에서 세금(원천징수)은 별도로 처리해달라고 하거나(예: 강연료가 100만 원일 경우 세금을 뗀 금액을 100만 원으로 맞혀달라는 것인데, 이때 세금을 포함한 실제 강연료는 1,034,126원이다. 3.3% 사업소득세 기준), 교통비는 별도로 지급 가능한지도 물어보라. 기대치 않게 강연료를 좀 더 챙길 수 있다. 또한 당신이 책을 쓴 저자라면 강연료를 적게 받는 대신 저서를 구입하는 것이 가능한지 물어보라. 강연료 증액은 어려워도 도서구입비 명목으로 예산을 지출할 수 있는 기관도 제법 있다. 마지막으로, 당신이 공연도 가능하다면 노래나 연극을 하는 대신 강연료를 증액해달라고 요구하는 것도 방법이다.

강연료를 더 주고 싶지만 규정상 어렵다는 말은 반만 믿어라. 공공기관도 강사에 따라 '특별강사비' 명목으로 증액이 가능하고, 비영리단체라 해도 예산을 꽤 쓸 수 있는 곳도 많으니 말이다.

한번은 A라는 강사가 백화점 문화센터에서 규정 운운하며 강연료를 10만 원으로 책정하였다고 나에게 말했는데, 그 말을 들은 나는 실소를 금할 수 없었다. 왜냐하면 내가 그 백화점과 거래했던 수백만 원짜리 강연 계약서만 이미 여러 장이었기 때문이다.

여러 강사가 참여하는 아카데미의 경우 당신이 다른 강사에 비해 경쟁력이 있다고 '객관적으로' 판단된다면 강연료를 좀 더 우대해달라고 요구할 수도 있다. 당신을 꼭 섭외하고 싶은 담당자라면 다른 강사의 강연료를 줄여서라도 맞춰줄 수 있을 것이다. (그러나 능력에 자신이 없다면 섣불리 요구하지 말아야 한다) 예산이 정 부족할 경우 담당자의 재량에 따라 다른 사업 예산을 끌어 쓰는 것도 검토할 수 있음을 참고로 알아둬라.

지방 강연임에도 강연료가 실망스럽다면 숙박이 제공되는지 물어보라. 강연료는 적더라도 여행 기분을 느낄 수 있을 것이다. 참고로, 지방의 아침 강연인 경우 전날 도착해야 하기 때문에 숙박을 요구하는 것이 좋다. 또한 강연료가 좀 안 맞아도 강연에 응할 생각이라면 90분 강의를 60분만 진행하겠다고 말해보라. 몸값을 낮추지 않아서 좋고, 본전 생각도 널 날 것이다.

통상적으로 강연료는 강연 후 2주 이내에 지급하는 것이 상례다. 이때 주의할 점은 아무리 강연을 잘 마쳤다고 해도 담당자에게 "언제 입금해주실 건가요?"라고 곧바로 묻지 않는 것이다. 좋은 인상이 한순간에 다 깨진다. 물론 일부 연예인은 선지급(또는 계약금)을 요구하는 경우도 있지만 강사들은 대개 강연 후에 지급받는다. 미리 지급하면 최선을 다하지 않는 강사들이 나오기 때문에 내 입장에서도 미리 강연료를 주는 것은 꺼린다.

문제는 강연료가 제때 입금되지 않아서 애를 먹는 경우가 종종 있다는 것이다. 한번은 외국계 컨설팅사 대표에게 "강연 요청 기관으로부터 강연료를 떼인 적이 몇 번 있는데 체면상 그냥 넘겼다"라는 말을 듣기도 하였는데, 어느 분야나 사기꾼은 있기 마련인 듯하다. 사람 간의 신뢰가 생명인 강사 업계에서도 그런 사람들이 존재하는 것을 보면 말이다.

또 한번은 이런 이야기도 들었다. A라는 강사가 에이전시의 요청으로 지방 군청에서 강연을 하였는데 몇 달이 지나도 강연료가 입금이 되지 않는 것이었다. 에이전시에게 몇 차례 이야기를 해보았지만 돌아오는 대답은 "정산이 늦어지고 있으니 좀 더 기다려 달라"는 상투적인 말뿐이었다. 그러나 아무리 기다려도 입금해줄 기미가 보이지 않자 강사는 "그럼 내가 직접 군청에 전화해 강연료를 받겠다"고 응수하였더니 다음 날 칼같이 강연료가 입금되었다고 한다.

사정이 이렇다 보니 어떤 스타 강사들은 계약서를 요구하기도 한다. 아무래도 그들은 강연료가 매우 높고, 강연 취소로 인한 기회비용도 크기 때문이다. (그러나 계약서는 양날의 검이다. 강사 자신이 강연을 취소해야 하는 경우도 생기기 때문이다) 계약서를 작성할 때는 정식 계약서를 쓰는 경우도 있지만, 약식으로 '이렇게 문서화하였으니 절대 취소하지 마세요' 정도의 상징적인 문서만 오고 가는 경우도 있다. 그러나 아주 큰돈이 아니고서는 강연료 계약서를 쓰는 것은 한국적 정서와는 맞지 않으니 당신이 신인 강사라면 참고만 하고 잊어버려라.

지금까지 강연료에 대해서 알아보았다. 어디까지나 나의 생각이지만, 당신이 평생 강연을 할 사람이라면 강연료에 대해서 '많이 받으면 좋고, 적게 받으면 어쩔 수 없고' 정신을 가졌으면 좋겠다. 어쨌든 강사라는 직업은 돈도 중요하지만 누군가를 가르치고 일깨우는 데에서 더 큰 보람을 느끼는 일종의 교육자이자 지식인이라고 나는 믿기 때문이다.

국내 철학계의 선구자로 불리는 연세대 김형석 명예교수는 현재 98세임에도 왕성한 강연 활동을 하고 있다. 처음 그분과 통화를 했을 때 강연료를 어떻게 예우해드리면 좋을지 조심스레 여쭙자 그는 "그냥 봉사하는 마음인데 알아서 주십시오. 저는 그런 거 신경 쓰지 않습니다"라고 답하였다. 순간 나의 마음도 따뜻해지고, 강연료를 조금이라도 더 챙겨

드리고 싶은 마음이 저절로 들었다. 이러한 것이 참 교육자이자 지식인
의 모습이 아닐까?

Q. 사전 신고 없이 외부 강의를 한 경우 과태료 부과 대상인가?

☞ 외부 강의 등의 사전 신고를 하지 않은 경우 징계 대상에 해당한다.

Q. 휴직자가 외부 강의 등을 할 경우에도 신고를 해야 하는가?

☞ 휴직자의 경우도 사전 신고 후 외부 강의 등을 해야 하며, 초과 사례
금 수수 시에도 신고 및 반환해야 한다.

Q. 외부 강의 등의 횟수 제한은 없는가?

☞ 청탁금지법 상 외부 강의 등의 횟수 제한은 없으나, 행동 강령에서
는 제한하고 있다.

Q. 하루가 넘어가는 컨퍼런스의 경우 식비·숙박비를 주최 측에서 제공
하는 것이 가능한가?

☞ 외부 강의 등의 과정에서 제공되는 식비·숙박비 등은 외부 강의 등
사례금과 별도로 법 제8조의 금품 등 수수 금지 규정에 따라 처리
한다.

Q. 국책연구기관 연구원들이 자문하는 경우가 많은데, 이 경우도 외부 강의 등에 해당하는가?

☞ 개별적으로 자문하는 경우에는 해당되지 않지만(다만, 법 제8조의 일반적인 금품 등 수수로 규율), 회의 형태로 이루어지는 자문회의 등은 외부 강의 등에 해당한다.

스마트하게
일정 잡는 법

강연 일정을 잡다 보면 한참 전 약속한 일정에 더 좋은 조건의 강연이 뒤늦게 들어와 갈등하게 되는 경우가 종종 생긴다. 이럴 땐 미리 잡은 일정이 아주 얄밉게 느껴지는데, 일정 조율을 하는 데까지는 해보되 도무지 방법이 없다면 미련 없이 먼저 한 약속을 지켜라. 그것이 신뢰를 잃지 않고 오래가는 길이다.

이런 일이 있었다. A라는 강사에게 평소 받는 금액보다 약소한 금액의 강연을 요청하였는데 강사는 도와주는 의미로 하겠다고 나에게 답하였고, 나는 그날 정말 강연이 가능한지 몇 번이나 물어보았다. 그는 통화 중 스마트폰의 캘린더까지 확인하며 일정이 비어 있으니 염려 말라고 말했다. 당연히 나는 그 강연 일정을 최종 컨펌하였다.

그런데 며칠 후 그의 비서가 전화해서 하는 말이, 뭔가 착오가 있는 것 같은데 그날 강연이 어렵다고 하는 것 아닌가? 순간 나는 펄쩍 뛰며

"지금 무슨 소리 하느냐. 내가 직접 통화하여 일정이 비었는지 수차례 물어보았고, 그가 직접 캘린더로 확인까지 하였는데 이제 와서 번복하는 것은 내가 제안한 일정에 더 좋은 조건의 강연이 들어와 약속을 깨버리는 것으로밖에 이해할 수 없다"고 단호히 말했다. 순간 비서는 아무 말이 없더니 강사와 다시 얘기해보겠다며 전화를 끊었고, 잠시 후 다시 전화를 걸어와서는 "강사님이 그날 강연 그대로 하겠다고 하십니다"라고 하였다.

물론 고액의 강연에 마음이 더 가는 것은 당연한 심리다. 하지만 강연을 잠깐 할 것이 아니라 평생 할 생각이라면 아무리 강연료에 눈길이 가더라도 먼저 한 약속은 반드시 지켜야 한다. 한 번 잃은 신뢰를 다시 회복하기란 정말 어렵기 때문이다.

반대의 경우도 가능하다. 당신이 다른 일정을 포기하고 기껏 강연을 잡아놓았더니 주최 측에서 일방적으로 강연을 취소하기도 하는데, 대다수는 그냥 속으로 삭이고 말지만 악착같이 자기 몫을 챙기는 프로 강사들도 있다.

언젠가 어느 대학에서 A라는 강사의 강연을 요청하였다가 돌연 취소한 적이 있었다. 그 강연을 주선한 사람이 바로 나였는데, 강사에게 장문의 사과 메일을 보냈더니 이러한 답변이 돌아왔다.

"이건 좀 아닌 것 같네요. 대표님과 먼저 약속을 한지라, 같은 날 오후 시간 때 다른 강연 문의가 2개나 더 왔는데 선약이 있어 진행을 못한다고 했습니다. 하지만 이렇게 되면 강연 3개를 동시에 못하게 되는 경우와 같네요. 갑자기 학교에서 행사가 생겼다고는 하지만 매달 진행하는 것으로 알고 있는데 그러면 최소한 다음 달, 아니면 다다음 달에 강연을 진행할 수 있도록 조치를 취해주는 것이 예의가 아닐까요? 대표님은 어떻게 생각하시는지요? 답변 부탁드립니다."

결국 나는 사과의 의미로 다른 강연을 하나 부랴부랴 주선해주었고, 기분을 풀라고 강연료도 현금으로 지급해주었다.

어쨌든 사정이 이렇다 보니 스타 강사일수록 일정을 함부로 잡지 않는다. 한정된 시간에 많은 강연을 해야 하기 때문에 일단 강연료가 높은 강연 하나를 기준으로 삼고, 그 앞뒤로 이동 가능한 거리 내에서 강연을 잡는다. 이때에는 당연히 강연료가 조금 아쉬워도 응하게 된다. 대구에 사는 어떤 강사는 내가 수도권 지역의 강연을 제안하자 그 강연료에 가는 것은 무리이기 때문에 그 근처에서 또 다른 강연이 잡히면 그때 추진해보자고 말하기도 하였다.

이미 일정이 있는데 중복으로 강연이 들어온 경우 무조건 거절하지 말고 다른 요일로 조정이 가능한지 물어보라. 생각보다 많은 강사들이 "죄송합니다. 제가 그날 일정이 있네요" 하고 끊어버리는데, 주최 측에 따라 얼마든지 강연 일정을 변경할 수도 있다. 또한 담당자가 "가능한 날짜를 알려주세요"라고 하면 순진하게 아무 날짜나 말하지 말고 주최 측에서 가능한 날짜를 몇 개 알려주면 거기서 고르겠다고 하라. 그래야 엇박자가 나지 않는다.

한편, 강연 일정을 관리하는 도구들에는 어떤 것들이 있을까? 여전히 수첩을 사용하는 아날로그 세대도 있지만 요즘 강사들은 전부 스마트폰을 활용하는데, 단순히 일정을 관리하는 수준이라면 스마트폰에서 기본

제공되는 일정 관리 앱만으로도 충분하다. (그 외의 추천 앱: 구글 캘린더, 네이버 캘린더, Jorte, 쏠 캘린더) 여기에다 강연 일정을 입력하고 변경 사항이 있을 때마다 수정하면 그만인데, 요즘에는 메모와 알림 기능뿐만 아니라 사진 첨부도 가능하고, 강연장 주소도 GPS로 곧바로 기록된다.

이렇게 편리하다는 이유로 아예 메인화면에 위젯을 띄워놓고 일정을 수시로 확인하는 강사들도 있는데, 그렇다고 해서 일정 관리 앱에 대한 지나친 맹신은 금물이다. 한번은 A라는 강사가 일정을 기록해둔 스마트폰을 분실하는 바람에 모든 거래처에 전화를 걸어 강연 날짜가 언제였느냐고 물은 적도 있다. 이처럼 언제나 돌발 사태(배터리 방전, 액정 고장 등)는 발생할 수 있으니 평소 PC로 동기화를 해두거나 엑셀, 달력, 수첩 등에 반드시 함께 적어놓으라.

마지막으로, 당신에게 강연 문의가 들어오면 "혹시 저에 대해서는 어떻게 알고 연락을 주셨나요?"라고 물어보라. 어떤 경로를 통해서 강연 요청이 들어오는지를 알아야 구체적인 영업 계획을 세울 수 있기 때문이다.

SUMMARY | **강연 일정 잡는 방법**

1. 강연이 중복되면 다른 날짜로 변경 가능한지 물어보라.

2. 정 변경이 어렵다면 먼저 한 약속을 지켜서 신뢰를 잃지 마라.

3. 강연이 일방적으로 취소되면 그것에 대한 의사 표시를 조심스레 해보라.

4. 하루에 여러 일정을 잡을 때는 비싼 강연을 기준으로 앞뒤 시간으로 잡아라.

5. 지방 강연이라면 이왕 가는 김에 근처에서 한 번 더 하라.

(강연료를 조금 적게 부르는 대신 날짜를 그날로 맞춰달라고 해보라)

6. 스마트폰 일정 관리 앱을 맹신하지 마라.

(반드시 백업해둘 것)

7. 여전히 수첩을 애용하는 아날로그 세대도 많다.

8. 문의가 오면 요청 경로를 파악하라.

(영업 계획을 세울 수 있다)

의사소통은
반드시 문서로 하라

얼마 전 어느 유명 연예인으로부터 한 통의 문자를 받았다. 강연 에이전시를 통해 강연을 하였는데 한참이 지나도 강연료를 못 받았다는 것이다. 담당자에게 언제 입금되느냐고 물었더니 무책임하게도 자신은 퇴사해서 모른다며 오히려 "이 시간에 연락하는 건 실례가 아니냐"고 큰소리를 쳤다고 한다. 너무나 기가 찰 노릇에 그는 허탈해하였는데, 좋은 게 좋은 거 아니냐는 식으로 계약서를 쓰지 않았던 것이 화근이었다.

일반적으로 주최 측에게 강연료를 떼어먹히는 경우는 거의 없다. 문제는 주최 측으로부터 하청 받은 업체들이 겹겹으로 늘어서 있을 때 사고가 발생하는데, 여러 업체들이 얽혀 있다 보면 그만큼 결제 기간도 늦어지고 문제가 발생하였을 경우 책임 소재도 불분명해진다. 이런 이유 때문에 일부 유명 인사들은 에이전시나 대행업체를 통하지 않고 주최 측과 직접 소통하려 하기도 한다.

대행업체와 관련된 나의 경험담 하나. 언젠가 어느 대기업의 제작팀이라며 내게 일을 맡긴 적이 있었다. 하도 사정을 하기에 최대한 빨리 일을 해주었음에도 불구하고 약속 날짜에서 3개월이 지나도록 입금이 되지 않았다. 담당자에게 수차례 전화를 했지만 응답이 없자 나는 그의 신원부터 파악하기 시작했다. (요즘은 메일 주소나 전화번호만으로도 구글이나 페이스북에서 그 사람의 이력을 손쉽게 추적할 수 있다)

구글링으로 이메일을 검색해보니 아니나 다를까, 최초 나에게 말한 대기업 직원이 아니었고, 대학원생 신분으로 썼던 글과 대행업체 직원으로 쓴 몇몇 개의 글을 발견하였다. 그것을 보고 나는 담당자에게 이렇게 문자를 보냈다.

"○○○ 소속입니까, ○○○○ 소속입니까? 아니면 ○○대 ○○과 학생입니까? 전화 바로 하지 않으면 저 나름대로 조치를 취하겠습니다."

이를테면 선전포고를 한 것이었다. (나는 이제까지 그와 주고받은 메일과 문자 등을 모두 가지고 있었기 때문에 자신이 있었다) 몇 분의 시간이 흐른 후 그가 답문으로 하는 말이 곧 결제해줄 테니 조금만 더 기다려 달라는 것이었다.

그러나 며칠이 지났음에도 입금이 되지 않자 나는 민법 제135조를 들며 "당신이 다른 기업의 직원인 것처럼 가장하여 나와 계약을 체결한 것은 무권대리이므로, 민법 제135조에 따라 책임이 있는데 기꺼이 민사소송까지 가겠느냐"고 물었고, 바로 다음 날이 주말임에도 불구하고 칼같이 입금되었다.

실제로 강연료를 받지 못했음에도 불구하고 액수가 적어서 혹은 체면 때문에 대처하지 않는 강사들이 의외로 많다. 그러나 그러한 태도는 결국 2차 피해자를 양산할 뿐이다. 따라서 당신이 강연료를 떼이게 되었을 때는 속으로만 분통을 터뜨리지 말고 독종같이 받아내라. 궁극적으로 그러한 노력이 강사 세계 전체에 득이 되는 행동이기 때문이다.

증거를 남겨라

미국의 대중 강연자 로버트 링거(Robert J. Ringer)는 저서 『세상의 모든 거북이들에게(To be or Not to be Intimidated)』에서 "말로만 약속한 거래 뒤에는 먼지만 남을 뿐이다. 구두계약은 자살 행위와 다를 바 없다"라고 강조한다. (물론 계약 사회인 미국과 한국적 정서는 다르기 때문에 책에 나온 사례를 그대로 적용하려고 하면 곤란하다) 실제로 구두로 약속을 했음에도 나중에 '배 째라' 식으로 나오는 사람들이 주변에 널려 있지 않은가. 따라서 당신이 강사로서 억울한 일을 당하지 않으려면 담당자와 주고받은 내용은 항상 문서로 처리하는 습관을 길러두어라. 통화 내용을 녹음하는 것도 방법인데, 실제로 어느 프로 강사는 통화 연결음에서부터 '본 통화는 녹취되고 있다'라는 안내 멘트를 사용하기도 한다.

이미 몇 차례 구두 약속으로 피해를 본 강사들은 한글이나 워드 프로세서로 '강연 요청서'를 만들어 담당자의 이름과 소속, 강연료, 결제 일시 등을 꼼꼼히 챙긴다. 그래야 나중에 딴소리할 때 확실한 증거로 제시할 수 있기 때문이다. 이때 문서상에 '강연을 취소하면 강연료의 50%를 배상해야 한다'는 식으로 명시하기도 하는데, 실제로 취소 수수료를 받아내는 경우는 드물고 그저 경고의 의미 정도로 사용한다는 것도 참고로 알아둬라.

한편, 주최 측에서 사전 동의 없이 동영상을 촬영하는 경우도 있는데, 촬영을 원치 않는다면 "강연 내용의 녹화 또는 녹취는 불가합니다"라고 사전에 명시해야 한다. 언젠가 강연에 불참한 교육생을 위한 동영상을 촬영해도 되느냐는 주최 측의 요청에 어느 프로 강사는 이렇게 답했다.

"동영상 촬영은 원칙적으로 불가합니다. 참가 못하신 교육생들은 별도로 교육하시는 게 맞습니다. 동영상 파일이 공개되는 것은 원칙적으로 불가능합니다. 저의 원칙입니다. 이해해주시기 바랍니다."

또 다른 어떤 강사는 아예 이러한 내용의 메일을 사전에 고지하기도 한다.

※ 동영상 촬영 및 중계 관련

동영상 촬영이나 중계를 요청하는 곳이 더러 있어 아예 원칙을 알려드립니다.

- 동영상 촬영 및 전송은 원칙적으로 불가합니다. 동영상은 어딘가에서 상영될 수 있다는 측면에서 여러 가지 다른 준비가 필요합니다. 차림새도 그렇고, 말할 때 수위 조절도 그렇고, 무엇보다 강연하는 동안 촬영을 계속 의식하게 되어 실제 강연에 상당한 방해가 됩니다. 따라서 미리 합의되지 않은 강연 촬영은 불가합니다.
- 기업체 강연의 경우 모든 인원이 다 듣지 못하는 경우가 있습니다. 그럴 경우 생중계를 할 수 있는지 물으시는 분들이 있습니다. 사내 생중계는 가능합니다. 그러나 녹화는 불가합니다.
- 가끔 회사 내에서 소식지 같은 곳에 싣기 위해, 혹은 웹사이트에 올

리려고 동영상을 찍는 경우가 있습니다. 되도록 사진 촬영으로 권해 드립니다.

그럼에도 불구하고 막상 강연장에 카메라가 설치되어 있는 경우가 종종 있는데, 그때는 "제 강연 내용에는 저작권 자료가 포함되어 있어서 촬영을 원치 않습니다"라고 말하면 대개는 알아듣는다. 원로가수 현미의 경우 "사진 촬영은 허용할 테니 동영상은 찍지 마세요"라고 하기도 하고, 김정운 소장은 "내가 카메라 들고 있으면 신경 쓰여서 강연을 못한다"라며 객석에 직접 자제를 요청하기도 한다. 그래도 정 촬영을 하려 든다면 인터넷에 올리지 말 것을 재차 당부하거나 스케치 영상 정도만 촬영하라고 말하라. (지역 방송에서는 강연을 녹화하면 시도 때도 없이 틀어놓는 경우가 있는데, 신인 강사들은 좋을지 몰라도 프로 강사들은 콘텐츠 노출의 이유로 꺼린다)

처음에는 의사소통을 문서로 하는 것이 영 어색하고 불편할 것이다. 하지만 이러한 작은 습관이 결국은 당신의 강연 활동에 피해를 최소화시키는 안전장치가 될 것이다. 돈을 버는 것도 중요하지만 돈을 지키는 것도 그에 못지않게 중요하다는 사실을 잊지 마라.

강연의뢰서

일 시	
단체명	
담당자	
강연 장소	
휴대폰	
이메일	

인원수	
연령	
남녀 비율	
강연 주제	
강연료	
기타 참고 사항	

강사들은
어떻게 이동할까?

신인 강사들은 대부분 대중교통을 이용한다. 강연료도 적은데 유류비가 부담되기 때문이다. 앞서 살펴본 '강사도 이미지 싸움이다(p.106)' 항목에서도 언급했지만, 당신이 좋은 차를 탈 여건이 안 된다면 대중교통을 이용하는 것이 좋다. 그렇게까지 할 필요가 있느냐고? 하지만 어쩌랴. 이쪽 시장에서는 보이는 것이 중요한 것을. (그렇다고 해서 수입에 걸맞지 않게 무조건 좋은 차를 타라는 뜻은 아니다. 중고차도 고려해보라)

그렇다면 프로 강사들은 어떨까? 비교적 경제적 여유가 있는 프로 강사들은 외제차나 국산 고급 대형차를 주로 탄다. 하루 두세 개의 강연을 소화해야 하는 인기 강사들은 운전기사를 따로 두기도 하는데, 시간을 절약하기 위함이지만 사회적 지위 때문이라는 이유도 있다. 물론 프로 강사 중에도 직접 운전하는 실속 있는 강사도 있지만, 하루 강연 횟수를 2회 이상 초과하게 되면 컨디션 조절과 안전을 위해서라도 대신 운전해줄 사람이 필요하다.

반면 자차 없이 택시를 이용하거나 주최 측에 차량 제공을 요구하는 강사들도 있는데, 대다수는 그럴 만한 위치가 되는 인기 강사들이기 때문에 섣불리 따라 하지 않기 바란다.

내 경험으로 볼 때 프로 강사들에게 차는 단순히 이동 수단만은 아니었다. 어느 강사의 차 안에는 항상 여벌의 옷과 넥타이, 구두 등이 구비되어 있었는데, 그 이유를 묻자 "갑작스럽게 강연이 생기는 경우가 종종 있어요. 다른 강사가 펑크 낸 강연을 대신하게 될 때도 있거든요. 그럴 때를 대비해 차 안에 상황에 맞게 입을 수 있는 여분의 옷을 준비해둡니다"라고 답했다. 그 강사는 자신의 차를 드레스룸으로도 활용하고 있던 것인데, 바쁘게 이동하는 스타 강사에게는 김밥이나 샌드위치로 끼니를 해결하는 이동 식당이 되기도 한다.

외제 승용차를 타는 또 다른 강사는 현대자동차 강연을 갈 때마다 무척 난처하다며 조만간 현대 차로 바꿀 것이라고 말했다. '뭐 저렇게까지 할 필요 있느냐'고 반문할지도 모르겠다. 하지만 '저렇게까지' 하였기 때문에 프로 강사가 될 수 있었던 것이 아닐까?

한편, 지방 강연에는 어떻게 이동할까? 요즘에는 KTX, SRT, 우등고속이 워낙 잘되어 있어서 웬만한 유명인들도 지방 강연에는 자차를 잘 이용하지 않는다. 간혹 비행기를 타기도 하지만 사천공항처럼 서울에서 운항하는 비행 편이 몇 대 없는 경우도 있고, 김포공항으로 이동하여 탑승까지 걸리는 시간을 모두 감안한다면 오히려 KTX가 더 나은 경우도 있다.

대기업에서는 강사에 따라 차량을 지원해주는 경우도 있다. 삼성 수요사장단회의에 특강 강사로 초청을 받았던 어느 강사는 삼성 측에서 벤츠 S클래스를 보내주었다고 하였는데, 내가 일할 때 삼성에서는 체어맨을 보내준 적이 몇 번 있었다. 삼성 담당자에게 배차 기준에 대해 물어보니 강사에 따라 차등 배차하지는 않으며, 동급 배기량의 차량에서 무작위로 나간다고 한다.

마지막으로, 강사 전용 렌트카도 있다. 운전기사가 있다는 것이 일반 렌트카와의 차이점이다. 비싸지 않느냐고? 서울에서 2시간 강연 기준 8만 원 정도 든다. 집까지 바래다주기 때문에 거리에 따라 택시보다 저렴할 수도 있다. 차량도 고급 승용차다. (에쿠스, 제네시스 EQ900, 그랜저 등) 어쨌든 이름만 대면 알 만한 강사들도 자주 이용하는데, 굳이 기사나 매니저를 두지 않아도 그때그때 필요에 따라 요청할 수 있어서 좋고, 무엇보다 편안하게 일을 보거나 휴식을 취할 수 있다는 것이 가장 큰 장점이다.

꼭 서울이 아니더라도 육로로 다닐 수 있는 곳이라면 어디나 이용 가능하다. 대략적인 비용은 서울 8만 원, 경인 12만 원, 강원 15~23만 원, 충북 14~19만 원, 충남 18~22만 원, 전북 23~26만 원, 전남 28~34만 원, 경북 20~33만 원, 경남 28~34만 원, 거제도&완도 35~36만 원 선이라고 보면 되는데, 위 금액은 유류비와 통행료, 주차비까지 모두 포함된 금액이며 계산서 발행도 가능하다.

덧붙이자면, 대개 지방 연수원은 역과 터미널에서 멀리 떨어져 있는 경우가 많아 어쩔 수 없이 몇 만 원씩 주고 택시를 잡아타야 하는데, 그러한 점까지 감안한다면 렌트카를 이용하는 것이 훨씬 경제적인 편이다.

만약 차량으로는 도저히 시간을 맞출 수 없을 때는 오토바이 퀵을 부르는 것도 방법이다. 한번은 어떤 강사가 잠실 롯데호텔에서 강연을 마치고 15분 내에 수서발 SRT를 타야 한다며 나에게 오토바이 퀵을 부탁한 적이 있는데, 이렇게 급하게 오토바이를 타는 강사들의 수가 꽤 되지만 오토바이는 위험하므로 정말 급한 상황이 아니면 타지 말 것을 권한다.

TIP 지역별 이동 구간 분류

프로 강사들 중 일부는 커다란 지도를 방에 붙여두고 어떤 지역은 강연료 최소 얼마 이상, 어떤 지역에는 반드시 배차를 요구할 것 등 자기만의 원칙을 세워둔다. 다음은 전국구 강사들의 이동 구간을 '거리'와 '요금'에 따라 분류한 표인데, 당신이 잘 모르는 지역에서 강연 요청이 들어왔을 때 이 업계에서는 어떤 지역과 그 지역을 동등하게 보는지를 비교하는 데 도움이 될 것이다.

※ 숫자 오름차순으로 이동 거리 및 요금이 상승

구분	지역
1	서울 지역
2	동두천, 용인, 양지, 이천, 양평, 인천, 오산, 강화, 대부도, 안산, 수원, 가평, 남이섬
3	여주, 안성, 산정호수, 영종도, 평택, 용문, 장호원
4	음성, 천안, 홍천, 연천, 철원
5	도고, 춘천, 진천, 아산, 당진, 목천, 문막

6	원주, 충주 건설
7	청주, 조치원, 서산, 덕산, 충주, 괴산, 유구, 횡성
8	홍성, 수안보, 태안, 양구, 화천, 성우, 청원, 공주, 제천, 인제
9	칠갑산, 보광, 단양, 평창
10	대천, 대전, 안면도, 부여, 영월, 문경, 오대산, 보령, 속리산, 용평
11	논산, 서천, 옥천, 무창포, 상주, 강릉, 속초, 양양
12	금산, 전주, 군산, 영주, 대둔산, 영동, 익산, 김천, 정선
13	무주, 김제, 봉화, 삼척, 예천, 고성
14	백양사, 태백, 안동, 구미, 부안, 진안, 변산, 임실
15	함양, 고창, 장수, 성주, 칠곡
16	광주, 대구, 산청, 거창
17	화순, 영양, 영천, 단성, 해인사, 함평, 창녕
18	남원, 순창, 담양, 나주, 영광
19	부곡, 청도
20	포항, 지리산, 울진, 경주, 영암, 밀양, 목포, 진주
21	울산, 남해, 보성, 하동, 순천, 의령, 사천, 영덕
22	해남, 여수, 부산, 창원, 마산, 통영, 삼천포
23	거제도, 진도, 진해
24	고흥, 완도

교육 담당자
- 세계적 미국 기업의 인재개발그룹장

인터뷰이는 91년부터 삼성그룹에서 인사 관리 업무를 담당한 HRD Senior Manager로, 현재 세계적 미국 기업의 인재개발그룹장으로 재직 중이다. 인터뷰이의 프라이버시를 위해 신원은 밝히지 않았다. 다음 내용은 강사들이 기업 교육 담당자의 시각을 파악하는 데 참고가 될 것이다.

1. HRD가 무엇인지 간단히 소개해 달라

HRD는 다른 말로 'Talent Development(인재 개발)'라고도 하는데, 인재 양성과 관련된 것이다. 크게 봐서는 HR(인적 자원)에 속하는 한 영역이고, 일반 회사들은 종합적으로 인재를 어떻게 관리하느냐는 차원에서 Talent Management & Development로 나뉜다. 즉, HRD는 회사에서 필요로 하는 인재를 어떻게 양성할 것이냐에 관한 업무 영역이며, 여기에 따르는 것이 교육 부서인 것이다.

2. 사내 강사와 외부 강사의 차이가 궁금하다

회사별로 다르지만, 어떤 분야로 어떻게 강의하느냐에 따라 전문 강사를 초빙하기도 하고, 그때그때 사내 강사를 모시기도 한다. 예를 들어 리더십 강의 같은 경우 회사 임원이나 부서장들에게 하나의 경험과 지식을 전수하는 개념이기 때문에 한시적으로 교육을 한다. 기능 쪽은 주로 전문 강사 제도를 운영하는데, 보통은 본인의 업무가 있고 그와 더불어 회사의 정기적인 교육 프로그램에 강사 등록을 하여 교육 스케줄에 따라 강의를 준비한다.

리더십 강사의 경우는 크게 두 가지로 나뉘는데, 하나는 본인이 교안(콘텐츠)을 직접 만들어 강의하는 경우고, 다른 하나는 교육 부서에서 초안을 잡아주면 거기에 맞춰 강사가 교안을 업데이트하는 경우다. 아까 언급한 직무 교육, 특히 기능, 제조, 기술 교육 쪽의 전문 강사들은 보통 사전 작업을 통해 강의안을 만들고 주기적으로 업데이트에 같이 참여한다.

3. 내년도 교육 계획은 대략 언제 세우는가?

우리는 내년도 계획을 10월경에 세운다. 그리고 그 계획을 12월까지 마무리한다. 일반적으로 다른 회사들도 10월에 내년도 계획을 세우고, 11~12월경에 전사 전략회의 등을 거치면서 큰 방향의 계획을 설정한다.

4. 그 시점에 담당자에게 홍보하면 효과가 좋겠다

그보다 훨씬 전에 해야 한다. 왜냐하면 내년도 계획을 세운다는 것은 그에 대한 예산도 편성된다는 얘기다. 회사에서는 예산이 편성되면 어떤 새로운 것을 도입하거나 시행할 여력이 없어진다. 따라서 상반기쯤에는 본인이 어필하고 싶은 토픽이라든가 교육 프로그램을 제안해야 내년도 교육 계획에 반영될 가능성이 높다.

5. 외부 강사들은 주로 어떻게 섭외하는가? 강사가 직접 영업하는 경우는 많은가?

우리 같은 경우에는 주로 강연 에이전시들을 통해 외부 강사를 알아본다. 어떤 주제에 대한 특강 강사를 원하면 에이전시들이 각 분야에 대한 전문성과 평판을 가진 A급 강사를 추천한다. 회사의 외부 교육이라는 것은, 특정한 주제나 목적이 있을 때 그에 맞는 프로그램을 찾는 과정에서 강사를 소개받는 것이기 때문에 강사가 개별적으로 각 기업들에 대해 '내게 이런 프로그램이 있다'라는 식으로 어필하는 것은 쉽지 않다고 본다.

6. 전체 교육 과정에서 외부 강사의 비중은 얼마나 차지하는가?

고정된 비중은 없다. 다만 직무 관련된 교육은 어디나 사내 강사를 많이 쓸 것이다. 하지만 회사 생활을 하는 데 주요 역량이라고 볼 수 있는 교육들, 예를 들어 의사소통 스킬, 문제 해결 과정, 갈등 관리, OA(사무자동화) 등의 교육은 사실상 외부 강사를 많이 쓴다. 왜냐하면 그들의 강의 스킬과 콘텐츠가 훨씬 더 전문적으로 잘 설계되어 있고, 강의 내용도 트렌디하기 때문이다. 그런 교육들은 거의 외부 강사를 쓰지만, 회사 내부의 프로세스라든가 기술, 기능과 관련된 교육은 사내 강사를 쓴다.

7. 외부 강사를 볼 때 무엇을 중요하게 보는가?

그 분야에서의 전문성과 평판이다. 외부 강사는 누구를 대상으로 하느냐에 따라 차이가 있지만, 강사의 전문성을 판단할 수 있는 객관적인 기준(학교, 전공, 강의 경력)을 보게 된다. 그리고 평판이 중요하다. 강의를 했는데 평이 좋았는지는 관련 회사들을 통해 얼마든지 알 수 있다. 또 요즘에는 인터넷 동영상을 많이 참고하게 된다. 동영상을 보면 강의를 잘하는지 못하는지 실제 강의할 수 있는 역량을 평가할 수 있다.

그런데 내가 볼 때 강사에게 가장 중요한 것은 고객의 니즈에 귀를 기울이느냐 하는 것이다. 그런 부분이 몸에 체화된 강사들이 있는 반면, 어떤 강사들은 유명하긴 한데 실제 자신이 누구를 대상으로 강의하는지, 담당자가 뭘 기대하는지 등을 강의 전에 조율하지 않고 그냥 하던 대로만 강의를 전달하는 식일 경우 아무래도 현장 반응이 떨어진다.

7. 강사들의 평판은 어디서 조회하나?

강연 에이전시에서 강사를 분류해 소개해준다. 그래서 어떤 분야의 A급 강사가 누구인지 파악할 수가 있고, 우리 같은 경우는 삼성그룹 내에 있었기 때문에 강사가 삼성 관계사 어디에서 강의를 했다고 하면 바로 연락해 강의가 어땠는지를 물어볼 수 있다. 아주 중요한 강의의 경우 잘 모르는 회사라도 교육 부서에 직접 강의 평가를 물어볼 수도 있다. 그래서 훌륭한 강사라면 강의를 한 다음에 다시 교육 부서하고 연락을 해서 자기 강의에 대한 솔직한 피드백을 받아보는 게 중요하다. 그러면 그 강사가 설령 좀 미흡한 부분이 있었다 하더라도 교육 부서에서는 '이 사람이 내 이야기에 오픈되어 있구나. 앞으로 발전할 가능성이 있고, 다음에는 더 나은 강의를 하겠구나'라는 기대감을 가질 수 있기 때문에 누군가 해당 강사에 대한 평판을 묻는다면 더 긍정적인 피드백을 해주지 않을까 싶다.

8. 가장 인상 깊었던 강사는 누구인가? 그 이유는?

세 분 정도 있다. 먼저, 조벽 교수님 강의가 굉장히 좋았다. 조벽 교수님은 강연 참석자들의 의견을 미리 받아 그것을 즉석에서 반영하며 굉장히 인터렉티브하게 강의하셨다. 청중의 반응을 주시하며 즉각 반영한다는 것이 큰 강점이었다. 그리고 남이섬의 강우현 전 대표님은 실제 본인의 생각과 경험을 사진에 투영하여 지루하지 않게 강의하셨는데, 전달 매체의 선택과 본인의 스토리를 잘 접목했던 점이 굉장히 인상 깊었다. 이어령 교수님은 워낙 스토리가 탄탄하고 시대를 관망하는 인사이트가 대단한 분이다. 그저 말로만 이야기를 전달하는데도 청중을 집중시키고 압도하는 힘이 굉장했다.

9. 향후 산업 교육 시장의 미래를 전망한다면?

교육 시장은 점점 대중적이고 캐주얼하며 수요자 중심으로 변하고 있다. 예전에는 온라인 강의라 하더라도 몇 시간 교육을 인증받고 나면 나중에 고용부 환급을 받는 획일화된 교육이 많았다. 그런데 요즘에는 강의 시간도 자유롭고, 간단한 동영상도 활용하고, 교육생들이 자신에게 필요한 교육을 맞춤형으로 선택해 들을 수가 있다. 결국, 전통적인 강연 시장에 존재하던 틀이 없어지면서 교육의 채널이나 방법, 시간, 접근성 등을 다양화하는 방법으로 계속 발전해나갈 것이다.

10. 더욱 많아졌으면 좋겠다는 강의 영역이 있는지?

이미 교육 시장에는 다양한 콘텐츠가 존재한다. 관건은 소비자가 원할 때 어떤 식으로 맞춤형 강의를 제공할 것인가이다. 따라서 수요자의 니즈에 맞춰 강연을 큐레이션 해줄 수 있는 기획이 필요하다고 본다. 여행 상품도 이제는 전형적인 패키지 상품이 아니라 다양한 주제와 색을 입힌 상품들이 많이 등장하지 않았는가. 마찬가지로, 강연 시장 역시 어떻게 효과적으로 대중들의 접근성을 높이고 그들의 니즈를 유동적으로 반영하느냐, 하는 설계가 필요하다고 본다.

11. 마지막으로 프로 강사를 꿈꾸는 사람들에게 조언한다면?

조언이 아닌 바람을 말하자면, 강사들이 대중들을 '지도하고 교육한다'라는 마인드를 갖기보다, 자신이 가진 경험과 지식을 청중과 어떻게 공유할 것인가에 중점을 맞추면 좋겠다. 그러기 위해서는 교육에 대한 연구, 기업에 대한 연구, 수강생에 대한 철저한 연구를 거쳐 청중이 무엇을 바라고 어떤 식으로 이야기할 때 소통할 수 있을까를 고민해야 한다. 그게 없이 어떤 분야에서 전문성만 높인다면 전문성 교육은 될지 몰라도 진정한 소통은 불가능하기 때문이다.

두 번째는, 콘텐츠를 끊임없이 업데이트해야 한다는 것이다. 콘텐츠가 굉장히 좋은 교수님의 강의 노트도 시대가 지나면 매력 없고 다 아는 이야기가 된다. 요즘 같은 정보화시대에 콘텐츠를 계속 업데이트하지 않으면 청중에게 새롭고 참신한 것을 줄 수 없다. 아까도 말했지만, 본인 강의에 대한 평가를 두려워하지 말아야 한다. 강의를 한 다음에 교육 업체나 수강생의 피드백이 솔직히 전달될 수 있도록 마음을 열고 그것을 경청해야 지속적으로 새로운 기회를 가질 수 있을 것이다.

제5장

프로 강사, 실전 지식 편 II

자격증보다는 책을 써라

많은 강사들이 국가나 민간단체에서 주는 자격증을 따기 위해 열을 올린다. 대부분은 자격증이 있으면 뭔가 더 유리한 상황에 놓이지 않을까 하는 막연한 기대감 때문이지만, 적지 않은 강사들이 계속해서 자격증을 취득하는 것을 보면 그만한 가치가 있는 것 같기도 하다. 어디까지나 나의 생각이지만, 자격증이 주는 가장 큰 이점은 프로필에 한 줄을 더보탤 수가 있고, 담당자에게 '이러이러한 자격증도 땄는데 강연을 망치겠어?'라는 안도감을 줄 수 있다는 것 아닌가 싶다. 그럼 지금부터 자격증의 종류에 대해 먼저 알아보자.

기본적으로 자격증은 '국가자격증'과 '민간자격증' 두 가지로 나뉜다. 국가자격증은 다시 '국가기술자격(국가기술자격법에 의해 규정된 국가자격으로 한국산업인력공단, 대한상공회의소 등의 기관에서 정부로부터 위탁받아 시행. 예: 경영지도사, 청소년 상담사 등)'과 '국가전문자격(각 개별법에 규정된 자격으로 면허적 성격이 강하며, 정부부처에서 주관. 예: 변호사, 평생교육사 등)'으로 나뉘는데, 아무래도 공신력 있는 국가자격증이 민간자격증보다는 취득하기 어려운 편이다. 그렇다면 전문 강사인 당신에게 어떤 국가자격증이 도움이 될까?

간단하다. 당신의 커리어를 살릴 수 있는 자격증을 찾아서 취득하면 된다. 예를 들어 평생교육이 전공인 강사는 교육부가 주관하는 평생교육사 자격증을 취득하거나, 청소년 코칭을 주로 하는 강사는 한국산업인력공단의 청소년지도사 자격증을 따는 식이다.

반면 민간자격증이란, 국가기관이 아닌 협회나 단체 등 민간업체에서 시행하는 자격증으로 특별한 심사 과정 없이도 등록이 허용되다 보니 현재 지나치게 많은 자격증들이 난립하고 있다. 그래서인지 교육 담당자들도 강사들이 취득한 민간자격증에 대해서는 그저 참고만 할 뿐 크게 인정해주지는 않는 실정이다.

한편, 이러한 상황을 악용하여 마치 국가자격증인 양 위장하여 자격증 장사(?)를 하는 곳도 많은데, 이런 이상야릇한 자격증에 현혹되지 않으려면 자격증을 구분할 줄 알아야 한다. 가장 손쉬운 방법은 한국직업능력개발원의 민간자격정보서비스(www.pqi.or.kr)에 접속하여 공인된 자격증인지를 확인하는 것인데, 이곳에 등록되지 않은 자격증은 효력이 없으니 주의하기 바란다. (자격증과 수료증을 동등하게 생각하는 강사들도 의외로 많은데, 수료는 말 그대로 교육을 수료했다는 의미이지 해당 교육에 대한 자격의 증명이 결코 아니다)

자격증을 가진 강사들이 늘어남에 따라 강사들 간의 경쟁도 더욱 치열해지고, 그 결과 자격증에 대한 효용 가치는 갈수록 떨어지고 있다. 여기서 당신이 절대로 잊지 말아야 할 것은, 시장이 원하는 강사는 많은 수의 자격증을 소지하고 있는 강사가 아니라 강연을 탁월하게 잘하는 강사라는 사실이다. 나는 강사들이 불필요한 자격증을 따기보다는 그 노력으로 책을 쓰라고 권하는 편인데, 지금부터 책이 강사에게 어떤 의미가 있는지 알아보자.

자격증보다는 책을 써라

나는 앞서 소개한 '강사 세계에서 학력은 얼마나 중요할까?(p.35)' 항목에서 저자가 되면 석사 학위에 맞먹는 위력을 발휘한다고 언급한 바 있다. 왜 그럴까? 당신의 이름으로 쓴 책이 세상에 나오면, 당신은 그때부터 '강사'가 아닌 '저자'로 대접받게 되기 때문이다. 그리고 언론에도 알려지며 한 건, 두 건씩 책을 통한 강연도 들어오기 시작한다. (그러나 당신이 유명한 저자가 아니라면 출판사가 대대적인 홍보를 해주지는 않는다)

먼저, 책을 쓰면 좋은 점은 당신의 전문성이 축적된다는 것이다.

얇은 책을 한 권 쓰는 것도 관련 분야에 대한 공부가 필수다. 즉, 당신이 책을 쓰는 과정에서 저절로 공부가 되기 때문에 관련 분야에 대한 지식의 폭도 넓어진다. 또한 책을 쓰면 강연장에 한 권의 책을 쓴 저자로서서는 것이기 때문에 청중도 훨씬 귀를 기울인다. 책은 아무나 쓸 수 있는 것이 아니지 않은가? 그 사실을 청중도 잘 알고 있다.

둘째, 책을 쓰면 '저자'라는 타이틀이 생겨 후광효과를 얻게 된다.

당신의 학벌과 경력이 빈약하다고 가정하자. 그런데 어떤 이유에서인지 실무자는 당신을 섭외하고 싶어 한다. 그래서 당신의 프로필을 상사에게 내밀었더니 아니나 다를까, "무슨 근거로 이 강사를 부르느냐!" 불호

령을 내린다. 하지만 이때 당신의 저서가 있다면 이야기가 달라진다. "이 강사가 이러이러한 책을 쓴 저자입니다"라고 어필하면 실무자 입장에서는 보고하기에도 좋고, 일단은 그 분야의 전문성만큼은 인정받게 된다. 즉, 당신의 빈약한 경력을 어느 정도는 책으로 커버할 수 있다는 것이다.

셋째, 책을 쓰면 다양한 홍보 채널을 통해 강연 기회가 주어진다.

출판기념회, 지면광고 등을 통해 당신의 책이 세상에 노출되면서 인터뷰도 하게 되고, 경우에 따라서는 TV에도 등장할 수 있다. 당연히 강연 요청도 출간 직후 가장 많이 들어오는데, 최근에는 다양한 기관에서 '북포럼'이라는 형식으로 신간이 나온 저자들을 초청해 강연을 듣는 모임도 꽤 많아졌다. 이렇듯 당신의 저서는 강력한 홍보 도구로 활용할 수 있는 무기가 된다.

한 가지 흥미로운 것은, 당신이 책을 쓰면 포털 사이트에 '작가'로 인물 검색 등록이 된다는 것이다. (물론 모두가 등록되는 것은 아니다) 실제로 교육 담당자는 강사를 섭외하기 전에 인터넷을 검색해 강사의 지난 이력과 정보를 살펴보는데, 당신에 대한 아무런 정보도 찾아볼 수 없다면 어떻게 당신을 신뢰하겠는가? 하지만 당신이 저자가 되면 당신의 프로필도 등록되고 강사로서 공신력도 생겨 다른 강사들에 비해 나름대로 유리한 고지에 서게 된다.

무슨 책을, 어떻게 써야 할까?

책을 출간하는 데는 크게 두 가지 방법이 있다. 출판사와 정식 계약을 맺거나, 자비로 출간하는 것이다. 가장 이상적인 것은 원하는 출판사와 계약을 맺고 출간하는 것이지만 매일 수많은 원고가 도착하는 출판사 입장에서는 당신의 글이 특출 나게 매력적이지 않다면 굳이 출간할 이유를 찾기 어렵다. 그럼에도 불구하고 꼭 책을 내야겠다면 자비 출간도 고려해보라. 실제로 그런 책은 의외로 많이 출간되는데, 요즘에는 대형문고 매대에도 비치해준다.

또 다른 방법이 있다. 카카오의 콘텐츠 퍼블리싱 플랫폼인 '브런치' 공모전에 글을 기고해보는 것인데, 실제로 내가 선택한 방법이다. 대상 수상자는 책 출간뿐만 아니라 출간 지원금까지(대상 200만 원, 금상 100만 원, 은상 50만 원) 지원받게 되는데, 당신이 읽고 있는 이 책도 '브런치북 프로젝트'에 공모 후 대상을 수상한 덕분에 세상에 나올 수 있었음을 밝힌다.

책을 쓸 때는 당신의 커리어와 관련된 책을 쓰는 것이 아무래도 좋다. 요즘 젊은 강사들은 취미생활 수준의 생각들을 책으로 많이 내는데, 개인적으로 별로 추천하는 방식은 아니다. 왜냐하면 한시적으로 그러한 부류의 강연은 들어올지 몰라도 길게 보았을 때 커리어에 별 도움이 되지 않기 때문이다. 설사 팔리지 않는다 하더라도 자신의 분야와 관련된 책을 자꾸 내놓아야 전문가로서의 몸값이 높아진다.

한편, 관련성 없이 여러 주제를 다루는 저자가 있고 한 분야만 집중적으로 파는 저자도 있는데, 에이전트인 나의 입장에서 반기는 강사는 비록 관련성이 없는 주제더라도 이것저것 다양한 저서를 출간한 경우다. 왜냐하면 강사로서 활용도가 높기 때문이다. 예를 들어, A라는 스피치 강사가 '이미지 관리'에 대한 책을 썼다면 나는 그를 스피치뿐만 아니라 이미지 강사로도 추천할 수 있다. 즉, 강사 입장에서도 강연할 수 있는 운신의 폭이 넓어지는 셈인데, 이런 이유 때문에 거미줄처럼 여러 분야에 걸쳐 수십 권이 넘는 책을 쓰는 강사들도 있는 것이다.

책을 쓰는 저자의 특성으로는 단기간에 몰아서 쓰는 강사도 있고, A4 한 장 분량을 매일 꾸준하게 쓰는 강사도 있다. 누구에게도 방해받지 않는 새벽 시간에 쓰는 것이 가장 좋겠지만 각자가 처한 상황이 다를 테니 본인에게 맞는 시간대를 찾아보라. 참고로, 바쁜 강사들은 강연 비수기인 연초나 여름 시즌에 책을 많이 쓴다.

당신이 글 쓰는 솜씨가 형편없어서 책 쓰기는 아무래도 무리라고? 이때는 대필 작가의 도움을 받으면 되는데, 실제로 그들의 손을 거친 유명 강사들의 책이 시중에 적지 않다.

마지막으로, 당신이 직장인인데 대체 언제 책을 쓰냐고? 내가 아는 어느 대기업에 다니는 강사는 마케팅 분야에 십여 년간 몸담았는데, 주말 시간을 몽땅 바쳐 마케팅과 관련된 책을 냈다. 그것이 얼마나 힘든지 알기 때문에 먼저 책을 낸 또 다른 직장인 강사뿐 아니라 상사에게도 인정을 받았고, 지금은 주말을 이용해 꽤 많은 강연을 다니고 있다. 직장인 강사들이 극복해야 할 것은 '고과 관리'와 '주변의 눈치'일 것이다. 하지만 기필코 책을 써야겠다는 강한 열망으로 자신의 책을 써낸 직장인들을 나는 한두 명 본 것이 아니다.

그럼에도 불구하고, 여전히 내 수준에 무슨 책이냐고 하는 사람이 있을지 모르겠다. 책을 쓰면 활자화가 되어 평생 남을 텐데 좀 더 내공을 쌓은 뒤에 도전하겠다고? 아주 틀린 생각은 아니지만, 그렇게 생각하는 것 자체가 오만일 수도 있다. 언젠가 "인간이 아무리 생각에 생각을 거듭

해도 신에 대해 알 수 없고, 지렁이가 아무리 열심히 땅을 기어도 하늘을 나는 새만큼은 세상을 볼 수 없는 법이다"라는 말을 들은 적이 있는데, 마찬가지로 사람이 죽을 때까지 이 세상에 대해 얼마나 알고 죽을까? 아마 한참이나 시간이 흘러도 당신에게 완벽한 책 쓰기란 불가능할 것이다. 그저 자신의 20대 혹은 30대에 가진 생각들을 담담하게 정리해나가고, 훗날 40~50대 무렵 제수정을 해가면서 와인처럼 무르익어 가는 것이 인생이 아닐까 싶다. 첫술에 배부르겠는가. 책도 마찬가지다.

SUMMARY **책을 써야 하는 5가지 이유**

1. 책을 쓰면 전문성이 축적된다.

2. 책을 쓰면 '저자'라는 타이틀이 생겨 후광효과를 얻게 된다.

3. 책을 쓰면 다양한 홍보 채널을 통해 강연 기회가 주어진다.

4. 자신의 커리어와 관련된 책을 써야 전문가로서의 몸값이 높아진다.

5. 완벽한 책을 쓰기란 영원히 불가능하다. Just now! 지금 써라!

영업하는 법 (1)

비즈니스의 꽃이 영업이듯 강사 세계에서도 영업은 중요하다. 물론 당신의 강연이 타의 추종을 불허한다면 굳이 영업이 필요 없을 수 있다. 하지만 누군가에게 손쉽게 대체될 수 있는 상황이라면 영업은 반드시 필요하다. 이 글은 내가 실무에서 프로 강사들의 영업 방식에 대해 보고, 듣고, 경험한 것을 요약한 것이다. 사실 영업을 공식화하려는 시도만큼 어리석은 것도 없지만, 영업의 경험이 없는 신인 강사들에게는 이 글이 도움이 될 것으로 믿는다.

영업이란 무엇인가

영업이란 무엇일까? 여러 주장이 있겠지만 '자기를 파는 것'이 영업의 본질이 아닐까 싶다. 특히 강사 세계에서는 더욱 그렇다. 왜냐하면 청중은 콘텐츠를 판단하기 전에 강사가 누구인지를 더 중요시 여기는 경향이 있기 때문이다. 따라서 당신이 영업을 하고자 할 때 우선 당신이 누구이고, 어떤 전문성이 있으며, 어떠한 메시지를 전달할 수 있는지를 먼저 알릴 필요가 있다.

자기를 파는 것에 능숙한 프로 강사들을 한번 살펴보자. 자기경영의 대가로 불리는 공병호 박사, 지금은 돌아가신 故 이영권 박사, 故 구본형 소장은 자신의 이름을 내건 연구소나 센터를 만들어 여러 세미나를 개최한 바 있다. 뿐만 아니라 『공병호의 자기경영노트』, 『이영권의 경영·경제 이야기』, 『구본형의 필살기』 식으로 개인의 이름을 걸고 책을 출판하는 등 자신을 브랜드화 하는 노력을 게을리 하지 않았는데, 이러한 모든 활동이 영업에 속하는 것이다.

한번은 어느 프로 강사의 매니저가 자기네 연구소는 영업도 하지 않는데 강연이 끊기지 않는 것이 신기하다고 말하더라. 그때 나는 이렇게 말했다.

"영업 안 하시긴요, 강사님이 계속 방송에 출연하시잖아요?"

실제로 방송만큼 강력한 무기도 없는데, 특히 KBS 〈아침마당〉의 '목요 특강'은 강사들의 꿈의 무대로 정말 아무나 설 수 있는 곳이 아니다. 참고로, 프로 강사들이 말하는 강사 세계의 그랜드 슬램(grand slam)을 꼽자면, 1위가 KBS 〈아침마당〉 출연, 2위는 저서 출간, 3위는 석·박사 학위이다.

어쨌든 당신이 기억해야 할 것은, 위에 언급한 프로 강사들도 무명 시절에는 치열하게 바닥부터 영업을 했기 때문에 오늘의 결실이 가능하였다는 사실이다.

자, 이제 본론으로 돌아가서 프로 강사들의 영업 방식에 대하여 살펴보자.

1. 강연 기회를 줄 사람을 먼저 찾아라

당연한 소리지만, 영업을 할 때 당신이 가장 먼저 해야 할 일은 강연 기회를 줄 사람을 찾는 것이다. 이때 당신에게 강연 기회를 줄 수 있는 사람은 크게 세 부류로 나뉜다. A: 교육을 담당하는 지인, B: 교육 담당자의 주변 인맥, C: 당신을 전혀 모르는 교육 담당자.

이 가운데 상대적으로 가장 공략하기 쉬운 부류는 당연히 교육을 담당하는 지인이다. 그가 의사결정권을 가지고 있다면 한 번 정도는 당신에게 기회를 줄 수도 있을 것이다. (그러나 그 이후에는 순전히 당신 하기에 달려 있다) 따라서 당신 주변에 교육 담당자가 있는지를 먼저 살핀 후 강연 기회를 줄 수 있는지 정중히 부탁해보라. 도무지 그러한 사람이 없다면 주변 사람들에게 혹시 아는 교육 담당자가 있느냐고 물어보라. (강연 에이전시 입장에서도 끈질기게 기회를 달라는 강사에게는 안 주고 못 배긴다)

한번은 중학교 동창으로부터 전화가 한 통 걸려왔다. 내가 창업에 대한 강연을 한다는 것을 알고 있던 그 친구가 하는 말이, 지금 같이 있는 사람이 모 대학의 교육 담당자인데 프로필을 보내보라는 것이었다. 나는 즉시 프로필을 보냈고, 며칠 후 너무나 쉽게 강연 기회를 잡을 수 있었다. 내가 지금 무슨 말을 하려는 것일까? 지인의 소개가 강연 기회를 얻는 가장 손쉬운 방법이란 것이다. (앞서 소개한 '강사가 되는 3가지 유형(p.21)' 항목에도 나오지만, 어느 프로 강사에게 주어진 첫 번째 강연 기회도 담당자가 학교 선후배 사이였다는 지극히 단순한 이유 때문이었음을 기억하라) 하지만 당신에겐 학연이고 지연이고 없다고? 그렇다면 일단 죽어라 실전 경험을 쌓는 데만 집중하라. 당신의 몸값을 비싸게 만들면 인맥은 저절로 생길 것이다.

한편, B 부류를 통해서 가장 '많은' 강연 기회가 주어지는데, 당신과 좋은 인연을 맺은 교육 담당자가 다른 담당자들에게 당신을 부지기수로 소개해줄 수도 있기 때문이다. (담당자들 사이에도 정보공유 집단이 있다. HR 담당자 모임, 인터넷 카페 '인사쟁이', 대학원 등) 교육 담당자들이 가장 두려워하는 것은 검증되지 않은 강사를 썼다가 강연을 망치는 것이다. 때문에 동종업계의 믿을 만한 지인에게 추천받은 강사를 선호하기 마련이고, 결국 한 명의 담당자를 사로잡으면 다른 담당자에게도 소문이 나게 된다. (물론, 남에게 알리지 않고 혼자만 알고 싶은 강사도 한두 명쯤은 있다)

따라서 친분이 있는 담당자가 당신을 주변에 소개하도록 유도하라. 그리고 알고 지내던 담당자가 부서 이동이나 이직을 했더라도 인연의 끈을 놓지 마라. 후임이나 타 부서 사람에게 당신을 추천할 수도 있고, 새로운 직장에서 다시 당신을 찾을 수도 있기 때문이다.

마지막으로, C 부류가 가장 영업하기 어렵다. 맨땅에 헤딩과 다름없기 때문이다. 나는 영업 초기에 사무실 옆 건물에 있는 회사에 직접 찾아간 적도 있는데, 지금 생각해보면 좀 무모했던 것 같지만 자신감을 키울 수는 있었다. 그보다 좀 덜 힘든 방법은 없을까? 당신에게 관심을 보일 만한 기관을 인터넷에서 찾아 프로필을 보내는 것이다. 요즘은 지자체의 평생학습센터 등에서 수시로 강사 모집도 하는데, 한 번 등록해두면 타 기관에서 연락이 오기도 한다.

또한 인터넷을 뒤져 강연 에이전시들을 찾아내 직접 프로필을 보내는 것도 좋은 방법이다. 제대로 일하는 에이전시라면 늘 새로운 강사에 목말라 있기 때문이다. 어떤 프로 강사는 교육 계획을 수립하는 연초에 이러한 메일을 보내기도 한다.

"오 대표님, 제가 요즘 기업과 외부에 다니면서 하고 있는 강의 5가지를 간단하게 정리해서 보내드립니다. 지자체 계획하실 때 참고해주세요."

하지만 무엇보다 가장 효과적인 방법은, 여러 강연장을 직접 찾아다니며 많은 사람들(강사, 교육 관련 종사자)과 관계를 만들어가는 것이다. 영업 잘하는 사람 중에 엉덩이가 무거운 사람을 나는 여태껏 본 적이 없다.

2. 가급적 담당자는 직접 만나라

프로들은 어떠한 구실을 만들어서라도 담당자를 직접 만난다. 이를테면 "마침 사무실 근처를 지나는 길인데 시간 되시면 커피 한잔 가능하실까요?" 같은 식으로 담당자가 부담을 느끼지 않는 선에서 연락을 하는데, 몇 번 그렇게 하면 웬만해서는 잘 거절하지 않는다. 그런데 도대체 왜 담당자를 만나야 할까? 직접 얼굴을 보고 안 보고의 차이가 크다는 것을 프로 강사들은 경험적으로 알고 있기 때문이다. 동서대 김대식 교수는 "e메일로 73번, SNS로 120번 대화해야 한 번 대면한 것과 같은 친밀도가 생긴다"고 밝혔는데, 나는 이렇게 말하고 싶다.

"이메일 열 통보다 전화 한 통이 낫고, 전화 열 통보다 한 번 보는 게 낫다."

결론적으로, 당신이 교육 담당자와 돈독한 관계를 유지할수록 강연 기회는 더 많아진다. 때문에 당신은 교육 담당자의 친한 친구가 되어야 하는데, 그들과 좀 더 가까워지고 친밀한 관계를 유지하는 방법에 대해서는 다음 장에 다루도록 하겠다.

SUMMARY | **프로 강사들이 영업하는 법 (1)**

1. 영업의 본질은 '나를 파는 것'이다

2. 강연 기회를 줄 사람을 먼저 찾아라

A: 교육을 담당하는 지인

B: 교육 담당자의 주변 인맥

C: 당신을 전혀 모르는 교육 담당자

3. 가급적 담당자는 직접 만나라

교육 담당자와 돈독한 관계를 유지할수록 강연 기회는 더 많아진다.

영업하는 법 (2)

3. 퍼스널 터치(personal touch)를 하라

교육 담당자와 친밀한 관계를 맺기 위해 가장 중요한 것은 '퍼스널 터치'를 하는 것이다. 그러기 위해서는 전화를 편하게 하는 사이가 되어야 하는데, 이때 가장 좋은 방법은 생일이나 기념일을 챙기는 것이다. 결혼 기념일에 담당자의 아내 앞으로 당신이 축하의 꽃을 보냈다고 하자. 꽃을 받은 아내가 "이 사람 누구예요?"라고 물으면 "내가 아는 사람이 보낸 거야"라고 대답하며 남자는 으쓱해진다. 그렇게 소소한 마음을 몇 번 전하고 나면 담당자와 친밀한 사이가 된다. 오해하지 마라. 금품을 제공하라는 말이 아니라 마음으로 감동을 주라는 것이 핵심이다.

A라는 프로 강사는 한 해의 강연이 마무리되는 12월 중순이면 1년간 강연 기회를 주었던 분들을 일일이 찾아가 감사 인사를 전한다. 부담스러워하는 사람도 있겠지만 대부분은 고마움을 느낀다. 그처럼 감사를 표현

하는 강사가 좀처럼 없기 때문이다. 밥 한 끼를 간단히 하면서 내년에도 멋지게 뛸 것을 다짐해보라. 담당자는 당신을 프로로 기억할 것이다.

또 다른 방법은 담당자와 대화하며 알게 된 가족관계나 개인적 사항들을 세심하게 관찰하는 것이다. 이때 엑셀 파일 등에 기록해두었다가 나중에 만날 때 내용을 확인하고 "남편이 자동차 딜러를 한다고 하셨죠?", "막내가 고3이라고 하셨는데 수능은 잘 봤나요?"라고 슬쩍 물어보라. 화들짝 놀라며 '아니, 이 사람이 그런 세세한 것까지 기억하고 있었네' 하며 마음의 빗장을 풀게 될 것이다. (내가 아는 어떤 사람은 명함을 받으면 명함에 만난 날짜, 그날의 특징 등 간단한 메모를 적어두고 다음에 만날 때 그것을 재차 확인하고 나간다)

마지막으로, 손편지를 쓰는 것도 고려해보라. 나는 하루에 3통의 손편지를 써서 고객에게 보낸다. 심지어 따로 우표를 제작하기도 하였는데, 직장인들이 회사에서 받는 우편물은 카드 고지서가 고작인데 자필 편지를 받으면 무척이나 기뻐하였다. 놀라운 사실은 별것 아닌 손편지가 실제 거래까지 이어진 경우가 정말 많다는 것인데, 어쨌든 디지털 시대에 이러한 아날로그 감성도 신선한 영업 방식이 아닐까 싶다.

1년에 자동차 주행 거리가 7만 킬로미터가 넘을 정도로 현장을 누비며 '고신 영달(고졸 신화 영업 달인)'이라 불리게 된 오비맥주의 장인수 부회장은 "영업은 사람의 마음을 빼앗는 것"이라고 하였다. 나도 부회장님을 몇 번이나 만나 보았지만 젊은 세대의 마음까지 사로잡을 정도로 그 매력이 대단하였다. 당신 역시 담당자의 마음을 빼앗는 영업의 달인이 되어보라.

246

4. 상대에 따라 영업 방식을 달리하라

상대가 누구냐에 따라 영업 방식은 달라져야 한다. 예를 들어 일의 성과를 중시하는 담당자에게는 강연의 질을 강조해야 한다. 윗사람에게 강연료를 깎았다는 걸 내세우고 싶은 담당자에게는 "강연료는 적지만 다음에도 기회를 주실 것으로 믿고 하겠습니다"라며 가격을 낮추어야 강연을 하게 될 확률이 높다.

지역에 따라서도 영업 방식을 달리해야 한다. 내가 존경하는 분은 출장을 갈 때 국가마다 옷차림을 바꾼다고 하였는데, 강사들도 지역 특성에 맞는 영업을 할 필요가 있다. 실제로 내가 일해보니 경상도 담당자들은 '좋은 게 좋은 거다'라는 정서가 있었지만, 충청도 담당자들은 처음에는 속을 알 수 없어 고생하다가 나중에는 수월해지는 경험을 하기도 했다.

한편, 당신이 여성이고 용모가 상급이라면? 미인계도 하나의 영업 전략이 될 수 있다. 다음은 문화평론가 김지룡의 『인생 망가져도 고』라는 책에 나오는 이야기다.

올해 마흔두 살인 그녀는 5년 전부터 기업에서 외부 강사로 일한다. 주로 신입 사원을 상대로 예절 교육을 하는 일이다. 기업체의 교육은 철저하게 남자들의 세계다. 누구를 강사로 초빙할 것인지 결정하는 일은 주로 남자들인 인사부장이나 인사 담당 이사가 결정하기 때문이다. 그녀는 이런 남성 중심 구조를 철저하게 이용하고 농락하며 살고 있다. 그녀의 1년 수입은 대략 1억 원 정도. 하루 종일 일하는 것도 아니므로 무척 고수입인 셈이다. 그녀의 무기는 단 하나. 아주 약간의 미모를 지닌 여성이라는 점이다. 그녀는 그것을 무기로 많은 남자 강사들보다 훨씬 많은 청탁을 받고 있다.

이 밖에도 담당자가 의사결정권자인지 중간보고자인지를 파악할 필요가 있다. 만약 담당자가 지시만 받는 중간보고자라면 상급자가 갑자기 강연을 취소해버리기도 한다. 때문에 의사결정권을 가진 담당자를 직접 상대하는 것이 좋다. 하지만 명심하라. 지금은 말단 사원이라도 언젠가 관리자가 될 것이고, 나중에는 당신에게 강연 기회를 줄 수도 있음을 말이다.

마지막으로, 대기업의 경우에는 그룹(회사) 차원의 교육인지, 아니면 사업부 단위의 교육인지에 따라서 예산 차이가 크다는 것도 알아둬라. 언젠가 대기업 이름을 앞세우며 턱없이 적은 강연료로 유명 강사를 섭외해달라는 대기업 과장의 고압적인 전화를 받은 적이 있었다. 이때 나는 주눅 들지 않고 그룹 차원의 교육인지, 아니면 사업부 차원의 교육인지 세세하게 물어보았는데, 그는 순간 당황하며 팀 단위에서 부르는 것이라 예산이 없다면서 오히려 쩔쩔맸다. 요지가 무엇이냐고? 대기업이라고 다 같은 것은 아니며, 부문별로 예산이 다르다는 점을 염두에 두고 영업을 하라는 것이다.

5. 다시 한 번 파고들라

당신이 A라는 회사에서 한 차례 강연을 하였다고 하자. 그럼 더 이상 그 회사에 대한 영업이 필요하지 않을까? 절대 아니다. 여전히 기회는 남아 있기 때문에 계속 파고들어야 한다. 그런데 이런 상황에서는 어떻게 또다시 강연 기회를 만들어낼 수 있을까?

첫째, 당신의 강연을 듣지 못한 다른 부서 직원들을 상대로 강연이 가능하다.

전 사원 대상의 강연이 아니었다면 다른 부서(혹은 직급) 직원들은 당신의 강연을 듣지 못한 것 아닌가? 따라서 다른 부서나 지점에서도 강연이 가능한지 담당자에게 넌지시 물어보라. 예를 들어 보험회사나 화장품 방판 회사의 경우 한 지점에서 강연을 잘 끝내면 담당자들끼리 정보를 공유하기 때문에 전국 각지에서 연쇄적으로 강연 요청이 쏟아질 수도 있다.

둘째, 당신이 한 가지 주제가 아닌 여러 주제의 강연이 가능하다면 같은 대상으로도 여러 번 강연이 가능하다.

예를 들어 리더십 강연을 했던 강사가 동기부여, 시간관리 강연까지 가능하다면 그만큼 운신의 폭이 넓어지는 셈이다. 이러한 이유 때문에 다양한 분야에 걸쳐 책을 쓰는 강사들도 있다. ('자격증보다 책을 써라(p.232)' 항목을 참조)

셋째, 비록 당신이 강연하기 어렵다 하더라도 담당자와 관계의 끈을 놓지 마라.

스타 강사들도 사정상 강연을 못하게 되면 다른 강사를 대신 추천하기도 하는데, 친한 강사를 챙기기 위함도 있지만 대안을 찾아야 하는 담당자를 위한 배려이기도 하다. 따라서 당신도 담당자에게 수시로 도움을 주면서 어느 날 강사가 필요할 때 당신을 떠올릴 수 있도록 노력하라.

덧붙이자면, 강연 중 교육 담당자나 관계자의 기를 살려주는 것도 좋은 방법이다. 서진규 박사와 김병조 교수가 이런 것을 참 잘하는데, 강연 중 "내가 도무지 시간이 안 났는데 오 대표가 하도 간절해서 저 사람 얼굴 봐서 왔다"라고 하는 바람에 내가 얼굴이 새빨개진 적이 몇 번 있었는데 내심 기분은 좋았다. 이처럼 영업을 잘하는 강사들은 담당자의 면을 세워주는 식으로 호감을 산다.

6. 건재함을 과시하라

인간은 망각의 동물이다. 연예인들이 TV에 나왔다가도 조금만 활동을 하지 않으면 금세 대중의 기억 속에서 잊히는 것도 같은 맥락이다. 마찬가지로, 당신도 강연 시장에서 건재함을 끊임없이 과시해야 한다. 프로 강사들이 지속적으로 책을 내는 이유는 인세를 벌기 위함이 아니다. 자신이 건재하다는 것을 알리기 위한 홍보 도구인 셈이다. (스타 강사들도 신간이 나오면 거래처에 택배로 보내며 자신을 영업한다) 따라서 당신을 노출할 수 있는 여러 채널을 통해 스스로를 홍보하면서 담당자가 당신을 잊지 않게끔 하라.

이때 담당자에게 유익한 뉴스레터를 보내면 좋다. 프로 강사들은 많게는 일주일에 1~2회, 적게는 한 달에 1회 정도 최신 정보가 담긴 소식지를 발송하는데, 뉴스레터 내용에는 최근 주목할 만한 이슈나 칼럼, 신간, 세미나 정보 등 교육적인 내용을 담으면 된다. 이때 주의할 점은 인터넷에 떠돌아다니는 좋은 글귀나 명언으로 도배하는 짓은 하지 않는 것이다. 읽기도 전에 스팸 처리가 될 테니 말이다.

지금까지 프로 강사들의 영업 방식에 대해 알아보았다. 앞서 언급하였지만 영업에 별도의 공식이 존재하는 것은 아니기 때문에 당신만의 독창적인 영업 방식을 만드는 것이 무엇보다 중요하다. 물론 영업을 할 때 두려움도 생길 것이다. 하지만 어떤 누구와도 상대할 수 있는 담력과 배짱도 키울 수 있고, 그 과정에서 새로운 배움이나 강연 에피소드도 덩달아 챙길 수 있을 것이다.

SUMMARY | **프로 강사들이 영업하는 법 (2)**

4. 퍼스널 터치(Personal touch)를 하라

작은 선물, 손편지 등 마음으로 감동을 주어라. 영업은 '사람의 마음을 빼앗는 것'이다.

5. 상대에 따라 영업 방식을 달리하라

상대의 성향과 직급, 지역적 특성, 조직 규모 등에 따라 각기 다르게 접근하라.

6. 기존에 강연을 했더라도 다시 한 번 파고들라

- 당신의 강연을 듣지 못한 다른 부서 직원들을 상대로 강연이 가능하다.
- 당신이 여러 주제의 강연이 가능하다면, 같은 대상으로도 여러 번 강연이 가능하다.
- 당신이 강연하기 어렵더라도 담당자와 관계의 끈을 놓지 마라.

7. 건재함을 과시하라

- 지속적으로 책을 쓰고, 당신을 미디어에 노출시켜라.
- 담당자에게 유익한 뉴스레터를 정기적으로 보내라.

스스로 유료 세미나를
개최해보라

최근 인터넷을 통해 여러 유료 세미나를 홍보하는 글을 자주 보게 된다. 물론 그중에는 순진한 사람들의 호주머니를 노리는 강좌들도 있지만, 참신하고 내실 있는 교육 과정도 적지 않게 눈에 띈다. 어쨌든 당신 콘텐츠의 성공 여부를 시장에서 한번 시험해보려면 유료 세미나를 개최해보는 것도 좋은 방법인데, 지금부터 유료 세미나에 대해 알아보자.

일반적으로 수강생 접수는 전화와 이메일로 받는 경우가 대부분이다. 하지만 요즘에는 '온오프믹스(www.onoffmix.com)'와 같은 사이트에 모임을 개설하면 신청과 접수 및 결제까지 한 번에 처리가 가능하다. 단, 무료 세미나에는 수수료가 없지만 유료 결재에 한해 일부 수수료가 있다. 참고로, 구글 설문지로 접수받는 강사들도 적지 않다.

어느 정도 이름이 알려진 프로 강사들은 반기별, 분기별로 정기 세미나(성공 세미나, 그랜드 세미나, 글로벌 세미나 등)를 개최하기도 하는데, 이러한 세미나의 참가비는 적게는 1만 원부터 많게는 몇 십만 원에 달하기도 한다. 소규모 모임이라면 토즈와 같은 모임 공간을 이용하면 되겠지만, 대규모인 경우 삼성동 섬유센터와 같은 넓은 곳을 대관하기도 한다.

실제로 나도 여러 강사들과 유료 세미나를 개최해보았다. 하루 7시간 과정의 취업 세미나, 외국인 강사의 커리어 세미나, 국제기구 종사자의 글로벌 세미나 등등. 그런데 막상 해보니 여간 힘든 게 아니었는데 식음료, 대관료 등을 제하면 수익도 시원찮았다. 하지만 당신이 홍보를 목적으로 이득을 보지 않을 것을 감수한다면 충분히 효과를 기대할 수 있다.

현실적인 조언을 하나 하자면, 당신에게는 그럴듯해 보이는 세미나와 토크 콘서트가 실제 돈이 되는지는 그 내막을 자세히 들여다보아야 알 수 있다. 일부 투자받는 경우를 제외하곤 실제로 거의 수익 없이 브랜드 관리 차원에서 하는 경우가 태반인데, 그러한 것을 굳이 왜 하느냐면 그것이 또 하나의 스토리가 되어 인지도를 쌓거나 인맥을 넓히는 데 도움이 되기 때문이다.

요즘은 유튜브 영상도 많고 무료로 개방된 아카데미가 워낙 많다 보니 일부 수강생은 세미나에 돈을 내는 데 인색한 것도 사실이다. 때문에 일단 소수의 인원을 모아 무료로 진행해보고, 어느 정도 감을 잡으면 그때 유료로 전환하는 것도 방법이다. 잊지 말아야 할 사실은, 이러한 세미나에 나와 같은 에이전트들을 반드시 초청하여야 당신의 강연을 더 많이 알릴 수 있다는 것이다.

다음은 LG경영기획실에서 오랫동안 일하였고, 현재는 HRD 컨설턴트 및 프로 강사로 활동 중인 비즈센 이호철 대표의 유료 세미나 개최 노하우를 인터뷰한 글이다.

통상적으로 세미나 접수는 어떻게 받는가?

공개 강의(세미나)는 두 가지 종류로 나뉜다. 첫째는 한경이나 매경처럼 교육기관이 주체가 되어 인원을 모집하고 강사는 강의료만 받는 경우다. 둘째는 내가 직접 기획하는 것인데, 온오프믹스에 교육 개설만 하면 그곳에서 모집 전반적인 일을 한다. 따라서 내가 직접 접수를 받는 것은 없다.

참여비 책정은 무엇을 기준으로 삼는가?

첫째, 교육기관이 하는 경우에는 10~15명 정도 인원으로 잡고, 직접비(강의실 대관비, 식비, 교재비, 홍보비 등), 강사료, 이익을 감안하는 것 같다. 둘째, 내가 기획할 때는 시간당 2만 원 정도를 생각한다. 공개 교육은 홍보의 목적이 강하기 때문에 수익이 발생하지 않아도 된다고 생각한다. 유료 세미나에 교육 담당자가 직접 참여하여 교육을 듣고 기업 교육을 요청하기도 하고, 자기 회사 교육 담당자에게 소개도 하기 때문이다.

홍보는 어떠한 방식으로 하는가?

교육기관에서 주관하는 것은 자체 홍보 방법을 사용한다. 나도 약 2,000여 개의 메일이 있어서 이메일 홍보를 한다. 또한 블로그에 올려서 홍보 마케팅을 한다. 여기서 중요한 것은 꾸준하게 이메일을 축적하고 블로그 관리도 잘해야 한다는 것이다.

유료 세미나에 가장 중점을 두는 부분은 무엇인가?

유료 세미나(공개 강의)와 기업에서 하는 교육은 다르다. 기업 교육은 대부분의 참가자가 비자발적으로 들어온다. 기업 교육 담당자도 재미있게 해달라고 부탁한다. 그러나 유료 세미나는 다르다. 참가자 스스로 돈을 내고 온다. 학습열이 엄청 높다. 따라서 수준이 낮으면 반감을 금방 드러내고, 쓸데없는 교육을 하면 분위기가 냉랭해진다. 한마디로 기업 교육은 교육 50%, 나머지는 오락성이 있는 셈이고, 유료 세미나는 교육이 80% 이상이다. 나는 유료 교육 참가자들을 무척 힘들게 트레이닝 하는 편이다. 그래야 참가자들이 더욱 좋아하고 하나라도 더 배우려고 한다.

기업 교육은 팀별 실습을 많이 시키지만 유료 교육은 개인별 실습을 더 시킨다. 유료 교육 학습자는 팀별 활동을 낭비라고 생각하는 경향이 있다. 기업 교육에서 명성이 자자한 강사들도 공개 교육을 어려워한다. 학습자 반응이 썰렁하기 때문이다. 다시 정리하면, 기업 교육에 들어가면 쉽게 팀 활동 위주로 하고, 공개 교육은 개인 트레이닝 형식으로 타이트하게 진행하는 것이다.

한편, 각 대학의 사회교육원 등과 직접 연계하여 최고 명강사 과정을 개설하는 프로 강사들도 있다. 비교적 활성화된 곳이 이화여대, 고려대 최고위 명강사 과정인데, 학교의 승인을 받은 후 교과목을 개설하고 강사가 직접 주임교수, 책임교수 직함으로 활동하기도 한다. 이러한 과정은 학기제 운영이며 4개월 수업에 약 300만 원가량 받는데, 강연 기본기나 디테일한 강의 기법 등을 가르치고, 교육을 이수하면 수료증도 발급해준다.

지금까지 유료 세미나에 대해 알아보았다. 만약 당신 혼자 세미나를 준비하는 것이 벅차다면 뜻 맞는 동료 강사들과 함께 시도해보는 것도 좋다. 내가 아는 어떤 강사들은 주중 새벽을 이용해 꽤 오랜 기간 세미나를 정기적으로 개최하고 있는데, 얼마 전에는 공저로 책을 출간하기도 했다. 어쨌든 준비 과정에서부터 배울 것이 많기 때문에 일단 도전해보기를 권한다.

| TIP | 유료 세미나 점검 사항 |

기간	점검 사항	비고
강연 전	일정 공지	행사 안내, 일정 안내, 전달 사항
	홈페이지 공지	
	뉴스레터 발송	
	강연 교재 주문	
	스태프 인원 확정	
	참석 인원에게 일정 공지	최소 2회 이상 / 일정, 위치, 내용 등
	교통편 체크	

강연 당일	식사, 음료수, 기타 물품 준비	
	스태프 역할 분담	손님 안내, 좌석 안내, 주차, 노트북, 사진, 세팅
	출석부, 좌석 배치도, 좌석 이름표 출력	네임펜 준비
	녹음기, 마이크, 카메라 체크	배터리 확인, 핀마이크는 잡음이 나거나 몸에서 떨어지는 경우가 발생할 수 있기에 무선 마이크 추천
	현수막, 배너	
	책상, 간식 세팅	
	사진 촬영	
강연 후	책상 원위치 또는 재배열	
	다음 강연 날짜 확정 및 강사 섭외	
	결산 / 공유	
	녹음 파일 전달	
	팔로우업 통화	
	단체사진 홈페이지 및 SNS 업로드	

SNS 세상에
빨리 적응하라

'1인 미디어'의 발달로 카카오스토리, 네이버밴드, 페이스북, 인스타그램 등을 통해 대중과 소통하며 자신을 홍보하는 강사들이 늘고 있다. 공병호 박사는 하루 한 번씩 5분여의 짧은 영상을 '공병호 TV'라는 이름으로 페이스북에 게시하고 있고, 〈한국경제신문〉 정규재 논설고문의 1인 미디어 '정규재 TV'는 대통령이 출연할 정도로 나름 영향력을 가진 유튜브 채널이 되었다. 즉, 이제는 누구나 1인 매체가 되어 콘텐츠를 생산, 유통할 수 있는 시대를 살게 된 셈인데, 그렇다면 강사들은 이러한 시대에 어떻게 자신을 홍보하여야 할까?

너무나도 뻔한 소리지만, 우선은 SNS 세상에 빨리 적응해야 한다. 아무래도 이런 경쟁에서는 젊은 세대가 절대적으로 유리한데, 페이스북이나 팟캐스트에 자신의 콘텐츠를 올리고 거기서 쌓인 인지도로 책을 내는 이들도 있다. 이를테면 『어떤 하루』, 『지대넓얕』 등은 SNS 덕분에 베스트셀러가 된 대표적 사례인데, 그 저자 중 한 명은 책의 유명세 덕분에 방송 출연도 하고 꽤 많은 강연을 다니고 있는 것으로 알고 있다.

자, 그렇다면 강사들이 알아야 할 기초적인 SNS에는 어떤 것들이 있을까? 전문가에 따르면 처음부터 감당 못할 수의 SNS를 하지 말고 일단은 한두 가지에만 집중하다가 점차 늘려 나가는 것이 올바른 순서라고 하는데, 여기서는 블로그와 페이스북을 소개해보겠다.

1. 블로그(BLOG)

일단 블로그가 가장 중요하다는 것이 내 의견이다. 하지만 초보자들에게 아무리 블로그의 중요성을 강조해도 한 귀로 흘려버리던데, 블로그 관리를 하기에 너무 바쁘다는 핑계를 대지만 사실은 올릴 만한 콘텐츠가 마땅치 않아서 아닌가 싶다. 이럴 때는 너무 어렵게 생각하지 말고 본인의 일상과 그날 떠오른 단상 등을 가볍게 기록하는 것부터 해보는 것이다. 만약 당신이 그림 그리는 것을 좋아한다면 그림 작품을 올려보고, 좋아하는 취미나 감명 깊게 읽은 책이 있다면 그 내용을 하나씩 소개해보는 식이다. 그렇게 몇 번 하다 보면 다음에 뭘 올릴지 조금씩 감을 잡게 되고, 블로그의 콘셉트도 점차 잡아나갈 수 있다. 그러니 처음부터 너무 구체적이거나 전문적이지 않아도 된다.

2011년, 내가 사업을 시작하고 가장 먼저 한 것도 블로그 관리였다. 블로그 마케팅 세미나를 유료로 듣기도 했는데, 지금도 기억나는 건 '키워드 검색이 잘되려면 주 5회 포스팅을 하라'는 것이었다. 직장인들에게 그게 가능하겠냐고 물으니 주말에 몰아 쓰고 예약 게시를 하면 된다는 것이 강사의 답변이었다. 어쨌든 당시 내가 했던 것이라고는 경희대 도서관에서 빌린 책을 읽고 블로그에 요약한 후 '이 책의 저자를 섭외하고 싶다면 나에게 연락을 달라'는 문구를 같이 넣는 것이 고작이었다.

그러던 어느 날, 한 저자를 검색하다가 우연히 내 블로그에까지 흘러오게 된 삼성 담당자와 이런저런 대화 끝에 강사 섭외까지 이어지게 되었는데, 그때부터 지금까지 약 6년간 돈 한 푼 들이지 않고 고객 숫자를 늘리는 데 블로그가 절대적인 도움을 줬다. 따라서 당신도 강연 커리큘럼이나 일상의 관심사 등을 기반으로 한 블로그를 만들고 꾸준히 관리하기를 권한다.

2. 페이스북(FACEBOOK)

페이스북은 대표적인 인맥 관리 플랫폼으로 이미 당신도 사용하고 있을 것이다. 특히 강사들은 페이스북에 자신의 활약상을 알리는 것이 중요한데, 그 이유는 당신의 페친(페이스북 친구)들이 '저 사람이 저런 강연을 하는구나', '강사가 필요할 때 연락해봐야겠다'라는 생각을 갖게 만들기 때문이다. 또한 담당자와 페친을 맺어놓으면 서로의 근황을 잘 알기에 강사를 찾을 때 우선적으로 고려될 수도 있다. 실제로 나 역시 페이스북 친구인 몇몇 대학 담당자로부터 여러 번 강연 기회를 얻기도 하였다.

또한 많은 강사들이 페이스북 내에서의 활동에 그치지 않고 인간관계를 오프라인으로 열어가기도 하는데, 강사들끼리 정기적으로 점심을 함께하면서 서로의 경험을 공유하거나, 서로의 책과 강연을 홍보해주는 식으로 결속을 다지기도 한다. 이렇게 만난 강사들이 함께 공저로 책을 출간하기도 하는데, 처음에는 온라인상에서 만난 가벼운 인맥이었지만 나중에는 든든한 파트너가 되기도 한다.

나는 단순히 홍보를 위하여 페이스북을 권하는 것이 아니다. 페이스북의 뉴스피드나 그룹, 페이지 등을 보면서 시대 변화, 강연 트렌드, 대중심리 등을 읽는 창으로 활용하라는 것이 더 정확하다. 당신이 나이가 든 강사라면 페이스북을 더 열심히 해야 한다. 그래야 최신 동향에 둔감하다거나 미련하다는 소리를 듣지 않기 때문이다.

한편, 이 밖에도 인스타그램, 네이버밴드, 카카오스토리 등의 SNS가 있는데, 그것들에 대해 요점만 짧게 쓰면 다음과 같다.

인스타그램 :

사진 및 동영상을 공유하는 SNS다. 블로그나 페이스북만큼 추천하지는 않지만 당신의 강연 사진을 올리면서 '#강사, #강연, #특강' 등 전문 분야에 대한 태그를 열심히 달아본다면 강연에 관심 있는 인스타그램 유저들에게 당신을 알리는 데 도움이 될 수 있다.

네이버밴드 :

주로 7080 세대의 동창회나 취미생활을 위한 동호회가 많이 사용하는 SNS다. 때문에 연장자들이 주요 유저 층인데, 당신이 현역에서 왕성하게 활동하는 사진 등을 밴드에 올리면 은퇴한 친구들에게 부러움의 대상이 됨과 동시에 동창생들 앞에서 강연하게 될 수도 있다.

카카오스토리 :

친한 친구 위주의 SNS로 비교적 프라이빗한 플랫폼이다. 카카오스토리 마케팅을 잘하는 강사들을 보면 다른 사람들에게 일일이 관심을 갖고 댓글도 달아주는데, 그러다 보면 자연스럽게 서포터 그룹이 형성되어 나중에 당신을 알릴 때 훨씬 더 유리해진다.

마지막으로, '유튜브(YouTube)'를 주목하기 바란다. 2016년 11월 기준 국내 유튜브 채널 가운데 100만 구독자를 넘은 채널이 약 50개, 10만 구독자 이상 채널이 약 600개에 달한다는 기사를 본 적이 있다. 다양한 분야의 강연을 무료로 볼 수 있기 때문에 1인 미디어 시대에 가장 주목받는 동영상 사이트다. 특히 교육 담당자들은 강사의 스킬을 확인하기 위해 유튜브를 꼭 검색해보는데, 당신의 영상이 없다면 억울하게 자질을 의심받을 수도 있으니 잘 편집된 강연 영상을 일부 공개하여 보라. 또한 강사라면 다른 강사의 강연도 많이 들어봐야 하는데, '세바시(www.youtube.com/user/cbs15min)'를 참고하면 도움이 될 것이다.

미 빌보드차트 2위를 차지했던 싸이의 〈강남 스타일〉은 유튜브라는 작은 매체에서 비롯되어 전 세계로 퍼져나가기 시작했다. 즉, 이제는 큰 자본 없이도 재능과 감각(콘텐츠)만 인정받으면 누구에게나 기회는 열려 있다는 뜻이다. 그 세계에 SNS가 강력한 무기임을 명심하라.

1. Ken Robinson: **Bring on the learning revolution!** ★★★

   - 맞춤식 교육과 환경의 중요성

2. Nigel Marsh: **How to make work-life balance work** ★★★

   - 일과 삶에서 균형을 잡는 법

3. BJ Miller: **What really matters at the end of life** ★★★

   - 죽음이 알려주는 순간의 아름다움을 격렬히 사랑하라

4. Benjamin Zander: **The transformative power of classical music** ★★★

   - 클래식 음악의 힘

5. Simon Sinek: **Why good leaders make you feel safe** ★★★

   - 리더십은 신뢰와 협력에서 나온다

6. Kelly McGonigal: **How to make stress your friend** ★★☆

   - 스트레스가 우리에게 미치는 영향

7. Larry Smith: **Why you will fail to have a great career** ★★★

   - 당신이 위대해질 수 없는 이유

8. Ken Robinson: **How to escape education's death valley** ★★★

   - 교육의 death valley에서 벗어나는 법

9. Simon Sinek: **How great leaders inspire action** ★★☆

   - 훌륭한 리더에게는 공통적인 패턴이 있다

10. Adam Foss: **A prosecutor's vision for a better justice system** ★★★

    - 정의로운 검사의 강연

강연 에이전시는
어떤 역할을 할까?

강연 문화가 발달한 선진국에서는 명사들이 강연 에이전시와 전속 계약을 맺는 경우를 흔하게 볼 수 있다. '워싱턴 스피커스 뷰로'는 조지 W. 부시 전 미국 대통령, 토니 블레어 전 영국 총리 등을 연사로 두었고, 'CAA 스피커스'는 제임스 캐머런 감독, 배우 헬런 헌트 등이 소속된 바 있다. 이 밖에도 '런던 스피커 뷰로', '셀러브리티 탤런트 인터내셔널', 'WME(William Morris Endeavo)' 등 다양한 에이전시를 통해 세계적인 명사들은 자신의 몸값을 제시한다.

최근 들어 국내에서도 에이전시를 통한 명사 섭외가 부쩍 늘고 있다. 물론 이전에도 에이전시(컨설팅 업체)는 존재했지만 지금처럼 온라인이 발달되지 않았고, 대개는 강사들과의 네트워크를 쥐고 있던 소수의 컨설턴트들에 의해 진행되어왔던 것이 사실이다. 그러다가 2010년경 강연 비즈니스가 언론에 부각되면서 본격적으로 에이전시들이 우후죽순 생겨

나기 시작했다. 어쨌든 중요한 것은 당신이 프로 강사가 되는 과정에서 언젠가는 필연적으로 에이전시를 만나게 된다는 사실이다. 그럼 지금부터 강연 에이전시의 세계를 살펴보자.

강연 에이전시란 쉽게 말해 강사를 섭외하고 매니저 역할을 하면서 강연할 곳들을 계속 개발해나가는 곳이다. 이를테면 '아무개 강사로부터 이런 강연을 들을 수 있는데 도움이 되지 않을까 싶어 연락드립니다'라는 식으로 강사를 대신하여 영업을 해주는 세일즈맨인 셈이다. 따라서 당신과 친분이 있는 에이전시가 있다면 강연 기회가 주어질 가능성은 높아진다.

내가 지켜본 바에 의하면 롱런하는 강사일수록 '에이전시는 강연 문화를 함께 만들어가는 파트너'라는 점을 잘 인지하고 있었다. 언젠가 강연을 주선하다가 알게 된 어느 명강사 분은 내게 "내 시절에 에이전시가 있었다면 좀 더 강사 활동을 수월하게 했을 것이다"라는 말을 하기도 했는데, 지금은 강연 요청이 빗발치는 스타 강사들도 한때는 여러 에이전시들에 제안서를 보내며 자신을 적극 어필하였던 시절이 있었다.

물론 모든 강사들이 에이전시를 좋게 생각하는 것은 아니다. 실제로 어떤 강사는 "전화 한 통 받고 연결해주면서 비싼 수수료를 받는 건 좀 아닌 것 같다"라는 말을 내 앞에서 한 적도 있었다. 이러한 태도는 이제 막 얼굴이 알려지기 시작한 젊은 강사들에게서 주로 볼 수 있는데, 그런 식의 생각도 일리는 있지만 너무 근시안으로 보는 건 아닌가 싶다. 왜냐하면 지금 당장은 강연 요청이 쏟아져서 잘 모르겠지만, 조만간 인기가 식어 강연이 뜸해지고 나면 그때 비로소 에이전시의 역할을 실감하게 될 것이기 때문이다.

자, 다시 본론으로 돌아가서, 에이전시가 당신에게 어떠한 도움이 되는지 하나씩 살펴보자.

첫째, 당신의 생애 첫 강연 기회가 에이전시로부터 주어질 수 있다.

한번 생각해보라. 당신이 제아무리 실력 있는 강사라 하더라도 교육 담당자는 당신을 모른다. 그럴 때 담당자와 긴밀하게 소통하고 있는 에이전시가 당신을 강력하게 추천한다면 강연 기회를 얻기가 좀 더 쉬워지지 않을까? 혼자 끙끙거리는 것보다 신뢰할 만한 누군가의 추천이 몇 배는 더 효과적인 법이다.

둘째, 당신의 상황에 맞게 에이전시를 활용할 수 있다.

실제 많은 유명 강사들이 에이전시를 전면에 내세워 강연료를 조정하거나 불만 사항을 제기한다. 수많은 단순 문의에 대해서도 에이전시가 강사를 대신해 거절할 수 있고, 강연료가 제때 입금되지 않으면 한마디 해줄 수도 있다.

한편, 주최 측이 강연료를 전자세금계산서 발급으로 처리해야 한다며 아는 회사 없느냐고 강사에게 묻는 경우도 생긴다. 이때 평소 가깝게 지내는 에이전시가 있다면 양해를 구할 수도 있다. 가공 계산서 아니냐고? 강연료 비용 처리와 세금만 꼬박꼬박 내면 위법은 아니다. 강연을 중계한 셈이 되기 때문이다.

셋째, 에이전시로부터 강연에 대한 컨설팅을 받을 수 있다.

수많은 강사들의 강연을 듣는 에이전시는 강사들의 부족한 점을 개선하는 데 도움을 줄 수 있는데, 실제로 어떤 강사는 강사 양성 기관으로부터 한 시간가량 전화로 피드백을 받은 적도 있다고 하였다. 물론 평가받는 기분이 들어 에이전트가 강연에 참석하는 것을 불편해하는 강사들도 있다. 그 기분을 충분히 이해하지만 큰 강사가 되려면 좀 더 배짱이 있어야 한다고 본다.

국민 성우 배한성 서울예대 초빙교수는 강연이 끝나면 항상 내게 먼저 전화를 걸어와 담당자가 어떤 점을 좋아했고 어떠한 점을 미흡해하였는지를 꼼꼼히 챙기는데, 한 분야의 정상임에도 끊임없이 문제점을 파악하고 개선하려는 그의 노력에 '프로는 정말 다르구나'라는 생각을 여러 번 하였다.

이 밖에도 유료 세미나, 배차 서비스, 세무 처리, 홍보 등 당신의 강연 활동을 위한 전반적인 업무를 에이전시로부터 지원받을 수 있다. 또한 업계 동향이나 실전에서 부딪히는 크고 작은 문제들에 대해 자문을 구할 수도 있는데, 실제로 늦은 밤 전화를 걸어와 "이럴 때는 어떻게 하는 것이 좋으냐", "지금 상황을 내가 어떻게 이해해야 하느냐" 등등 나의 의견을 물었던 강사들이 제법 된다. 어쨌든 사람이 하는 일인지라 때론 오해와 갈등도 생기지만 서로 간의 신뢰를 돈독히 쌓는다면 영화 〈제리 맥과이어〉에서 보여주는 스포츠 선수와 에이전트의 뜨거운 우정도 비단 영화 속 얘기만은 아닐 것이다.

한편, 강연 수익은 에이전시와 어떻게 나눠야 할까? 기본적으로 수임 대행료는 자유 경쟁이고, 에이전시마다 편차가 있으므로 여기서 언급하는 것은 생략하겠다. 다만 참고만 하라고 말하자면, '50만 원 미만 시 강연료의 20%, 50~100만 원 시 강연료의 25%, 150만 원 이상 시 별도

협의'라는 조건이면 어느 정도 합리적이지 않은가 싶다. 그러나 수임 대행료는 얼마든지 협상 가능하니 적정 수준에서 당신이 먼저 제안해보라.

나에게 5대 5로 수익을 나누자고 먼저 제안하였던 강사들도 몇 명 있었는데, 당연히 내 입장에서는 구미가 당겼고 실제로 꽤 많은 강연을 성사시키기도 하였다. 참고로, 에이전시가 수주한 강연이라도 강사가 직접 강연료를 받을 때도 있는데, 이때는 강사가 받아서 강연료를 떼고 돌려주면 된다.

그런데 강연을 하다 보면 에이전시의 소개로 강연했던 기관에서 직접 연락이 오는 경우도 생긴다. 이럴 땐 어떻게 하는 것이 좋을까?

얼마 전에 있었던 일이다. 모 보험사에서 나와 몇 차례 강연을 진행하였던 강사가 다급히 연락이 왔다.

"보험사로부터 직접 강연 요청을 받았는데 오 대표님 통해서 이야기하라고 했어요."

그 말을 듣자 나는 이렇게 문자를 보냈다.

"그쪽 사업부가 워낙 많으니 다음부터는 강사님이 직접 하셔도 돼요. 원래 보험업계에 한 번 소문나면 여러 군데서 문의가 오거든요."

나처럼 생각하는 에이전트도 있겠지만, 업계 전반에서는 차후에도 에이전시를 통하는 것이 상례라고 한다. 왜 그럴까?

한번은 십수 년간 스포츠 엔터테인먼트 사업을 하였던 분과 대화를 나눈 적이 있었다. 현재 그는 어느 방송인의 전담 매니저인데 강연장에서 만난 그에게 내가 말했다.

"매니저님, 오늘은 제 소개받고 오셨지만 직접 연락 오면 바로 하셔도 됩니다."

진심이었다. 그러자 그는 손사래를 치며 이렇게 말했다.

"에이, 그러면 일이 더 꼬여요. 담당자와 에이전시의 인간적인 관계도 있는데 무턱대고 욕심 부리다 보면 더 많은 걸 잃거든요."

그래서 그런가? 어떤 에이전시는 강사와 전속 계약을 맺을 때 '개인의 연락 홍보를 필히 금한다'라는 문구를 넣기도 하고, 에이전시의 섭외를 받은 강사들은 관계자에게 명함을 건네지 않기도 한다.

한편, 국내에서는 강사들이 전속 계약을 맺는 경우는 거의 드물다고 보면 된다. 왜냐하면 어느 정도 알려지고 나면 강사에게 직접 문의가 들어올 텐데 굳이 계약에 얽매여 있을 필요가 없기 때문이다. 단, 직업이 강사가 아닌 전문직 종사자라면 업무를 대행해줄 회사가 필요할 수도 있다. 한 가지 더 부언하면, 특정 에이전시와 너무 가깝게 지낼 경우 (혹은 전속 계약을 하게 되면) 다른 에이전시들과 일을 하기 무척 어려워져서 더 많은 것을 잃을 수도 있다는 것이다.

끝으로, 강연 에이전트의 길을 걷고자 하는 독자들에게 도움이 될까 싶어 몇 자 적는다. 사회에 이미 알려진 사람을 컨택 하는 건 누구나 할 수 있다. 새로운 사람을 발굴해내는 것이 에이전시의 역할이다. 즉, 아직은 유명하지 않지만 숨은 보석과 같은 강사를 찾아 함께 성장해가는 것이 경쟁력 있는 에이전트로 가는 첫걸음이다.

| SUMMARY | 강연 에이전시 활용법 |

1. 당신의 생애 첫 강연 기회가 에이전시로부터 주어질 수도 있다.

2. 상황에 맞게 에이전시를 활용하라. (일정 관리, 전화 업무, 세무 처리 등)

3. 에이전시로부터 강연에 대한 컨설팅을 받아라.

4. 강연 활동을 위한 전반적 업무를 에이전시로부터 지원받아라.

   (기획 세미나, 배차, 홍보 등)

5. 기본적으로 강연 에이전시의 수임 대행료는 자유 경쟁이다.

6. 국내에서는 강사들이 전속 계약을 맺는 경우가 드물다.

7. 롱런하는 강사일수록 에이전시가 좋은 파트너임을 인지한다.

홍보 · 마케팅 전문가
- 아이디어 닥터 이장우 박사

이장우 박사는 한국 3M에서 영업사원으로 사회생활을 시작, 39세에 이메이션 코리아 CEO가 된 브랜드 전문가다. 연세대 경영학 석사, 경희대 경영학 박사, 성균관대 공연예술학 박사, 홍익대 디자인학 박사 과정 수료를 하였으며, SNS를 통해 30만 명과 소통하는 31년차 프로 강사다. 그와의 인터뷰에서 콘텐츠 제작 및 홍보, 마케팅의 실전 노하우를 얻을 수 있다.

1. 박사님은 3M 영업 사원으로 시작하여 이메이션 코리아 사장을 역임한 브랜드 마케팅 전문가다. 10년 넘게 대학에서 학생도 가르쳤는데, 프로 강사가 된 계기는 무엇인가?

나는 올해로 31년째 강연을 하고 있다. 아마 대한민국에서 가장 많은 강연을 했고, 또 오래한 강사 중 한 명이 아닐까 싶다. 첫 강연은 3M 대리 때 생산성 본부에서 했다. 선배가 못한 강연을 대신했는데, 그런 작은 기회가 나를 만들었다. 스물아홉 살의 대리가 브랜드 마케팅 강연을 한다고 하니 걱정도 했겠지만, 다행히 잘 끝나서 계속 나가게 됐다. 나는 운 좋게도 회사에서 외부 강연을 허락해주었는데, 지금 같으면 택도 없겠지만 당시 3M이 작은 회사여서 가능했다. 이메이션 사장이 됐을 때는 이미 강연료도 바짝 올라 있었는데, 그게 벌써 96년 이야기다.

2, 박사님은 브랜드 마케팅뿐만 아니라 커피, 치즈, 맥주 등 다양한 콘텐츠 강연을 해왔다. 신인 강사들에게 콘텐츠를 정하는 방법에 대해 조언해준다면?

무엇보다 강연 아이템 없이 시작하는 것은 필패다. 차라리 좀 더 수양을 쌓는 게 낫다고 본다. 그리고 공짜 강연을 다닐 때는 조심하라. 그러다 평생 공짜 강사가 될 수 있기 때문이다. 신인 강사들은 핵심 역량 한 분야로 우물을 파되 작게, 좁게, 깊게 파야 한다. 나처럼 넓게 파면 무너진다. 자기 콘텐츠 영역을 뛰어넘는다는 것은 개구리가 우물을 뛰어넘는 노력과 같다. 잘못하면 죽도 밥도 안 된다. 따라서 한 분야에 완전 정통한 장인이 되어야 한다. 그 다음에 영역을 확대하면 더 효과적이다. 그렇지 않은데 판을 벌리면 그건 틀린 거다.

처음에 신인 강사들은 CS(고객만족)와 같은 흔한 콘텐츠를 선택하는데, 이러한 경우에는 CS를 재정의해야 한다. 기존에 있는 CS와는 전혀 다른 각도로 자기만이 할 수 있는 다른 프레임으로 가야 한다. CS가 올드한 게 아니라 CS강사가 올드한 것이다. 강연을 더 잘하는 것만으로는 살아남기 힘들다. Unique와 Only One으로 승부해야 한다. 미국의 신발 전문쇼핑몰 자포스는 CS로 성공한 최고의 브랜드 아닌가? CS는 살아 있다. 듣는 사람은 주제가 익숙하니까 그게 그거지, 하고 듣기 때문에 웬만해서는 충격을 받지 않는다. 따라서 다른 콘텐츠로 엄청나게 충격을 주어야 한다.

3. 강연 콘텐츠의 업데이트 주기와 제작 노하우는?

나는 강연할 때마다 콘텐츠를 바꾼다. 지금도 만들고 싶은 콘텐츠가 쌓여 있다. 필요할 때마다 자료를 추가하고, 어떤 자료는 만들어놓기만 하고 쓰지 않기도 한다. 이때 혼자 일하는 사람은 조심해야 한다. 이상적인 이야기로 들리겠지만, 나는 파워포인트를 강사가 직접 만들면 안 된다고 생각한다. 나 역시 한때 파워포인트 선수였고, 미국에서 강연할 때도 직접 다 만들었다. 하지만 그것은 초급 강사다. 외부 사람을 프리랜서로 고용해서 외주를 주는 게 맞다. 왜냐하면 객관적인 시각으로 볼 수 있기 때문이다. 강사는 내용에 주력하는 것이지 형식에 주력하면 안 된다. 무리해서 혼자 다 하다 보면 엉망이 된다.

내 생각에 진짜 프로가 되려면 돈 몇 푼 아끼는 것을 포기해야 한다. 나도 종종 딜레마에 빠진다. 하지만 지금 나와 일하는 연구원이 없으면 퀄리티가 떨어져서 악순환이 반복된다. 물론 내가 직접 할 것인지 누군가의 도움을 받을 것인지는 본인의 선택이다. 세상은 모든 것이 투자하기 나름이다. 내가 아는 사람은 자녀를 시켜서 자료를 만드는데 딱 봐도 아마추어 같다. 자신도 나이가 들었는데 슬라이드까지 올드해 보이면 옛날 사람이라는 인식이 들지 않겠는가? 그래서 나는 우리 연구원보다 내가 돈을 덜 가져가더라도 그가 꼭 필요하다. 정 여유가 안 되면 본인이 직접 하되 슬라이드는 최대한 줄이고 말을 많이 하라.

4. 기업인 출신답게 자신에 대한 투자도 많이 한다고 들었다

프리랜서가 된 지 9년째인데 투자를 엄청나게 한다. 회사를 나와서 여행, 교육, 책 사는 데 쓴 돈이 수억 원이다. 3주 동안 유럽에서 치즈 만드는 거 하나 배우는 데 3천만 원이 들었다. 커피 배우는 데도 투자하고, 맥주 배우는 데도 투자하고, 깐느 영화제도 가고 하다 보면 수천만 원이 들지만, 이게 다 나를 위한 투자다. 아마존, 교보문고, YES24에서 책도 상당히 자주 산다. 그게 습관화되어 있다. 남이 볼 땐 쉽게 보일지 몰라도 보이지 않는 피나는 노력을 하는 것이다.

기업이 R&D에 투자하듯이 나도 스스로에게 R&D 투자를 한다. 그런데 사실 언어가 굉장히 중요하다. 특히 영어. 나는 영어가 모국어보다 편하기 때문에 아마존 UK에서 책을 사서 읽고, 밤낮 미국 기사들을 보고 소화하는데, 그 정보가 엄청나다. 미국 기사는 한 기자가 취재하는 분야의 양이 적어 깊이가 있다. 어쨌든, 다양한 정보들을 지속적으로 습득하면 콘텐츠 개발에 도움이 된다. 본인의 콘텐츠 개발을 위해 수입의 20~30% 정도를 투자하지 않는다면 미래는 없다고 본다.

5. 현업에서는 젊은 강사들을 어리다는 이유로 얕잡아 보기도 하는데, 이에 대한 균형을 잡기 위해서는 어떤 노력을 기울여야 한다고 보는가?

좋은 지적이다. 그게 다 우리나라 문화 때문에 그렇다. 우리는 강사의 전문 분야에 집중하기보다 "너 뭐 했는데?", "너 몇 살이야?", "학교 어디 나왔어?", 이런 것들을 더 따진다. 그래서 커리어를 쌓아야 한다. 어떤 협회나 단체에서 직위를 받는 등 사회적으로 활동하는 것도 필요하다. 아니면 강연이 아주 뛰어나서 나이도 어린데 대단하다 소릴 듣는 것이다.

하지만 나이가 어린 것이 장점이 될 수도 있다. 거꾸로 보자. 젊어서 커리어가 약한 것은 단점이다. 그런데 젊은 사람의 강연이 너무 좋다면? 사람들은 탄복한다. 즉, 전문가는 잘해도 본전이지만 기대치가 낮았던 젊은이가 잘하면 끝내준다는 소리를 듣게 되는 것이다. 사람은 아무리 어려도 실력이 있으면 무시 못한다. 대기업 중역 정도 되면 그 정돈 볼 줄 안다. '우리 과장보다 나이도 어린 놈이 대단하네. 저런 놈 쓰고 싶다'며 오히려 스카우트 제의가 들어올 수도 있다. 그러니 나이 가지고 무시하는 정도는 뛰어넘어야 한다.

그런데 여기서 외향적 요인과 나의 근원적 문제를 오판하면 안 된다. 사실 내 나이 때문이 아니라 내 강연이 썩 감흥을 주지 못했던 것일 수도 있기 때문이다. 즉, 청중의 문제가 아니라 사실은 나 자신의 문제일 수 있다는 것이다. 그것을 자꾸 청중의 문제로 몰아가면 안 된다.

6. SNS로 30만 명이 넘는 사람들과 소통하고 있는데, 강사들은 SNS를 무엇부터 시작해야 하나?

내가 볼 때 가장 우선순위는 페이스북, 네이버 블로그 정도다. 그중에서 일단 하나만 정해 시작하는 게 좋다. 여러 개를 시작하면 감당도 못하고 관리도 안 된다. 스스로 판단해서 자신에게 도움이 되는 것으로 선택하라.

콘텐츠는 일주일에 2번 정도 올리면 되는데, 자신의 살아 있는 글이면 무엇이든 상관없다. 신인 강사들은 처음에 강연 자료를 일부 공개하는 것도 좋은 방법이다. 20개 슬라이드 중에 핵심이 아닌 3~4장 정도 무작위로 공개하면 어떨까 싶다. 일단 인터넷에서 검색이 되는 것이 가장 중요하다.

7. 1인 미디어 시대를 대비하기 위한 조언을 해준다면?

신인 강사들에게 가장 좋은 미디어는 팟빵의 '팟캐스트'다. 그쪽에 인강을 무료로 오픈해서 승부를 걸면 히트를 칠 수도 있다. 나도 '세.바.시(〈세상을 바꾸는 시간 15분〉)'에 나갔지만 김창옥 강사는 〈세.바.시〉 한 군데서만 뜬 것이다. 물론 아주 예외적인 경우지만 말이다. 페이스북과 블로그로 뜨기는 사실 어렵다. 팟캐스트도 어렵긴 마찬가지지만, 신선한 콘텐츠를 갖고 강의 훈련을 한다고 생각하며 올인해보기를 권한다. 30위 안에만 들어가도 주변에 자랑이 되지 않겠는가? 홍보할 때도 하나의 스토리로 사용할 수 있다.

8. 브랜드 마케팅 전문가 입장에서 볼 때, 자신을 브랜딩 할 때 주의할 점은?

자신의 아이덴티티를 가장 잘 표현할 수 있는 닉네임을 지어라. 내가 최근에 만든 닉네임은 '트렌드 몬스터'다. 트렌드 강연을 시작하면서 정한 닉네임이다. 브랜드를 만드는 데 도움이 된다.

강사들이 자신의 브랜드를 만들기 위해 여러 가지 시도를 하는데, 비즈니스 관점으로 봐서 돈이 되느냐가 가장 관건이다. 실제로는 안 되는 경우가 태반이다. 나는 비즈니스맨이기 때문에 딱 보면 안다. 한 번 정도는 히트를 치겠지만 지속이 되느냐, 그것이 문제다. 강사 전체의 문제가 지속성이 아닌가 싶다. 내가 이 분야에서 유일하다고 외친다 해도 정작 '돈이 되느냐', 이게 중요한 문제다. 한국 시장이 크지 않다 보니까 그런 딜레마에 빠진다. 그래서 속으로는 전략을 짜면서 콘텐츠 확장을 염두에 두고 움직여야 한다. 결국 콘텐츠 확장이 되지 않으면 살아남지 못한다.

9. 어떻게 온라인 소통을 오프라인으로 이어가는가?

나의 경우 토크 콘서트를 많이 했다. 커피 토크, 치즈 토크, 드림 토크, 맥주 토크 등등. 이때는 브랜드 관리 차원에서 다 무료로 했다. 치즈 토크 때는 300명 정도 모였는데 업계 관계자들도 다 놀랐다. 물론 SNS가 없었다면 쉽지 않았을 것이다. 이렇게 되려면 자기만의 네트워킹이 필요하다. 내가 나를 홍보하는 것은 어렵다. 물론 젊을 때는 해줄 사람이 없으니까 자신이 열심히 해야 한다. 하지만 나처럼 나이 든 사람은 직접 하기가 어렵다. 따라서 누군가가 계속 옆에서 나를 추천해주어야 한다. 그러려면 내가 먼저 그들을 도와줘야 한다. 세상에 공짜가 어디 있는가? 평소에 내가 그들을 많이 도와주면서 품앗이를 하는 수밖에 없다.

10. 마지막으로, 프로 강사를 꿈꾸는 독자들에게 해주고 싶은 말은?

남들로부터 "신인 강사인데 지가 뭘 하겠어?"란 소릴 들어야 한다. 나도 신인 때가 있지 않았는가. 생산성 본부에서 스물아홉 살짜리의 강연을 들었던 사람들이 어떤 생각을 했을까? '대리 주제에 우리한테 강연을 해?', 그러지 않았을까? 그럼에도 불구하고 그저 자신감으로 뚫고 나갔다.

우리 때는 하다 보니 강사가 된 경우이고, 지금은 꿈을 꾸는 강사의 시대다. 엄밀히 말하면 지금이 퀄리티가 더 높다. 우리나라에서 커피 배운 1세대는 사업 실패하고 할 게 없어서 커피를 만들었는데, 지금 나의 커피 스승은 고대 대학원까지 나온 사람으로 커피가 인생의 비전이다. 당연히 후자가 더 훌륭하지 않겠는가. 행운을 빈다.

제6장

평생 현역, 강사 되기 편

강사들은
직원이 필요할까?

기본적으로 강사는 '원맨 비즈니스'다. 따라서 직원을 두지 않고 혼자 하는 것이 일반적이다. 하지만 강연 횟수가 일정 수준을 넘어가게 되면 어쩔 수 없이 직원을 채용해야 하는데, '1인 기업가'로 불리는 공병호 박사도 전화 응대나 일정을 관리하는 직원이 있고, 아이디어 닥터 이장우 박사도 강연 자료를 만드는 비서가 따로 있다. 그렇다면 강사 세계에서 직원은 얼마나 필요하고, 또 어떤 직원을 뽑아야 할까?

먼저 내가 아는 프로 강사의 이야기를 해보겠다. 모 대학의 겸임교수 까지 하였던 그는 여러 방송에도 출연하는 등 한때 유명세를 타며 큰돈을 벌기 시작했는데, 급기야 직원을 열 명 넘게 채용하게 되었다. 하지만 무리한 확장 탓에 직원들 인건비도 몇 달째 밀리게 되었고, 결국에는 직원들 봉급을 주기 위해 무리하게 강연을 뛰어야 하는 처지가 되고 말았다.

다급해진 그는 선배 강사를 찾아가 조언을 구했다. 그 선배 강사는 운전기사 한 명을 제외하고는 직원 한 명도 없이 십수 년째 강연을 하고 있었는데 강연료 수익만으로 꽤 많은 돈을 번 것으로 알려져 있었다. 현재의 상황을 자세히 설명하자 선배 강사는 '일단 직원을 줄일 것'을 권유하면서 자신은 회사의 대표 직함만 빌렸을 뿐 실제 서류상으로는 이사들을 따로 두었기 때문에 법적으로도 자유롭고, 직원 몇몇의 인건비는 법인에서 처리하기 때문에 개인 비용을 들이지 않음을 넌지시 알려주었다. 결국 그는 지금껏 과도한 인건비를 쓰고 있음을 즉각 깨닫고 직원을 감축하고 나서야 숨통이 트이게 되었다. 내가 여기서 들려주고자 하는 교훈은 무엇일까? 폼 잡으려고 감당 못할 수의 직원을 채용하지는 말라는 것이다.

직원들이 하게 되는 일

그런데 직원들은 주로 어떤 일을 하게 될까? 강사의 개인 성향에 따라 달라지겠지만 강연 스케줄 관리가 기본이다. 아래 글은 어느 프로 강사의 구직 메일 내용을 일부 공개한 것인데, 프로 강사의 직원들이 어떤 일을 하는지 어느 정도 짐작할 수 있을 것이다.

제 비서 자리가 비어서 급하게 사람을 구합니다. 하게 되는 일은 제 심부름부터 문서 작성, 가끔 운전이지만 제 스케줄 관리가 기본 업무입니다. 업무가 익숙해지면 SNS 홍보 마케팅, 동영상 촬영 및 편집도 배울 수 있습니다. 급여는 많지 않지만 많은 것을 배울 수 있을 것입니다.

저에게 OO도 무료로 배울 수 있고, 저의 강의를 통째로 전수받을 수도 있습니다. 단, 3년 이상 같이 일할 분의 지원만 받습니다. 대학도 4년인데 3년은 배워야 제대로 일을 할 수 있지 않을까요? 그래야 독립하더라도 제 욕을 안 먹이고 할 수 있지 않을까 싶습니다. 지원 방법은 이메일로 연락처를 주시면 됩니다. 이력서를 보고 연락 드리겠습니다.

그 외에도 직원들의 업무로는 자체 세미나 강의 및 수강생 모집, 자료 수집 및 콘텐츠 개발, 세금계산서 발행 등을 하게 된다.

그렇다면 당신이 채용할 직원은 어떤 능력을 먼저 갖추어야 할까? 가장 중요한 것은 전화 받는 법이다. 실제로 전화를 퉁명스럽게 받는 직원 때문에 고객이 떨어져 나가지만 정작 강사 자신은 잘 모르는 경우가 많다. 또한 전화를 어떻게 받느냐에 따라 연구소(강사)의 수준을 가늠할 수 있기 때문에 전화 응대는 중요하다. 언젠가 A라는 스타 강사의 매니저에게 강연 문의를 위해 전화를 걸었던 적이 있었다. 그런데 그 직원은 한번 통화한 담당자를 상세히 기록이라도 해두는지, 다음에 통화할 때는 무언가 적어놓은 것을 보고 말한다는 인상을 강하게 받은 적이 있었다.

또 다른 필요 능력은 사교성이다. 내가 아는 어느 원로 가수의 매니저는 단순히 운전이나 전화 응대 업무에 머무르지 않고 강연장에서 담당자에게 친절하게 말을 건네고, 강연을 섭외해준 나까지 치켜세우는 등 주변을 기분 좋게 만든다. 이처럼 사교성과 일하는 센스가 탁월한 직원을 채용하라. 그런 직원을 이미 만났다면 월급을 대폭 올려주는 한이 있어도 절대로 놓치지 마라.

그런데 직원의 월급은 얼마나 주어야 할까? 당신 수입도 아직 넉넉지 못하다면 처음에는 3개월 정도 수습 기간을 두고, 그 이후에는 인센티브 제로 하는 것은 어떨까? 월급제가 아니라 매출에 비례해 돈을 주는 것이다. 그래야 자기 사업처럼 일한다. 총수입의 70:30(혹은 80:20) 비율로 하거나, 직원이 자발적으로 일으킨 매출에 한해서는 직원이 70을 가져가도록 하면 어떨까? 이후 신뢰가 확보되면 4대보험에 가입해주고 정직원으로 채용하면 된다. 참고로 시장 원칙보다 훨씬 많이 주는 프로 강사도 있는데, 그의 직원 연봉은 약 3천만 원 수준이다.

한편, 장거리 이동이 잦은 강사들은 운전기사를 따로 채용하기도 하는데, 만약 고정 월급을 받지 않는다면 강연 현장에서 강사의 책을 판매하게 하고 그 수익을 운전기사가 챙기도록 배려한다. 그러나 이때에는 반드시 사전에 강연 주최 측의 양해를 구해야 한다는 것을 잊지 마라.

마지막으로, 강사 시장은 이직률이 높은데 그 이유는 인건비도 낮고 어딜 가나 비슷한 대우를 받기 때문이다. 또한 직원들 역시 독립을 꿈꾸기 마련이라 이때 발생하는 문제는 기존 거래처나 교육 과정을 그대로 가져다 쓰는 바람에 경쟁자가 되는 것이다. 그래서 어떤 프로 강사는 나에게 "너무 똑똑한 직원을 채용하지 말고 고졸 여사원 한 명을 채용하라"고 넌지시 조언한 적도 있었다. 흔한 경우는 아니지만 강사에게 불만을 품은 직원이 강사의 허위 경력 등을 폭로하는 내부 고발자가 되기도 하는데, 이런 문제 때문인지 적잖은 강사들이 가족끼리 함께 일하기도 한다.

하지만 모두가 그런 것은 아니다. 프로 강사 중에는 "직원 덕분에 먹고산다"는 사람들도 종종 있다. 아이디어 닥터 이장우 박사는 "내가 강사를 하는 한 지금 직원인 이효미 대리와 함께할 것이다. 내가 돈을 적게 가져가는 한이 있어도 말이다"라고 하였는데, 기업가 출신의 강사다운 멋진 말 아닌가? 당신도 이런 말을 할 수 있는 마음 넉넉한 프로 강사가 되길 바란다.

SUMMARY **강사들은 직원이 필요할까?**

1. 폼 잡으려고 감당 못할 수의 직원을 채용하지는 마라.

2. 직원의 주요 업무는 강사 스케줄 관리, 세미나 준비, 콘텐츠 개발, 세무 처리 등이다.

3. 강사들의 직원은 전화 응대 능력과 사교성이 매우 중요하다.

4. 월급을 줄 형편이 안 된다면 매출에 비례하여 돈을 주어라.

5. 강사 시장은 기본적으로 인건비가 낮아서 이직률이 높다.

6. 직원이 독립 후 경쟁자가 되는 경우가 있기 때문에 경계하기도 한다.

7. 하지만 "직원 덕분에 먹고산다"고 생각하는 강사들도 분명 존재한다.

나에게
필요한 멘토를 가져라

강사들도 라인이 있는가

TV 예능 프로그램에서 '유라인(유재석 라인)', '규라인(이경규 라인)', '강라인(강호동 라인)'이라는 말을 종종 접한다. 지금은 사정이 달라졌다고 하지만 과거에는 A급 스타들이 출연을 조건으로 소위 '내 라인' 후배를 챙겼다고 하는데, 강사 세계에도 이른바 '라인'이라는 것이 있을까? 그러한 부탁을 내가 직접 받기도 하였으니 전혀 없다고 하면 거짓말일 것이다.

그런데 소위 '라인'이라는 것이 대단한 강사들에게만 해당되는 것은 아니다. 가까운 지인들끼리 끌어주고 당겨주는 경우도 얼마든지 있다. A라는 강사는 강연 후 담당자에게 감사 메일을 보내면서 이러한 문구와 함께 동료 강사들의 리스트를 첨부한다.

"다음 강연 준비에 도움이 될 수 있도록 추천할 만한 여러 분야 강사들의 프로필, 주제, 연락처가 담긴 파일을 첨부합니다. 강사마다 강연 내용, 분위기, 강연료, 가능 여부가 다르므로 구체적인 부분은 별도 문의 바랍니다."

내가 아는 여성 강사 B 씨는 자신의 분야에서 자리를 잡게 되자 남편에게도 강사가 될 것을 권하며 끌어준 결과, 지금은 책도 공저로 한 권 출간하였고 꽤 많은 강연을 부부가 함께하고 있다. 비슷한 예로, 프로 강사인 아버지의 권유로 대기업을 그만두고 강사가 된 아들도 있는데, 능력과 연줄만 확보되면 전문 강사가 되는 것이 경제적으로도 훨씬 유망한 투자라는 것이 이미 강사 생활을 오래한 프로 강사들의 공통된 생각이다.

여기서 당신은 "결국 강사 세계도 연줄이냐?"고 분통을 터뜨릴지도 모른다. 하지만 나의 경험에 비추어볼 때 인맥은 본인 노력 여하에 따라 형성해나갈 수도 있다. 얼마 전 알게 된 신인 강사 A는 강사가 된 지 6개월이 채 안 되었는데도 꽤 많은 강연을 하고 있었다. 그 이유가 궁금하여 비결을 묻자 그는 "부산에서 갓 상경하여 집도 빽도 없었지만 인터넷을 검색해 찾아간 협회에서 선배 강사 한 분을 만났고, 그에게 아주 공손하게 처신하였더니 선배가 강연을 하나둘 넘겨준 덕분에 꽤 많은 강연을 할 수 있게 되었다"라고 답했다.

지금 스타 강사의 반열에 오른 사람들을 한번 살펴보라. 처음부터 믿을 만한 '라인'이 있었던 경우는 거의 없었다. 즉, 당신이 지금 비빌 언덕이 없다 하더라도 좌절하지는 말라는 것이다. 한 가지 덧붙이자면, 누구누구 라인이라고 해서 한두 번 정도는 강연 기회가 주어질 수도 있겠지만 계속 요청을 받는 것은 순전히 당신의 능력에 달려 있다. 기껏 기회를 주었더니 강연을 망쳐서 서로 간 얼굴을 붉히는 것을 내가 한두 번 본 것이 아니다.

프로 강사에게도 멘토가 있다

A라는 프로 강사가 CEO 과정의 강연 평가에서 최하점이 나온 적이 있었다. 프로 강사들이 언제나 성공적인 강연을 하는 것은 아니지만, 강연 평가에서 '下'를 받는다는 것은 프로 강사에겐 그야말로 치욕이다. 때문에 A 강사는 너무나 큰 충격을 받았고, 자괴감에 빠져 잠 못 이룰 정도로 괴로워하였다.

실패의 원인을 찾지 못한 A 강사는 멘토인 B 강사를 찾아가 그날의 상황을 상세하게 설명하며 조언을 구했는데, B 강사가 이야기를 다 듣더니 이렇게 말했다.

"네가 보기에는 왜 그랬던 것 같니?"

"제가 오만했던 것 같습니다."

"그래, 어떤 강연이든 청중이 누구인지를 정확히 파악해야 하는 거야. 그때 네가 실수한 것은 매번 하던 내용으로 강연을 해서 그런 게 아닌가 싶다. 네가 강연이 많아지다 보니 청중 분석을 소홀했던 것 같다."

B 강사가 문제의 원인을 정확히 짚어내자 A 강사는 기본으로 돌아갈 것을 새삼 깨닫고 다짐하였다고 한다.

멘토를 어떻게 만날 것인가

당신이 본받고 싶은 멘토 강사를 찾았다고 하자. 그런데 멘토에게 어떻게 접근해야 할까? 방법은 다양하다. 이메일 주소를 알아내어 최대한 예의를 갖춰 메일을 보내보거나, 강연장에 직접 찾아가 반갑게 인사를 건네거나, SNS로 친구 신청을 걸어보거나 하는 식이다. (만나고 싶은 사람이 책을 낸 저자라면 출판사에 전화를 걸어 작가의 강연 요청 때문에 전화했다고 하면 연락처나 이메일을 쉽게 얻을 수 있다. 참고로, 교보문고 홈페이지에 접속하면 국내의 모든 출판사 연락처를 검색할 수 있다)

물론 그러한 멘토들은 바쁘다. 그러나 당신의 열정을 충분히 어필한다면 스승과 제자로서 좋은 관계를 맺을 수도 있을 것이다. 내가 아는 어느 작가는 신문의 논설위원에게 메일을 보내며 꾸준히 교류하기도 하고, 어느 강사는 사람 많은 식당에서 멘토의 바짓가랑이를 붙잡은 적도 있다고 하였는데 그만큼 절실하기 때문 아니었을까? 나 역시 사업 초기에 강연장을 직접 찾아다니며 나 자신을 알렸는데, 6.25 전쟁고아에서 노르웨이 교과서에 실릴 정도로 국민 영웅이 된 라면왕 이철호 회장의 마음을 사로잡기 위하여 노르웨이어를 할 줄 아는 후배를 수소문해 노르웨이어로 자필 편지를 쓰고 답장을 받은 적도 있었다.

한편, 당신의 멘토가 누구임을 알리고 강사 활동을 하는 것이 처음에는 도움이 될 수도 있으나 반대로 운신의 폭이 좁아질 수도 있다는 것 역시 알아둬라. 일부 속 좁은 멘토는 라이벌 강사의 강연회에 가는 것을 탐탁지 않게 여기는 경우도 있는데, 그 결과 교류를 넓힐 수 있는 기회가 제한되고 누구누구 사람으로 인식되기도 한다. 그런 이유 때문에 나는 자신의 사무실을 무상으로 쓰라는 어느 강사의 제안을 정중하게 거절한 적도 있었다.

지금까지 '멘토는 실전에서 어떤 의미가 있는가'에 대해서 살펴보았다. 어쨌든 당신이 강사의 길을 걷고자 하는데 이미 그 길을 먼저 걸어본 경험자를 멘토로 두고 있다는 것은 행운이다. 언젠가 당신도 후배 강사들을 이끌어주는 멋진 멘토가 되길 바란다.

TIP 　강사는 정치적이면 안 되는가?

어느 정도 인지도가 쌓인 스타 강사가 되면 정치권에서 러브콜이 오기도 한다. 유명 강사 몇몇은 아직도 선거 때만 되면 정당의 윗선에서 연락이 온다고 하는데, 실제로 비례대표 국회의원이 되거나 정부 산하 교육기관의 단체장이 되는 경우도 보았다. 정치인이 되는 것이 당신의 꿈이라면 대중 강연을 통해 인지도를 쌓는 것도 나쁜 방법은 아니다. 그러나 당신이 정의감에 넘쳐 정치 성향이 노골적으로 드러나는 대중 강연을 한다면 그 열정만큼 프로 강사가 될 가능성은 줄어들 수 있다. 즉, 당신이 강사라는 타이틀을 정치인이 되는 중간 단계로 여기지 않는다면 가급적 청중 앞에서 정치 이야기는 하지 말 것을 권하고 싶다.

나는 실무에서 정치색이 짙은 강사들과 종종 일할 때가 있다. 언젠가 여의도의 금융회사 특강을 맡게 된 외부 강사가 역사적으로 평가가 엇갈려 논란의 소지가 될 수 있는 이승만 대통령에 대해 비난을 한 적이 있는데, 순간 임직원들의 야유 섞인 탄식이 터져 나와 강연 내내 식은 땀을 흘린 적이 있었다.

또 이런 일도 있었다. 강연 에이전시와 일을 하지 않기로 유명한 어느 석학을 대기업 담당자의 요청으로 아주 어렵게 섭외하였는데 며칠 후 담당자가 다짜고짜 강연을 취소하는 것 아닌가? 정말 어렵게 섭외한 강사였던 만큼 나는 매우 당황하였는데, 담당자에게 자초지종을 묻자 왠지 대답을 얼버무리는 것이었다. 며칠 후, 원인을 파악하고자 재차 물어보았더니 담당자로부터 돌아온 대답.

"그 강사가 저번 정권 사람이라 윗선에서 다른 사람으로 교체하라는 지시가 내려왔습니다."

이뿐 아니다. 얼마 전에는 공영 방송국으로부터 "특정 정치인을 지지하는 분은 출연이 어렵다는 결정이 내려졌습니다"라고 방송 금지 통보를 받았다는 글을 SNS에 올린 방송인도 있었고, 강사가 대통령에 대해 안 좋게 언급하자 빨리 사과하지 않으면 이런 사람을 초청해 강연시킨 기관장도 문제 삼겠다고 투서한 청중도 있었다.

내가 지금 말하려는 것은 '당신이 아무리 강연을 잘해도 정치 성향으로 인해 억울한 일을 당할 수도 있다'는 사실이다. '저 사람 보수잖아', '저 사람 진보잖아' 식으로 정치색을 가지고 당신의 전문 분야를 삐딱한 시선으로 규정해버린다면 얼마나 억울한 일인가? (평소 정치적 발언을 세게 하는 연예인들은 담당자가 강사 선정 과정에서부터 기피한다)

한편, 한국 ABC협회가 공개한 '전국 161개 일간 신문의 2015년도 발행, 유료 부수 현황' 자료에 따르면, 실제 판매량인 유료 부수에서 1위는 〈조선일보(126만 6763부)〉, 2위는 〈중앙일보(75만 314부)〉, 3위는 〈동아일보(73만 1788부)〉로, 보수 언론인 조·중·동이 1, 2, 3위를 차지하였고, 진보 성향의 〈한겨레〉는 ─ 발행 부수가 워낙 적어 어쩌면 당연한 결과이겠지만 — 유료 부수가 총 20만 725부로 집계되어 7위에 머물렀다.

내가 지금 무슨 말을 하려는 것일까? 당신에게 강연 기회를 주는 담당자와 강연에 참석할 청중의 십중팔구는 조·중·동을 읽고 있다는 뜻이며, 만약 당신이 진보 성향의 강사라면 우리 사회가 이런 식으로 편성되어 있는 것을 모르고 섣불리 정치 이야기했다가 손해 볼 수도 있다는 뜻이다. 마찬가지로, 당신이 보수 성향의 강사라 조·중·동에 대해서만 해박하고, 〈한겨레〉의 논조에 전혀 무지하다면 당신은 사회 전체를 통찰하는 시야가 좁은 외눈박이 강사에 그칠지도 모른다. 가장 이상적인 강사는 어느 한쪽에 휘둘리지 않고 균형 있는 시각을 지닌 강사가 아닐까?

결론적으로, 당신이 대중 강사가 되고자 한다면 정치 이야기는 가급적 하지 마라. 정치 이야기만큼 설득도 되지 않고 공허함과 손해만 따르는 일도 없다. 스타 강사들도 정치 이야기만큼은 진실이 무엇인지 알면서도 절대 입 밖에 내지 않는다. 그렇게 하는 것이 대중 강사로서 롱런하는 방법임을 경험적으로 알기 때문이다. 따라서 당신도 이러한 점을 절대 잊지 말고, 정치 이야기로 손해 보거나 억울한 일을 당하지 않도록 주의하자.

피드백해줄 사람을
곁에 두라

명연설가로 알려진 오바마 前 대통령도 처음부터 달변은 아니었다고 한다. 그의 자서전 『버락 오바마, 담대한 희망』에는 "나는 말을 할 때 산만한 데다 좀 머뭇거린다. 지나치게 말이 많기도 하고 장황할 때가 있다. 아내와 보좌관들은 이러한 점을 나에게 자주 일깨워준다"라고 쓰여 있는데, 어쩌면 쓴소리를 마다하지 않았던 주변인들의 피드백 덕분에 전세계의 청중을 매료시키는 '오바마 명연설'이 탄생하였는지도 모르겠다.

에드워드 8세의 뒤를 이어 영국 왕에 오른 조지 6세. 그의 실화를 바탕으로 한 영화 〈킹스 스피치〉에서 조지 6세(콜린 퍼스)는 말더듬이다. 제2차 세계대전 당시 전쟁의 불안에 떠는 국민들에게 라디오 연설을 해야 하는 왕은 아내의 소개로 괴짜 언어치료사(제프리 러쉬)를 통해 가혹한 훈련을 받게 된다. 왕의 권위를 버리고 스승의 한마디 한마디를 충실히 따른 결과, 그는 라디오 연설을 성공적으로 마치고 국왕 역할을 훌륭히 수

행할 수 있었다.

이러한 사례는 얼마든지 더 있다. 세계적 미래학자인 故 앨빈 토플러의 아내 하이디 토플러는 남편의 강연에 꼭 참석해 현장 멘토 역할을 하였다고 하는데, 앨빈은 강연 내내 아내의 눈치를 살폈다는 일화도 있다. 프로 강사들 역시 이와 비슷한 경험을 한다. 내가 아는 어느 강사는 방송을 하면 기분이 붕 뜬다고 하였는데 그때마다 아내가 "당신, 너무 들떴어요. 좀 가라앉혀요", "당신, 저때 그 단어는 쓰는 게 아니었어요" 식으로 꼭 피드백을 해준다고 한다. 놀랍게도 그는 아내의 지적이라면 무조건 믿고 따르는데, 그 이유를 묻자 그가 하는 말이 아내 외에는 아무도 자신에게 노골적으로 조언을 해주지 못하기 때문이라고 하였다.

어쨌든 피드백을 해줄 사람의 중요성은 아무리 강조해도 지나치지 않는데, 이때 당신보다 먼저 강연을 시작한 선배 강사가 가장 도움이 된다. A라는 강사는 선배 강사 앞에서 원고를 달달 외워 몇 번이나 혹독하게 피드백을 받았다고 한다. 그 결과 KBS 〈강연 100℃〉에도 출연하였고, 책도 한 권 출간했으며, 지금은 꽤 많은 출강을 다니게 되었다. 또한 강연 교육기관의 피드백도 도움이 되는데, B라는 강사는 약 한 시간 동안 피드백을 듣고 모든 자존심이 무너졌지만 그 조언을 토대로 개선한 결과 강연 실력을 매우 향상시켰다.

하지만 주변에 도통 그런 피드백을 해줄 만한 사람이 없다고? 일단 가까운 가족이나 친구의 도움을 받아보라. 내가 강연을 할 때는 동생에게 피드백을 구했다. 그러면 "이렇게 슬라이드를 꾸미면 어떨까?", "이런 내용을 추가하면 어떨까?" 등등 나에게 의견을 주었는데, 이러한 피드백이 상당한 도움이 되었다. 가족이기 때문에 그 어떤 것도 눈치 보지 않고 있는 그대로 지적해준다는 이점도 있다. 어쨌든, 누군가 피드백을 해주겠다고 자처하면 머쓱해하지 말고 고맙게 받아들여라.

피드백을 여과 없이 받다 보면 얼굴이 화끈거릴 때도 있을 것이다. 하지만 명심하라. 프로 강사들일수록 피드백을 받아들이는 태도가 다르다는 것을. 『당신의 꿈은 무엇입니까?』를 쓴 김수영 작가는 강연이 끝나면 항상 이메일로 어떠한 점이 좋았고, 어떠한 점이 미흡하였는지를 꼼꼼히 챙기는데, 그런 식으로 미비점을 파악하고 문제를 해결함으로써 강연을 개선시킨다. 당연히 강연은 소문이 나기 마련이고 강연 요청이 쇄도하게 된다.

프로 강사를 꿈꾼다면 객관적으로 피드백해줄 사람을 곁에 둬라. 그들의 피드백을 경청하면서 현재 잘하고 있는지, 자기도취에 빠진 것은 아닌지 등을 경계하면서 수시로 확인하고 점검하라. 그것이 당신이 최고라는 착각에 빠지지 않으면서도 강사로서 롱런하는 올바른 길이다.

TIP 강사들의 셀프 체크 리스트

기간	점검 사항	확인(○)	비고
강연 전	필요에 따라 사전 미팅		담당자 요청 시
	강연 자료 완성		
	자료 및 원고 넘기기		수정 요청 시 반영

	일정 및 주소 체크		강연장 상세 주소, 강연장 명칭 / 호실 실내 / 야외 여부 확인	
	필요 물품 체크		USB, 노트북, 충전 케이블, 연결 젠더, 무선 레이저 포인터, 배터리	
	교통편 체크			
강연 당일	디스플레이 체크		호환 여부 확인, 필요에 따라 본인 PC 연결, 화이트보드 등	
	영상 및 음향 체크		곰플레이어, 윈도우미디어, 블루투스 스피커	
	물, 무선 마이크 체크		마이크 볼륨, 배터리	
	실내 온도 체크		통풍, 에어컨	
	담당자 미팅		청중 특성 파악 및 행사 관계자 인사	
	강연 종료 후 마무리		자료 삭제 및 물품 정리, 주차권 확인	
강연 후	담당자 감사 인사		3일 이내	
	강연 피드백 요청			
	미비점 보완		콘텐츠 수정	
	강연 사진 등 게시		홍보용 SNS 등	
	담당자 명함 정리		엑셀 파일, 주소록 작성	
	뉴스레터 발송		교육 과정 소개, 칼럼, 추천 영상, 신간 안내 등	

건강을 잃으면
아무것도 아니다

　내가 인격적으로 존경하는 성공학 강사가 최근 돌아가셨다. 평소 나에게 각별한 애정을 주신 분이었기에 마음이 아프다. 몇 년 전 큰 수술을 하였음에도 불구하고 최근까지 하루에 두세 차례나 강연을 하였던 것이 화근이었다. 대한민국 최고의 성공학 강사였지만 정작 본인의 건강은 챙기지 못했다는 것이 너무나 안타깝다. 그러나 고인은 오랜 투병 생활을 통하여 자신의 생명이 얼마 남지 않음을 깨닫고 마지막까지 영혼을 불태운 것인지도 모르겠다.

　내가 그분을 처음으로 만난 것은 어느 기업의 강연을 주선하면서였다. 첫인상이 무척이나 자상하였던 그분이 나에게 처음으로 했던 말은 엉뚱하게도 "누구 사람이냐?"였다. 어린 나이에 에이전시를 차렸을 리가 없다고 생각했는지 다른 누군가가 나를 훈련시키고 있다고 여겼던 것 같다. 그때 나는 "그냥 저 혼자 시작했는데요"라고 답하였고, 그때부터 그분은 나를 아들처럼 대해주시며 일주일에 한 번은 만나는 사이가 되었다.

한번은 하이모에서 협찬을 받았다며 그분이 가발을 쓰고 오신 적이 있었는데, 그때 나는 강사들도 협찬을 받는구나 하고 대수롭지 않게 넘겼다. 또 한번은 등산하다가 넘어졌다며 내가 준비한 강연에 지팡이를 짚고 오셨는데, 화장실에서 비틀거리시는 것을 내가 부축하였을 때부터 좀 이상하다고는 생각했다. 그 후, 차 안에서 다리를 왜 다치셨는지 재차 여쭙자 차창 밖을 바라보며 "지은 죄가 많아서인가"라고 하였는데, 그때 나는 처음으로 그분의 한숨을 보았다. 지금 생각하면 이런 모든 것들이 암 투병 중임을 제자들에게 감추려는 그분 나름의 노력이었던 것이다.

성공학 강사답게 그분이 나에게 입버릇처럼 해준 말은 "진정한 성공자란 '사회적 지위', '경제적 자유', '사람들의 존경', 이 세 가지를 갖춘 사람이다"라는 것이었다. 투병 소식이 전해지자 그분의 제자들이 개최한 사은 행사가 두 번 있었는데, 실제로는 임종을 앞둔 스승과 제자들의 마지막 송별 모임이었다. 나는 두 번 다 참석하였는데 몰라보게 야윈 모습에 결국 참았던 눈물을 쏟고 말았다. 그날 제자들이 참 많이도 왔고 진정으로 슬퍼하는 것을 보았다. 그분이야말로 사회적 지위와 경제적 자유뿐만 아니라 많은 제자들의 존경까지 받고 있음을 알 수 있었다. 이러한 그분의 삶을 지켜보면서 마지막 순간까지 많은 사람들의 존경을 받는 삶이야말로 진정한 의미의 성공이 아닐까, 하는 생각을 해보게 되었다.

사실 이전까지 나는 '건강을 잃으면 모든 것을 잃는다'는 말을 부정해왔다. 몸은 건강하지만 경제적 문제에 부딪혀 어려움을 겪는 사람들이 얼마나 많은가. 그러나 주변에서 뜻밖의 죽음을 맞이하는 사람들을 종종 보게 되면서 생각이 바뀌었다. 성공, 출세, 부자도 좋지만 지금 이 순간을 건강하고 행복하게 사는 것의 가치를 깨달았기 때문이다. 그래서인지 요즘은 독하게만 사는 사람들보다는 시와 소설도 읽고 잔디도 밟을 줄 아는 사람들이 더 멋있어 보인다.

당신도 일이 술술 풀려 한창 바빠지면 더 욕심을 부리고 싶어질지도 모르겠다. 그러나 아무리 잘나간다 한들 건강을 잃으면 사상누각에 지나지 않는다. 그래서 어떤 강사들(한비야, 강신주 등)은 주말엔 절대 강연을 잡지 않거나, 한 달에 몇 회 이상은 하지 않는다는 철칙을 세우기도 한다. 때문에 강연을 의뢰하는 나의 요청이 거절당하기도 하지만 올바른 태도라고 믿는다.

돌아가신 성공학 강사는 자신의 뒤를 이어 강사의 길을 걸으려는 아들에게 "나를 반면교사로 삼아라"라고 하셨다는데, 당신도 이 말을 새겨듣고 평소 건강관리에 신경을 쓰기 바란다. 거듭 강조하지만, 세상에는 명강사가 되는 것보다 훨씬 더 소중히 여겨야 할 것들이 너무도 많기 때문이다.

스타 강사들은 하루 두세 차례의 강연이 끝나면 완전히 녹초가 되기 때문에 새로운 콘텐츠를 연구할 여력이 거의 없어진다. 청중에게 살아 있는 지식과 정보를 전달해야 할 강사가 오히려 자기계발에 소홀해지는 함정에 빠지게 되는 것인데, 故 구본형 소장은 이러한 현상을 경계하는 글을 〈혁신 경영 6월호〉에 기고하였다. 아래는 그중 일부이다.

나는 1년에 300번의 강연을 하는 1인 기업가를 보았다. 이 정도의 횟수를 소화하려면 하루에 두세 번 강연을 할 때도 부지기수다. 그는 그것을 자랑한다. 자신이 얼마나 훌륭한 강연가인가를 보여주는 것이기 때문이라는 주장이다. 그러나 너무 많은 퍼포먼스는 하나의 강연을 예술로 승화시킬 수 있는 에너지 집중을 이루어내는 데 실패할 수밖에 없다. 결국 마인드 쉐어와 라이프 쉐어를 이루어낼 수 없기 때문에 단명할 것이다. 종종 탁월한 능력을 지닌 1인 기업가들은 더 오랫동안 번창할지 모르지만, 결정적인 실수는 스스로 자유롭지 못한 함정에 빠져들 가능성이 높다.

은퇴 후 프로 강사가 된
- 정기룡 미래현장전략연구소장

우리나라는 2026년 국민 5명 중 1명이 노인인 초고령 사회에 진입한다고 한다. 100세 시대를 넘어 120세 시대를 향해 가는 이때에 은퇴 후 세컨드 라이프로 프로 강연자가 된 정기룡 미래현장전략연구소장의 모습은 많은 베이비부머 세대들에게 귀감이 되고 있다. 전 경찰서장으로, 행정학 박사로, 〈연합뉴스〉에 보도된 가수로, 목회를 하는 전도사로 누구보다 바쁜 인생 2막을 보내고 있는 그를 인터뷰하였다.

1. 소장님은 전직 경찰서장으로, 은퇴 후 눈코 뜰 새 없이 바쁜 나날을 보내고 있는 인기 강사이기도 하다. 어떻게 은퇴 후 강연을 하게 되었나?

먼저, 내가 현직에 있을 때부터 이야기하겠다. 90년도에 대전 서부경찰서 수사과장 하던 시절에 부하직원이 사무 감사 전 어떤 서류를 산에 묻어버렸다. 그런데 그 서류를 등산객이 발견하고 MBC에 제보를 했다. 사건이 터지니까 부하직원은 도망가다 구속이 됐고, 치안 본부에서 경찰서장을 직위 해제시켰다. 그 모습을 보고 언젠가 나도 짤릴 수 있겠다는 생각을 처음으로 해봤다.

그러던 중, 퇴근하고 나서 음식을 배운다는 다른 부하직원 얘기를 들었다. 그 친구는 음식 만드는 게 취미라서 퇴근하고 한식 학원을 다녔는데, 자기는 정년 채우고 나면 식당을 차리고 싶단다. 그래서 주중에는 한식 학원에 다니고, 주말에는 아이들한테 요리해서 선을 보이고, 틈만 나면 아내와 전국 맛집을 다닌다고 했다. 그 얘기를 들으니 왠지 부러웠다. 현직에 있을 동안 미리 준비해놓으면 좋지 않은가. 그래서 나도 현직에 있을 때 뭔가 좋아하는 걸 찾아야겠다고 생각했는데, 나는 남들 앞에서 말하는 게 좋았다. 그래서 강연을 한번 해보자 마음먹게 된 것이다.

2. 그렇다면 강사가 되기 위해 현직에서 어떤 준비를 했는가?

떡 만드는 거나 빵, 두부 만드는 것도 배우고, 시행착오를 참 많이 겪었다. 강연을 해보려고 데일 카네기 과정도 들었다. 그러다가 2004년경 내가 대전 대덕 경찰서장 하던 시절에 지금은 스타 강사인 김창옥 씨를 강연료 15만 원에 초빙한 적이 있다. 강연이 끝나고 같이 밥을 먹으며 재미있게 대화를 나눴는데, 2009년쯤 김창옥 강사한테서 연락이 왔다. 자신이 스피치연구소를 차렸는데 수강할 생각이 없느냐는 거였다. 그래서 그때 수강비 70만 원인가 주고 배우러 갔다. 10명 정도 되는 수강생들이 모여 3분 스피치를 하면 김창옥 강사가 그에 대한 피드백을 해주었다. 그렇게 직접 배워보니 다시 한 번 강연을 하고 싶다는 생각이 들더라. 어쨌든 그렇게 조금씩 강연 경험을 쌓아나갔다.

3. 은퇴를 앞두고 있거나 현재 은퇴한 베이비부머 세대들 중 자신들이 사회에서 익힌 지식을 썩히지 않고 다음 세대에게 강연으로 전달하고픈 사람들이 많다. 그들이 현실적으로 가장 먼저 해야 할 것은 무엇인가?

솔직히 말하면, 일반 강연은 어렵다. 리더십 강연 같은 건 잘할 수가 없다. 왜냐하면 이미 잘하는 사람들이 널렸기 때문이다. 핵심은, 한 분야의 전문가가 되어야 한다는 것이다. 예를 들어 '정기룡' 하면 사람들은 '저 사람은 조직에 대한 강의가 가능해'라는 생각을 한다. 내가 경찰 생활을 해봤기 때문에 조직에 대한 강의가 전문적으로 가능하다고 생각하는 것이다.

이처럼 해당 분야의 전문성을 띠어야만 한다. 살아온 인생 전반에 대한 노하우를 가지고 강연해야 하는 것이다. 강연을 듣는 사람 입장에서 전직 경찰관 정기룡을 불렀으면 경찰관 얘길 듣고 싶지 않겠는가? 그런데 경찰관 정기룡을 불렀더니 리더십 강연을 한다? 그러면 사람들은 식상해한다. 재차 강조하지만, 젊어서 쌓아온 경험을 가지고 강연을 해야 한다. 20대, 30대, 40대를 거치며 인생을 살아온 노하우가 강연에 응축되어 있어야 한다. 조직관리 전문가라면 조직관리로 강연을 해야 한다. 잡다하게 이것저것 해서는 살아남을 수가 없다. 강사는 차별화가 중요한 법이다. 김창옥은 소통, 정기룡은 은퇴설계, 조직관리, 이렇게 말이다. 그러니까 전반전 인생에 내가 뭘 잘했는지를 우선 생각해봐야 할 것이다.

4. 강연 기회는 주로 어떤 경로를 통해 생기나?

강연자의 나이가 많을수록 강연 기회는 줄어든다. 나이 많은 강연자를 잘 안 부르는 것이다. 그러니 강연을 한 번 하더라도 정말 잘해야 한다. 강연은 결국 입소문이다. 그렇기 때문에 철저한 준비는 필수다. 제대로 쓴 책 한 권이 있으면 가장 좋다. 저서가 없으면 강연 기회가 좀처럼 주어지지 않는다. "저 사람은 『퇴근 후 2시간』의 저자야. 저 사람은 조직관리, 은퇴설계 강의를 잘해." 요즘 퇴직하는 사람 많지 않은가? 그러니까 나를 불러주는 것이다. 오늘도 강연을 두 번이나 했다. 인생 전반전 경험을 토대로 책을 쓰고, 그 내용으로 강연을 한다고 보면 된다. 나의 경우에는 경찰서장 할 때 매주 월요일 직원들한테 편지를 썼다. 살아가는 이야기, 아이들 이야기 등등. 그걸 쓰다 보니까 책 한 권 분량이 나오더라.

5. 시니어 강사의 단점이라면?

나이 먹으면 강연 횟수가 줄어든다는 것이다. 사실 젊은 사람들이 책도 더 많이 읽고, 아는 것도 다양하고, 강연도 더 잘하지 않는가. 그러니 당연히 나이 든 강사의 강연 기회는 줄어들 수밖에 없다. 그래서 나이 먹은 사람들은 전문화되지 않으면 정말 강연하기가 쉽지 않다. 그래서 더욱더 노력을 해야 한다. 나는 틈만 나면 책방에 간다. 책 한 권에서 주옥같은 한 줄 찾아내면 그걸로 된 것이다. 그 한 줄로 강연할 때 한마디를 던진다. 사람들은 강연 전체를 다 듣는 것이 아니기 때문에 한 문장에만 꽂히면 된다. 그래서 열심히 책을 읽는다. 그렇지 않으면 강사로 서기가 무척 어렵다.

6. 수익적 측면에서, 현직에 있을 때와 비교한다면?

2016년으로 따지면 경찰서장 할 때보다 수익이 더 많다. 무엇보다 얽매이지 않고 자유로우니 좋다. 요즘에는 하루에 두 번 정도 강연한다. 수익 면에서나 시간 면에서나 현직에 있을 때보다 낫다. 그리고 내 전문성이 깃든 콘텐츠를 하나 제대로 만들어놓으면 아주 크게 달라지는 건 없지 않은가. 주기적으로 약간의 보완을 하며 업데이트하면 된다. 결국 제대로 된 큰 축을 만드는 게 중요하다.

7. 퇴직 후의 두려움은 어떻게 극복했나? 시니어들에게 현실적인 조언을 해준다면?

퇴직하고 나면 우울증이 온다는 말이 맞다. 왜냐하면 조직에 속해 있는 동안은 어딜 가도 대우받지 않았는가. 그런데 퇴직하고 나면 딱히 찾는 사람이 없다. 아내와 같이하는 시간도 한계가 있다. 그러니 퇴직하고 나서 우울증에 걸려 확 늙는다는 게 딱 맞는 얘기다. 50대 중반, 60대에 취직을 한다 해도 길어야 2~3년이다. 그때 나와 봐야 딱히 할 게 없다. 그래서 기술을 배우는 것이 좋다고들 한다. 그래서 나는 내가 좋아하는 기술을 배웠다. 그게 바로 강연이다. 강연은 무엇보다 평생 할 수 있지 않은가. 그러니 자기만의 기술을 찾아 배우기를 바란다.

8. SNS를 활발히 하는 것 같다. 개인 홍보를 위해 어떤 노력을 기울이는가?

매번 강연을 할 때마다 나는 페이스북에 그 소식을 올린다. 그러면 자연스럽게 내 페친들은 '저 사람은 강연하는 사람이구나' 하고 인식하게 된다. 그리고 이왕이면 자기만의 연구소를 하나 만들고, 홈페이지도 운영하는 게 좋다. 포털 사이트에 검색이 되게끔 하는 것도 중요하다. 사실 내 연구소에는 연구원이 없다. 나 혼자 하는 것이다. 사진도 내가 직접 올린다. 강연 갔다 온 사진하고 신문에 투고했던 글이나 광고를 모아 나름대로 마케팅을 하는 것이다. 그러면 사람들이 그걸 보고 연락해온다. 지속적으로 그렇게 내 홍보를 해나가는 게 중요하다.

하지만 무엇보다 가장 효과적인 홍보 방법은 방송에 출연하는 것이다. 김창옥 강사가 뜬 것도 〈세.바.시〉 출연 덕분이지 않은가. 나도 그 프로에 나가기도 했고, 〈아침마당〉 패널도 해봤고, 여러 지역 방송에도 출연했는데, 확실히 공중파의 파급 효과가 크다. 그리고 일부러라도 신문에 자꾸 홍보하는 것도 필요하다. 워낙 강사가 많다 보니까 자기 색을 특화시키는 것이 중요하다. 한 분야의 전문가라고 사람들이 인식하도록 말이다.

9. 강연 주제는 어떤 것들이 있나? 강연 잘하는 노하우를 알려준다면?

나의 강연 콘텐츠는 '은퇴설계'와 '행복' 그리고 '어떻게 하면 직장 생활을 잘할 수 있을까?', 이 세 가지다. 어떤 강연 요청이든 결국 이 세 가지 중 해당된다. 그러니까 처음에 콘텐츠 세팅을 제대로 해놓는 게 중요하다.

그리고 그저 마음대로 할 게 아니라 이왕이면 잘하는 사람의 강연을 들어보는 게 좋다. 나는 한 달에 두 번 교회에 나가 설교를 하는데, 내가 가장 존경하고 설교를 참 잘하는 목사님의 설교를 받아 적는다. 그분의 설교를 듣고 배우며 나의 설교를 구상하고, 내 강의에도 반영하는 것이다. 그렇게 고민하며 설교를 해보면 반응이 아주 좋다. 최고의 사람 것을 배워 나에게 맞게끔 적용하는 것이다. 이처럼 대중 강연도 잘하는 사람의 것을 듣고 배울 필요가 있다. 1등을 따라 하면 2등은 되지 않겠는가. 그러니 그저 마음대로만 할 게 아니라 잘하는 사람에게서 배우고 따라 하면 최소 2등은 할 수 있다.

10. 마지막으로, 1인 지식인 혹은 인생 2막으로 강사를 꿈꾸는 사람들에게 한 말씀 부탁한다

나에게 '강연'이란, 30년간 직장 생활을 한 내 삶을 말하는 것이다. 내 인생의 경험을 바탕으로 제2의 인생을 설계하고 삶의 터닝 포인트를 맞이할 수 있다는 것만으로도 얼마나 보람된 일인가. 물론 강사로서 자리 잡기까지 적지 않은 시간이 걸리지만, 차근차근 제대로 준비한다면 강사는 참 매력적이고 괜찮은 직업이다. 어디 가서 한두 시간 이야기하는 것으로 돈을 받고 박수도 받겠는 가? 무엇보다 내 얘기에 귀를 기울여주는 사람들이 있다는 게 엄청난 장점이 다. 나름대로 잘 준비하여 꿈꾸는 삶을 살기를 바란다.

강의
설문서

강의 설문서(ㅇㅇㅇㅇ교육)

※ 본 설문서에 작성해주신 소감 / 의견을 통해 교육 과정을 평가하고 보완점을 파악하여, 향후 실시되는 교육 과정이 보다 발전적인 방향으로 개선될 수 있도록 노력하겠습니다. 교육 대상자 여러분의 솔직하고 진심 어린 답변 부탁 드립니다.

설문 문항			평균	영역 평균	1	2	3
교육 내용	1	교육 내용이 현재 업무(역할) 수행에 필요한 내용으로 구성되어 있다					
	2	교육 내용은 교육 목표를 달성하기에 적합한 내용으로 구성되어 있다					
교육 설계	3	교육 시 적합한 교육 방법(강의, 토의, 사례 연구, 역할극)을 활용하였다					
	4	교육 목표를 달성하기 위한 교육 시간은 충분했다					
강사	5	강사는 교육 내용에 대한 전문성을 지니고 있었다					
	6	교육 내용에 대한 강사의 준비는 철저했다					
	7	강사는 학습 내용을 잘 이해할 수 있도록 전달했다					
현업 적용도	8	학습한 내용이 향후 현업 업무 시 도움이 될 것이다					
교육 환경	9	교육 장소는 원활한 교육 진행이 이루어질 수 있는 적절한 곳이었다					
	10	교육 운영 지원에 대하여 만족한다					

해당 과정에 대한 의견 (좋았던 점 / 개선 의견)	〈좋았던 점〉
	〈개선 의견〉

응답 결과																	
4	5	6	7	8	9	10	11	12	13	14	15	16	17	18	19	20	21

강연의 시대

프로들도 모르는 강사 세계 이야기

1판 1쇄 발행 2017년 7월 5일
1판 2쇄 발행 2018년 3월 26일

지은이 오상익
펴낸이 조윤지
P R 유환민
디자인 woojin(宇珍)

펴낸곳 책비(제215-92-69299호)
주 소 (13591) 경기도 성남시 분당구 황새울로 342번길 21 6F
전 화 031-707-3536
팩 스 031-624-3539
이메일 readerb@naver.com
블로그 blog.naver.com/readerb

'책비' 페이스북
www.FB.com/TheReaderPress

ISBN 979-11-87400-15-8 (03320)

※ 책값은 뒤표지에 있습니다. 잘못된 책은 구입처에서 교환해 드립니다.

책비(TheReaderPress)는 여러분의 기발한 아이디어와 양질의 원고를 설레는 마음으로
기다립니다. 출간을 원하는 원고의 구체적인 기획안과 연락처를 기재해 투고해 주세요.
다양한 아이디어와 실력을 갖춘 필자와 기획자 여러분에게 책비의 문은 언제나 열려 있습니다.
• readerb@naver.com